AF567647

Chuck Spezzano

Das Spiel des Lebens gewinnen

Verlag Via Nova

CHUCK
SPEZZANO

Das Spiel des Lebens gewinnen

Die menschliche Existenz
auf eine höhere Ebene bringen

Verlag Via Nova

Übersetzung aus dem Englischen:
Dr. Nirvana Verena Moser

Originaltitel:
The Game of Life

1. Auflage 2016
Verlag Via Nova, Alte Landstr. 12, 36100 Petersberg
Telefon: (06 61) 6 29 73
Fax: (06 61) 96 79 560
E-Mail: info@verlag-vianova.de
Internet: www.verlag-vianova.de / www.transpersonale.de
Umschlaggestaltung: Guter Punkt, München
Satz: Sebastian Carl, Amerang
Druck und Verarbeitung: Appel und Klinger, 96277 Schneckenlohe

ISBN 978-3-86616-376-8

Erlösung kann wie ein Spiel betrachtet werden, das glückliche Kinder spielen. Es wurde von EINEM entworfen, DER SEINE Kinder liebt und DER ihr furchterregendes Spielzeug durch freudige Spiele ersetzt, welche sie lehren, dass das Spiel der Angst vergangen ist. SEIN Spiel unterrichtet in Glück, weil es keinen Verlierer gibt. Jeder, der spielt, muss gewinnen, und mit seinem Gewinnen ist jedermanns Gewinn gesichert. Das Spiel der Angst wird gerne weggelegt, wenn Kinder endlich sehen, welchen Nutzen die Erlösung bringt.

Ein Kurs in Wundern, Übungsbuch, Teil I, Lektion 153, 12.1-5

Inhalt

Hier ist das einzige Zuhause, das er zu kennen glaubt. Hier ist die einzige Sicherheit, die er finden zu können glaubt. Ohne die Welt, die er gemacht hat, ist er ein Ausgestoßener, obdachlos und furchtsam. Er merkt nicht, dass er gerade hier sich fürwahr fürchtet und dazu obdachlos ist, ein Ausgestoßener, weit von zu Hause fort gewandert und schon so lange weg, dass er gar nicht merkt, dass er vergessen hat, woher er kam, wohin er geht und sogar wer er wirklich ist.

Ein Kurs in Wundern, Übungsbuch, Teil I, Lektion 166, 4:1-4

Einleitung

Der Anfang dieses Buchs liegt Jahre zurück. Als ich von der Inspiration für das Buch ergriffen wurde, erhielt ich kaum mehr als den Titel, aber schon das genügte, dass ich anfing, in dieser Richtung zu denken. Während der nächsten Jahre kamen mir ohne bestimmte Ordnung einzelne Kapitel. Aber erst kürzlich, beinahe zehn Jahre nach der ursprünglichen Eingabe, erhielt ich immer mehr Material.

Worum geht es im Leben? Das ist etwas, das jeder für sich selbst entscheiden muss. Und dennoch werden wir manchmal von inspirierenden Ereignissen berührt oder durch verheerende Erlebnisse aus der Bahn geworfen. Manchmal hilft uns weiter, was andere Menschen durch eigene Erfahrungen herausgefunden haben. Ich möchte dir in diesem Buch meine Einsichten mitteilen.

Ich begann 1972 damit, andere Menschen zu beraten. Seit dieser Zeit habe ich als Zivilpsychologe für die US-Marine, als Familien- und Eheberater, als Seelsorger und schließlich als international tätiger Trainer und Life-Coach gearbeitet. Ich fing diese Arbeit mit dem Wunsch an, Menschen von ihren Schmerzen zu befreien, Probleme zu lösen und Zeit zu sparen. Trotz meiner Ausbildung in der Hypnose fand ich bald schon einen schnelleren Weg in das Unterbewusste, um zur der Wurzel des jeweiligen Problems zu gelangen. Ich habe das Unterbewusstsein und das Unbewusste seit 1974 erforscht. Was ich dabei entdeckte, war überwältigend, und es gab kein psychologisches Modell, das meinen Erkenntnissen entsprach. Ich fing an, Grundsätze zu finden, die in der psychologischen Literatur nicht erwähnt wurden, auch wenn Schriften aus NLP, Gestalt- und Hypnotherapie in den ersten Jahren sehr hilfreich für mich waren. Größtenteils fand ich diese Zusammenhänge jedoch auf mich allein gestellt heraus. Jedenfalls tat ich das, bis ich im Herbst 1977 auf das Buch *Ein Kurs in Wundern* stieß, nachdem ich gerade meinen Doktortitel in Beratungspsychologie erhalten hatte.

Beinahe alles, was ich entdeckt hatte, war in *Ein Kurs in Wundern* beschrieben. Das Buch war eine Goldmine der Heilungsprinzipien. Seitdem bin ich ein Schüler von *Ein Kurs in Wundern* und habe durch meine Heilungsseminare und meine Studien in aller Welt bestätigen können, was ich darin gelernt habe. *Ein Kurs in Wundern* erklärte das, was ich zuvor selbst entdeckt hatte, viel prägnanter und eleganter. Ich stellte zum Beispiel fest, dass wir uns tatsächlich im Bewusstsein weiterentwickeln, während wir emotional wachsen und uns selbst heilen. Ich erkannte, dass wir durch das Spiel des Lebens auf immer höhere Ebenen gelangen können. Wir alle sind gekommen, um bestimmte Seelenlektionen zu lernen, während wir uns gleichzeitig zu höheren Ebenen des Glücklichseins, der Wirksamkeit und der Liebe entwickeln. Worum geht es bei dem Spiel des Lebens? Vor allem geht es darum, zu lernen, zu lieben und glücklich zu sein, die Probleme auf dem Weg zu heilen und schließlich das Spiel selbst zu transzendieren.

Was möchtest du also im Spiel des Lebens erreichen? Wie gut geht es dir im Spiel des Lebens? Welche Prozentzahl würdest du dir intuitiv auf einer Skala von 0 bis 100 % zuschreiben? Wenn du im Spiel des Lebens erfolgreich sein möchtest, gibt es einige Prinzipien, die dir helfen werden. Aber du brauchst trotzdem Mut, um dich zu verändern und zu wachsen. Mögest du lernen, im Spiel des Lebens auf eine viel wahrhaftigere und einfachere Weise zu gewinnen – und mögest du schließlich deinen Weg aus dem Spiel des Lebens und darüber hinaus gewinnen.

1

Das Spiel, das wir erschaffen haben

Ich habe einmal eine Grußkarte mit einem Bild von einem Garten gekauft. Auf der Gartenmauer stand ***Der Sinn des Lebens*** und direkt darunter, an der Stelle, wo die Antwort aufgeschrieben war, befand sich ein Strauch, der diesen Teil der Wand und die Botschaft verdeckte. Ich war fasziniert genug von diesem Bild, um die Karte zu kaufen, aber ich glaube nicht, dass ich sie jemals verschickt habe. Was würdest du auf eine solche Karte schreiben und an wen würdest du sie schicken? Das habe ich nie herausgefunden. Was den Sinn des Lebens angeht, habe ich sehr viel Zeit mit dieser Frage verbracht, und ich möchte meine Erfahrungen von dieser Reise jetzt gerne mitteilen. Schließlich müssen wir alle diese Frage für uns selbst beantworten. Dabei kann es uns helfen zu hören, was ein anderer Mensch herausgefunden hat, und zu entdecken, was davon bei uns Anklang findet.

Es scheint, dass die Menschen, die den meisten Erfolg mit der Frage nach dem Sinn des Lebens haben, glückliche Menschen sind. Was macht ein glückliches Leben aus? Ich wuchs in einer Familie auf, die zuerst glücklich war, aber deren Glücklichsein mit der Zeit immer mehr in die Brüche ging. Es gab viel emotionalen Schmerz. Es gab Herzensbrüche, zerschlagene Träume und Streit zwischen meinen Eltern, der uns alle traf. Das Familienleben wurde zu einem Schlachtfeld, einem Niemandsland, in dem ein Funken den Krieg entfachen konnte. Als Kinder beobachteten wir zwei Menschen, die wir sehr liebten, und die einander liebten, sich aber dennoch bekämpften und einander sehr schlecht behandelten. Die Fragen „Wie konnte das passieren?“ und „Wodurch entstanden diese vielen Schmerzen und Angriffe?“ begleiteten mich bis zu meiner Zeit an der Universität. Es war nur natürlich, dass ich Beratungspsychologie studierte und anfing, die tiefgreifenden Missverständnisse zu erforschen, die uns alle so unglücklich machen. Allmählich wurde ich geschickt darin, Menschen durch ihre Schmerzen zu führen, indem sie erkannten, dass Symptome aller *äußeren* Probleme tiefe *innere* Schmerzen darstellten. Ich war glücklich darüber, mein Leben damit zu verbringen, Menschen aus ihren Schmerzen und Problemen herauszuhelfen. Es war spannend, ständig weiter zu lernen, und ich erfreute mich daran, Menschen bei ihrem Wachstum zu unterstützen. Nach der Erfahrung meiner Kindheit wurde es für mich sehr wichtig, sowohl für mich selbst als auch für andere Menschen einen Weg aus dem Leiden zu finden.

Ich fing an, die Menschen in meinem Umfeld anzusehen und nach denjenigen zu suchen, die zutiefst glücklich waren. Ich fand zufriedene und engagierte Menschen, aber ich fand niemanden, der länger als ein paar Monate am Stück wirklich glücklich war. Ich fand Menschen, die mit ihrem Leben zufrieden waren. Ich fand sogar Erfüllung, was dem Glücklichsein am nächsten kam. Erfüllung war bei Menschen offensichtlich, die das liebten, was sie taten. Aber trotz des Reizes solcher Zufriedenheit und Erfüllung musste ich erst noch wahres, bleibendes Glücklichsein finden.

Wenn es um Glücklichsein geht, scheint der wichtigste Aspekt unsere Beziehung zu unserem Partner und das Glücklichsein darin zu sein. Neue Studien bestätigen, dass die Liebe, die in unserer Beziehung erzeugt wird, uns das größte Glücklichsein oder durch ihr Fehlen auch genau das Gegenteil davon bringen kann. Der „Landarzt" der alten Schule wusste: Schwere Krankheit und „Unbehagen" wiesen entweder auf Schwierigkeiten bei der Arbeit oder zuhause hin. Es scheint dem gesunden Menschenverstand zu entsprechen, dass Harmonie und Glücklichsein in unseren Beziehungen zu Glücklichsein im Leben führen. Wie das alte Sprichwort schon sagt: „Glückliche Ehefrau, glückliches Leben." Freude und Glücklichsein sind Gefühle, die der Liebe entspringen.

Kahlil Gibran hat in seinem Buch *Der Prophet* geschrieben, dass Arbeit sichtbar gemachte Liebe ist. Dies trifft am meisten bei der Arbeit zu, die wir für unsere Lebensaufgabe tun. Unsere Lebensaufgabe ist das, wozu wir berufen sind. Es ist unser Beitrag zum Leben, der aus unserer Liebe stammt, anderen Menschen im Einzelnen oder im Allgemeinen zu helfen. Wenn wir uns selbst aus ganzem Herzen geben, macht das einen riesigen Unterschied für unser Glücklichsein. Dieses Element, uns selbst vollständig zu geben, kann uns den ganzen Weg bis in die Meisterschaftsphase tragen.

Es gibt auf jeder Ebene und in jeder Phase jeder Ebene neue Lektionen, aber wir müssen wichtige Meilensteine erreichen, während wir im Spiel des Lebens vorrücken. Je mehr wir uns selbst bei allem geben, was wir tun, umso glücklicher sind wir. Während wir uns mit diesem Geben ausdehnen, werden wir expansiv und erfahren mehr Freude. Dies ist einer der Grundsätze des Lebens für das Glücklichsein. Je mehr wir uns ausdehnen, umso ekstatischer werden wir. Je mehr wir auf andere zugehen und einander helfen, umso mehr empfangen wir auf natürliche Weise. Je mehr wir uns zusammenziehen, zurückziehen und uns auf uns selbst konzentrieren, umso dunkler wird unser Leben. Unser Geiz und unsere Kleinlichkeit machen uns unglücklich, während unsere Großzügigkeit ein Jungbrunnen und eine Quelle des Glücklichseins ist. Je mehr wir verbunden sind, umso mehr Liebe und Erfolg erleben wir, und das Leben ist leicht. Verbundenheit schenkt uns Liebe und Einbeziehung, während unser Ego in seiner Trennung nach Aufmerksamkeit, Besonderheit und Zustimmung verlangt.

Das Ego hat ein so starkes Bedürfnis nach Zustimmung, dass wir am Anfang oder in der Abhängigkeitsphase unseres Wachstums, wenn uns das Leben und Beziehungen ganz neu sind, bereit sind, unsere Lebensaufgabe und unsere Essenz zu opfern, damit wir uns akzeptiert fühlen, „normal" sind und wie jeder andere leben, um dazuzugehören. Um im Spiel des Lebens Erfolg zu haben, müssen wir wir selbst sein und die Lebensaufgabe erfüllen, die nur wir vollbringen können. Während wir einige Lebensaufgaben mit allen gemeinsam haben, z.B. glücklich zu sein und uns zu heilen, wenn wir nicht glücklich sind, gibt es andere Aufgaben, die nur wir erfüllen können. Wenn wir nicht glücklich sind, dienen wir einer Ego-Funktion, statt derjenigen, die uns im Spiel des Lebens zugewiesen wurde. Glücklichsein ist das erste Kriterium dafür, ob wir unsere Lebensaufgabe im Leben erfüllen. Unser Glücklichsein inspiriert, segnet und gibt anderen Menschen die Erlaubnis, selbst glücklich zu sein. Es erhöht das Bewusstsein, so dass mehr Gnade empfangen wird. Dadurch wird unsere Leben so viel einfacher, effektiver und wir befinden uns mehr „im Fluss".

Der andere Aspekt der Lebensaufgabe, der uns allen gemeinsam ist, ist die Heilung. Dies bedeutet, Probleme, Schmerzen und Grenzen zu überwinden, die unser Leben beeinträchtigen. Während wir diese negativen Muster heilen, wächst unsere Zuversicht und wir erreichen in jedem Bereich neue Ebenen des Erfolgs. Wir werden vollständiger, zentrierter und liebevoller. Wir werden in eine Familie geboren, die die Blaupause dafür enthält, dass wir unsere Lebensaufgabe verwirklichen. Die Blaupause für unsere Lebensaufgabe fängt mit den Problemen in unseren Familien an. Während wir diese Familienfallen heilen, tauchen die Seelengeschenke auf, die wir beitragen sollen, um die Familie zu befreien. Dann wird es offensichtlich, dass diese gleichen Talente Teil unserer Lebensaufgabe sind, die wir zur Welt beitragen möchten. Wir können unseren Fortschritt sowohl daran messen, wie gut es unserer Familie geht, als auch, wie viele unserer Seelengeschenke, die für die Familie bestimmt sind, wir empfangen haben. Für jedes Problem, das wir haben, gibt es ein Seelengeschenk in uns, das die Situation heilen kann. Gott hält ebenfalls Geschenke für jedes Problem bereit, in dem wir uns wiederfinden.

Als Student habe ich mit meinen Freunden gerne ein Spiel gespielt, bei dem wir einen Menschen durch eine Reihe von Fragen besser kennenlernten. Die Gruppe stellte zum Beispiel Fragen wie: Wenn du ein Lied wärst, welches Lied würdest du sein? Wenn du ein Zeitalter in der Geschichte wärst, welches Zeitalter wäre das? Wenn du eine bestimmte Geografie wärst, welche Geografie wäre das? Dann gab es noch eine Frage, die noch aussagekräftiger als die anderen Fragen war: Wenn du ein Spiel wärst, welches Spiel würdest du sein? Mein Spiel war American Football. Ich liebte die Leidenschaft dieses Spiels, die Kameradschaft, die Chance, über sich selbst hinauszuwachsen, und die schiere Begeisterung des Spielens. Als ich später anfing, Seminare zu leiten, stellte ich fest, dass das Spiel, das jede Person im Leben spielte, darstellte, *wie* sie ihr Leben lebte, wie sie sich selbst fokussierte und was sie im Allgemeinen für ein Ziel hatte.

Nimm dir einen Moment Zeit und frage dich: Wenn du ein Spiel wärst, welches Spiel würdest du sein? Denke dann über das Spiel nach. Welche Elemente hat das Spiel? Wie wird es gespielt? Ist es ein Spiel mit körperlicher Aktivität oder wird es im Sitzen gespielt? Welche Wirkung hat das Spiel? Was sind die wichtigsten Teile des Spiels? Wie gut ist deine Leistung in diesem Spiel? Welches Ziel hast du bei dem Spiel? Wie versuchst du, das Spiel zu gewinnen? Wie spielst *du* dieses Spiel? Was für eine Art von Spieler bist du? Welchen Prozentsatz deiner selbst gibst du? Bist du ein ehrlicher Spieler oder würdest du alles tun, um zu gewinnen? Wie gut spielst du das Spiel, verglichen mit vor fünf, zehn, fünfzehn oder zwanzig Jahren? Wie sehen die alten Spieler dieses Spiels aus? Gewinnst du oder verlierst du in diesem Spiel? Wie gefällt dir, wie du spielst? Wie bezieht sich dieses Spiel auf dein Leben? Wie geht es deinem Leben? Wie viel Erfolg hast du beim Spielen dieses Spiels und seiner Matrix, welche die Struktur dessen ist, wie du das Leben definierst. Du hast dem Leben diese Matrix auferlegt und sie beschreibt, wie sich unser Leben anschließend entfaltet. Bist du aus dem Spiel herausgewachsen oder bist du immer noch glücklich und leidenschaftlich dabei? Bist du glücklich darüber, wie das Spiel läuft? Ist es das, was du willst? Was willst du?

Denke eine Weile über die Höhe- und Tiefpunkte des Spiels nach. Woher weißt du, wenn du gewonnen hast? Wie sieht das Spiel im besten Spielfall aus, wenn es vorbei ist? Wie sehen die Dinge im schlimmsten Fall aus, wenn das Spiel vorbei ist? Wenn du dir deinen jetzigen Trend ansiehst, wie lautet die beste Vorhersage dafür, wie das Spiel für dich ausgehen wird? Wirst du immer noch in der Lage sein, das Spiel des Lebens zu spielen, wenn du älter wirst?

Teil I: Untersuchung

Bevor wir das Spiel untersuchen, ist es wichtig, herauszufinden, ob du andere Spiele in deinem Spiel des Lebens hast, die Teil des Musters sind, nach dem du jetzt lebst. Frage dich: Bin ich glücklich? Dies ist eine der wichtigsten Fragen, um dein Leben zu beurteilen. Wenn du *nicht* glücklich bist, spielst du das Spiel des Lebens nicht gut, ganz gleich, was du dir einreden magst. Du kannst dein Leben mit einer ähnlichen Frage aus *Ein Kurs in Wundern* beurteilen und damit auch deine Richtung bestimmen: „Wird mich das glücklich machen?"

Es ist keine gute Idee, diesen Pfad zu nehmen, wenn die Antwort „Nein" lautet, wenn dieser Pfad dich nicht glücklich macht, weil er dich nicht befreien wird. Er wird dir nicht mehr Verbundenheit bringen. Das ist es, was dich vernetzt und dir Wurzeln verleiht oder die Sklaverei an dein Ego beendet. Dein Ego kümmert es sowieso nicht, ob du glücklich bist. Das Ego sucht nur nach Dingen, die dich *scheinbar* glücklich machen, aber immer nur zu Schmerzen, Groll und mehr Trennung führen. Mit dieser List baut das Ego sich auf. Es will, dass du durch etwas verlockt wirst, was jetzt gut aussieht, jedoch den Samen zukünftigen Unglücklichseins in sich birgt. Aufschub ist ein Egomanöver, das dich in die Irre führen soll.

Wir werden uns jetzt das Spiel oder die anderen Spiele ansehen, die du spielst. Wie wird dieses Spiel gespielt? Welche Wirkung hat dieses Spiel auf dein Leben, deine Stimmung und die Menschen um dich herum? Haben die Menschen in deinem Umfeld Freude an dir, wenn du dieses Spiel im Spiel des Lebens spielst? Was für eine Art von Spieler bist du? Wie bezieht sich dieses Spiel auf dein Leben? Bist du ein Brettspiel, ein Videospiel oder eine Sportart? Was riskierst du? Wovon hängt das Gewinnen bei diesem Spiel ab? Hängt es von Intelligenz,

Stärke, Glück, Sportlichkeit, Inspiration, Sichgeben, Irreführung, Gerissenheit, Geheimhaltung, Übung, Engagement, Täuschung oder einer anderen Eigenschaft ab, die hier nicht erwähnt wurde? Wie erfolgreich bist du mit den Fertigkeiten, die notwendig sind, um dein Spiel im Spiel des Lebens zu spielen? Wie gut ist deine Leistung in diesem Spiel? Was fehlt dir? Was brauchst du? Wie wird dieses Spiel gespielt? Wenn du mehrere Spiele hast, kannst du deine Antworten auf separate Blätter schreiben, damit du sie vergleichen kannst. Wie interagieren diese Spiele miteinander, wenn du mehr als eines hast? Wie beeinträchtigen dich diese Spiele, die Teil deines Lebensprozesses sind, im Spiel des Lebens? Wie viel Erfolg hast du allgemein im Spiel des Lebens? Was scheint dich zurückzuhalten? Wie hast du das Spiel als Kind und als Heranwachsender gespielt? Als Teenager und als junger Erwachsener? Wie hat dies deine Beziehungen beeinträchtigt? Deine Familie? Wie hast du das Spiel mit 30 Jahren gespielt? Mit 40? Mit 50? Später? Was sagen andere darüber, wie du das Spiel spielst? Was ist das Ziel des Spiels? Was ist sein Zweck? Wie geht es dir? Bist du glücklich? Wie musst du deinen Kurs korrigieren, damit du bei dem Spiel erfolgreich bist, das du im Spiel des Lebens spielst?

Dies ist dein Spiel in deinem Spiel des Lebens. Alles, was dir daran nicht gefällt, einschließlich der Art des Spiels selbst, ist etwas, was du dem Leben aufgezwungen hast: Du kannst es ändern, indem du dich für einen neuen und besseren Weg entscheidest und dich verbindlich engagierst. Ein gutes Mantra für diesen Zweck ist eines, das ich aus *Ein Kurs in Wundern* gelernt habe: „Es muss einen besseren Weg geben!“ Wenn du dies angesichts des Spiels deines Lebens beständig wiederholst, nimmt alles, was du erfährst, einen neuen und besseren Weg an. Es kann dir helfen, Muster loszuwerden, die du dir selbst und dem Leben auferlegt hast, und wenn dir das Spiel, das du spielst, nicht gefällt, ist es an der Zeit, es zu ändern.

Teil II: Das Spiel ändern

Wir müssen zuerst die Natur des Spiels untersuchen, das du spielst, um eine Veränderung einleiten zu können. Wir werden jetzt die Bereiche in dem Spiel untersuchen, in denen du das Gefühl hast, dass dir ein Unrecht angetan worden ist. Einigen von euch erschien es ungerecht, geboren zu werden, oder wie ich es heute in einem Workshop in Asien gehört habe, erklärte eine Frau, dass es eine

Ungerechtigkeit ist, als Frau geboren zu werden. Du kannst alle Ungerechtigkeiten aufschreiben, die dir gegenüber begangen worden sind.

Ungerechtigkeiten

1. ______________	4. ______________	7. ______________
2. ______________	5. ______________	8. ______________
3. ______________	6.______________	9. ______________

In der nächsten Kategorie schreibst du deine Beschwerden über das Leben, die Menschen, Gott usw. auf. Führe die Beschwerden und die Personen auf, die daran beteiligt sind. Beginne mit deinem Partner. Fahre dann mit deiner Mutter und deinem Vater fort, und dann mit deinen Eltern als ein Paar, und anschließend mit deinen Geschwistern, und dann vergangenen Geschäfts- und Liebespartnern. Schließlich schreibst du alle anderen Menschen auf, die ein Problem in deinem Leben verursacht haben.

Beschwerden und beteiligte Personen

1. ______________	4. ______________	7. ______________
2. ______________	5. ______________	8. ______________
3. ______________	6.______________	

Nachdem du jetzt deine Ungerechtigkeiten und Beschwerden aufgeschrieben hast, werden wir das Unterbewusstsein untersuchen. Wenn du wirklich große Beschwerden hast, sind das Wutanfälle deinerseits. Wenn es sich um extreme, fortlaufende Beschwerden handelt, sind das „Maschen", mit denen du dich selbst bestrafst. Weil du dich selbst bestrafst, bist du auch blind für die Tatsache, dass du andere ebenso sehr oder noch mehr bestrafst als dich selbst. Um Zugang zu den unterbewussten Elementen eines Problems zu erhalten, tust du einfach so, als ob diese Probleme eine Beschwerde wären, und fragst dich, gegen wen sich die Beschwerde richtet und wie deine Beschwerden bezüglich jedes Problems lauten.

Dann schreibst du die größten Probleme in deinem Leben in Bezug auf Gesundheit, Geld, Beziehungen, Erfolg, Sex usw. auf. Anschließend schreibst du daneben die Person oder die Menschen auf, gegen die sich dieses Problem als eine Beschwerde richtet.

1. ______________ 3. ______________ 5. ______________
2. ______________ 4. ______________ 6. ______________

Es ist hilfreich, dir folgender Dynamik bewusst zu werden: Die Menschen, gegen die du jetzt Beschwerden hegst, verbergen Menschen aus deiner Vergangenheit, gegen die du Beschwerden führst. Wer sind diese Menschen und wie lautet deine Beschwerde gegen sie?

Gegenwart	**Vergangenheit**
1. ______________	1. ______________
2. ______________	2. ______________
3. ______________	3. ______________
4. ______________	4. ______________
5. ______________	5. ______________

Es ist hilfreich, eine weitere Dynamik zu verstehen: Alles Unrecht, alle Beschwerden, Wutanfälle und Maschen weisen dich darauf hin, dass eine deiner eigenen Regeln deines Spiels verletzt worden ist. Wenn dies geschieht, gibst du jemand anderem die Schuld für einen der Fehler, die du in der Vergangenheit begangen hast. Als eine Folge davon hast du eine Regel dazu aufgestellt. Eine andere Person hat *scheinbar* deine Regel gebrochen, aber das Unterbewusstsein zeigt dir, dass du es warst, der tatsächlich die Regeln deines eigenen Spiel des Lebens erneut verletzt und jemand anders dafür beschuldigt hat. Deshalb musst du jetzt eine Korrektur an deinem Spiel vornehmen, damit du erfolgreich sein kannst. *Wo du Beschwerden, Anschuldigung und Groll hegst, hegst du versteckte Schuldgefühle für etwas, bei dem du deiner Ansicht nach versagt hast. Du gibst einer anderen Person die Schuld dafür, dass sie dir etwas nicht gegeben hat.* Was diese Dynamik des Unterbewusstseins jedoch zeigt, ist, dass *du der Person das geben solltest, was du von ihr haben wolltest.* Es ist dein Geschenk, das darauf wartet, dass du diese Tür in deinem Geist öffnest. Außerdem erhältst du ein Geschenk vom Himmel, wenn du dein Geschenk annimmst. Dies ist Teil deiner Lebensaufgabe und diese Lektion und diese Geschenke werden dazu benötigt. *Wenn du dich nicht erfüllt fühlst, hast du dir selbst etwas nicht gegeben, und du hast es auch der Person nicht gegeben, über die du dich beschwerst, dass sie es dir nicht gegeben hat.* Wenn du dir selbst und anderen gibst, fühlst du dich auf natürliche Weise erfüllt, und es gibt keine Beschwerden und keinen Groll.

Ein Idol oder eine Götze ist etwas, was du außerhalb von dir als Quelle deines Glücklichseins suchst. Es weist auf eine tiefere Falle hin, die dich davon abhält, glücklich zu sein, auch wenn du ansonsten in deinem Spiel erfolgreich zu sein scheinst. Ein Idol bedeutet, dass du etwas außerhalb von dir als dein Glücklichsein und deine Sicherheit betrachtest. Es ist nicht deine Quelle. Du hast Gottes Platz widerrechtlich durch etwas ersetzt, was du zu bekommen oder zu nehmen versuchst. Dies führt zu Schmerzen, Herzensbruch, Groll und Beschwerden und verstärkt die Mauern deiner Glaubenssätze, die aus deinen Selbstkonzepten bestehen und Teil deines Egos sind. Diese Überzeugungen schränken dich ein und beruhen auf einem Gefühl von Schmerz und Ungerechtigkeit. Es hängt damit zusammen, etwas außerhalb von dir zu brauchen, das ein Idol ist, und hält dich in der Abwärtsspirale eines Teufelskreises gefangen. Jedes Leid, dass du erfahren hast, zeigt dir, wo du falsche Götter verehrt und Regeln darüber gemacht hast. Regeln stellen jedoch eine Abwehr dar, und jede Abwehr führt genau zu der Sache, gegen die sie eigentlich verteidigen sollte, da sie einen Angriff hervorruft. Und natürlich sind Regeln dafür da, gebrochen zu werden, wie es die alte Redensart besagt. Der Grund dafür ist, dass sie eine Abwehr darstellen.

Im Spiel des Lebens sind Regeln wichtig für uns, weil wir glauben, dass sie uns schützen und der Art und Weise, mit der das Spiel gespielt werden soll, Ordnung aufzwingen. Regeln schützen uns jedoch tatsächlich nicht, weil sie nur eine Abwehr sind. Sie führen uns stattdessen genau zu den Katastrophen zurück, die wir mit ihnen zu verhindern gehofft haben.

Es ist wichtig, dass du diese nächsten Fragen mithilfe deiner Intuition beantwortest. Wie sehr hältst du deine eigenen Regeln für das Spiel des Lebens auf einer Skala von 0 bis 100 % ein? Würdest du dich selbst als jemanden bezeichnen, der Regeln befolgt oder Regeln bricht? Bist du jemand, der Regeln für sich selbst und andere durchsetzt, oder bist du ein Rebell? Oder bist du zu verschiedenen Zeitpunkten beides? Manchmal stellen sich Rebellen als ziemlich autoritär heraus, sobald sie an die Macht gekommen sind. Deine Fähigkeit zum Empfangen entspringt deiner Integrität. Ohne sie hast du ein gespaltenes Bewusstsein, dass gleichzeitig Unabhängigkeit und sein Ziel haben will, aber nicht beides haben kann.

Das werden wir jetzt ein wenig genauer untersuchen. Frage dich erneut mithilfe deiner Intuition, um deine Antworten zu empfangen. Die Antwort kommt dir normalerweise intuitiv nach 1-2 Sekunden. Wenn es länger dauert, bist du ins Denken übergegangen, statt deiner ersten intuitiven Ahnung zu folgen. Mit dem Denken übernimmt dein Ego die Situation, weil es nicht will, dass du deine Antworten empfängst oder ihnen vertraust.

Wenn du es wüsstest, wie alt warst du, als dein Spiel des Lebens begonnen hat? Vermutlich warst du ___ Jahre alt.

Wenn du es wüsstest, hast du dir das Spiel ausgedacht, oder hattest du das Gefühl, dass es dir von einer anderen Person aufgezwungen wurde?

Welchen Prozentsatz des Spiels hast du dir ausgesucht, und zu welchem Prozentsatz wurde dir das Spiel scheinbar aufgezwungen?

Wer war dabei, als dein Spiel anfing?

Was war es, das dein Spiel einleitete?

Was war der Zweck dieses Spiels, das du begonnen hast?

Welcher Prozentsatz des Spiels war eine Abwehr gegen das, was mit dir geschah, als das Spiel anfing?

Was sollte dieses Spiel dir geben?

Welche Emotionen waren in dieser Situation vorhanden?

Welcher Prozentsatz deines Spiels ist eine Kompensation, die ein schmerzliches Erlebnis ausgleichen soll?

Alle Emotionen, die du benennen kannst, sind immer noch in dir vorhanden. Das Spiel sollte eine Kompensation für sie sein. Wie wirkungsvoll war dein Spiel dabei, diese alten Gefühle zu kompensieren? Kompensationen sind eine Abwehr, deren Zweck darin besteht, dich gegen schmerzhafte Emotionen zu verteidigen, die dich deiner Ansicht nach bedroht haben. Während wir uns also „richtig“ verhalten, ist das eine Abwehr, die wir benutzen, um unseren Schmerz oder das zu verstecken, was typischerweise das Gegenteil des richtigen Verhaltens ist. In der Tat gibt es mit einer Kompensation kein echtes Wachstum und kein Empfangen, sondern nur Aufopferung. Eine Kompensation ist eine Rolle, die zu Leblosigkeit und Burnout führt, während die schmerzhaften Emotionen weiterhin im Innern begraben liegen. Diese Emotionen ziehen Negatives an und programmieren unser Leben negativ. Und die schmerzhaften Emotionen waren Kompensationen für Geschenke, die wir nicht annehmen wollten, weil wir Angst davor hatten.

Was war es für ein Spiel, das du dir ausgedacht hast?

Wie lauteten die Regeln dieses Spiels?

Welche negativen Überzeugungen und Emotionen sollte dein Spiel kompensieren?

Die Emotionen oder Glaubenssätze, die anscheinend vorhanden waren, entstanden aus negativen Selbstkonzepten. Was hast du mit deinen negativen Selbstkonzepten zu kompensieren versucht?

Ein Element des Spiels ist der Punktestand.

Wer ist dein Gegner?

Wie viele Punkte hast du gewonnen?

Wie viele Punkte hat dein Gegner?

Wenn du gegen jemand anderen spielst, spielst du auch gegen den Himmel. Bei diesem Spiel hast du einen Punktrichter und Schiedsrichter, die deine Selbstkonzepte repräsentieren. Wenn sie immer gegen dich hetzen oder schlechte Schiedsrichter sind, können sie Schattenfiguren in dir statt nur Selbstkonzepte repräsentieren. Dies bedeutet, dass diese Überzeugungen noch defensiver sind und noch mehr Angst, Schuld und Selbsthass beinhalten. Im gleichen Ausmaß kann es in dem Spiel „Schummler" oder „Inquisitoren" geben, wenn das Urteilen zu einem negativen Extrem geworden ist. Frage dich, wie viele Selbstkonzepte der Punktrichter, Schiedsrichter, Schummler und guten oder bestechlichen Richter du hast. Frage dich anschließend, wie viele Schattenfiguren du von jedem dieser Charaktere sowie von dem Inquisitor hast. In dem Ausmaß, in dem du glaubst, dass dir jemand ein Spiel des Lebens aufgezwungen hat, wirst du Schwäche erleben und an Schwäche glauben. Dies bedeutet, dass du Angst vor deiner Kraft und deinem Erfolg hast und das Spiel mit Unmut, Wut oder Rage spielst, weil du das Gefühl hast, dich aufzuopfern und mit einem Handicap zu spielen. Wie zeigt sich das in deinem Leben? Gibt es jemand in deinem Umfeld, der diese Symptome für dich ausagiert?

Wenn du ein Spiel spielst, kannst du unmöglich keine Vergleiche ziehen. Wie gut bin ich? Wie gut sind andere? Vergleichen führt zu Hass und damit auch zu Selbsthass. Es führt zu Konkurrenz anstelle von Partnerschaft.

Konkurrenz verbirgt eine Angst vor dem nächsten Schritt in Bezug auf Erfolg und Beziehungen. Sie ruiniert Beziehungen und führt zu Gefühlen von Neid oder Schadenfreude, die den Erfolg, die Intimität und den Fluss abbrechen. Zu Vergleichen bedeutet Schmerzen zu erzeugen. Allein die Idee des Vergleichs führt zu Leiden aufgrund des darin enthaltenen Urteils. Ein Spiel des Lebens zu haben, bedeutet auch, Konkurrenz zu haben. Konkurrenz entsteht durch verlorene Bindung. Die Verbindung der Liebe macht das Leben und den Erfolg leicht. Verlorene Verbundenheit führt zu einem System aus Gewinnern und Verlierern, guten und schlechten Charakteren. Wenn du ein derartiges System hast, das Gewinnen und Verlieren enthält, wirst du an einem Punkt kommen, an dem du verlieren musst, um das Spiel weiterzuführen. Sogar wenn du die meiste Zeit deines Lebens gewinnst, wirst du dafür sorgen, dass du sowohl am Anfang des Spiels, als du lernst, dein Spiel des Lebens zu spielen, sowie am Ende verlierst, wenn du nicht mehr länger in Bestform bist. Du wirst genau so viele schlechte Tage haben, wenn du älter und weniger leistungsfähig wirst, wie du sie gehabt hast, als du gelernt hast, das Spiel zu spielen.

Was hast du versucht, mit dem Spielen dieses Spiels zu bekommen?

1. ____________
2. ____________
3. ____________

Zu welchem Prozentsatz hast du diese Dinge bekommen?

Zu welchem Prozentsatz haben sie dich glücklich gemacht?

Wenn du mithilfe deiner Intuition ein Diagramm deines Erfolgs in deinem Spiel des Lebens zeichnen würdest, wie würde dieses Diagramm aussehen?

Zeichne hier ein Diagramm des Erfolgs beim Gewinnen und des wahren Vergnügens an dem Erfolg. Oder würdest du dich selbst nicht genügend an diesem Erfolg und Vergnügen teilhaben lassen, um Teil dieses Diagramms zu sein?

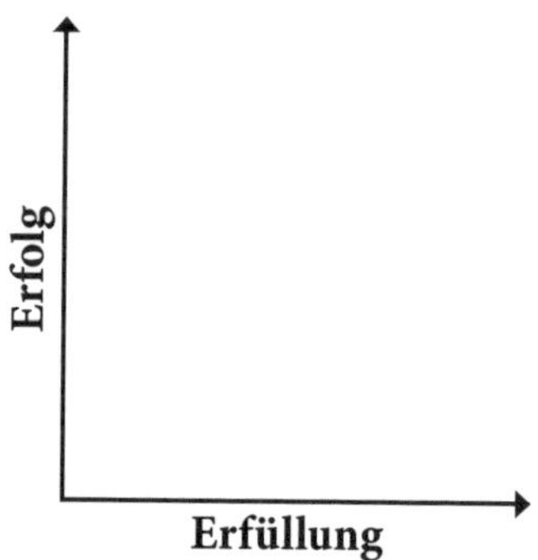

Wie sähe dein Spiel des Lebens aus, wenn du den Teufelskreis von Gewinnen und Verlieren, Überlegenheit und Unterlegenheit, Schadenfreude und Schmollen, Gut und Böse aufgeben würdest? Wenn du dir anschaust, was du von dem Spiel zu bekommen versucht hast: Wie sehr hättest du dir erlaubt, vom Leben ohne dieses Spiel zu empfangen, das du dem Leben aufgezwungen hast?

Konkurrenz ist eine der großen Fallen im Leben, es sei denn, du benutzt sie, um dich selbst zu persönlichen Bestleistungen anzuspornen, indem du mit dir selbst konkurrierst. Konkurrenz erzeugt Selbstkonzepte von Gewinnern und Verlierern, die glückliche und erfolgreiche Beziehungen sabotieren, für die Ebenbürtigkeit und Kooperation nötig sind. Es kann leicht passieren, dass dein Spiel zusammen mit Konkurrenz in die Teufelskreise von Gewinnern und Verlierern, Schadenfreude und Schmollen und Überlegenheit und Unterlegenheit fällt. Wenn du sogar nur eine dieser Kategorien hast, hast du zwangsläufig auch die anderen und wirst darunter leiden. Natürlich willst du der Gewinner und der Überlegene sein. Dies führt zu Perfektionismus und seiner Unfähigkeit zu empfangen. Er fordert und setzt dich und andere in dem Versuch, liebenswert zu sein, unter großen Druck, führt jedoch nur dazu, dass du gestresst wirst und andere sich befremdet fühlen. Forderungen können niemals empfangen, sie können nur nehmen. Dadurch sterben Intimität, Fluss und Fülle. Dein Wunsch, zu gewinnen, gut zu sein und überlegen zu sein, führt dazu, dass du der Verlierer, der Böse oder der Unterlegene bist. Konkurrenz ist für Partnerschaft und Teamarbeit sehr schädlich. Wir konkurrieren nicht nur bei der Arbeit, wir nehmen die Konkurrenz auch mit nach Hause. Wir wetteifern mit unserem Partner und mit unseren Kindern. Wir haben mit unseren Eltern und mit unseren Geschwistern konkurriert. In dem Ausmaß, in dem einer der Menschen, die uns nahestehen, in seinem Leben versagt hat oder speziell dich im Stich gelassen hat, hast du gewonnen und diese Person hat verloren. Und obgleich du gewonnen hast, liegt darunter die Schuld und ein Gefühl, dass du immer über deine Schulter blicken musstest, damit dich niemand einholt und dir das Gleiche antut. Dies schafft alle möglichen Probleme sowie die Notwendigkeit, diese negativen Gedanken, Gefühle und Handlungen zusammen mit der Schuld und der Angst, die damit verbunden sind, zu verbergen. Und unser Unterbewusstsein ist natürlich genau der richtige Mechanismus, um etwas zu verstecken! Alles, von dem wir glauben, dass es uns schlecht aussehen lässt, verbannen wir in das Unterbewusstsein, wo es uns immer noch beeinträchtigt, wir jedoch den Schein eines positiven Selbstbilds aufrechterhalten können. Was jedoch in unserem Unterbewusstsein enthalten ist, programmiert uns immer noch, auch wenn es verborgen ist. Es erzeugt ein gespaltenes Bewusstsein und führt zu dem versteckten Ziel der Unabhängigkeit anstelle einfach nur des Ziels, das wir angeblich erreichen wollen.

Sieh dir deinen Partner und die Wirkung deines Spiels des Lebens auf ihn an. Ist er der Verlierer in deinem Spiel? Hast du es so eingerichtet, dass er all die negativen Eigenschaften hat, vor denen du dich in deinem Leben scheust? Ist es das, was du willst? Wo dein Partner dein Gegenteil zu sein und zu verlieren scheint, findest du deine kompensierten Eigenschaften, da dein Partner dein unterbewusster und unbewusster Spiegel ist.

Schummler

„Gewinner schummeln nie und Schummler gewinnen nie", waren Worte, mit denen wir andere gewarnt und uns selbst als Kinder getröstet haben. In Wirklichkeit gewinnen Schummler jedoch und verlieren natürlich auch. Wir haben versucht, andere vom Schummeln abzuhalten, indem wir diese Worte als Kinder so ernsthaft wie möglich ausgesprochen haben. Das hat nicht immer funktioniert, aber wir haben damit klargestellt, dass wir die „besseren" Kinder waren.

Wenn wir uns selbst für das Schummeln verurteilt haben, haben wir einen Teil unseres Bewusstseins abgespalten, weil wir unsere Sichtweise unserer Identität als „gut" behalten wollten. Wir haben die *Schummler*-Schatten verdrängt und sie anschließend nach Bedarf auf andere projiziert. Außerdem hatten wir Schummler-Selbstkonzepte. Auch wenn diese aus Spaltungen oder verlorener Verbundenheit entstanden sind, war darin nicht so viel Selbsthass enthalten. Diese Selbstkonzepte unterschieden sich von unseren Schatten, weil sie zeigten, unter welchen Umständen wir es für in Ordnung und normal hielten, zu schummeln. Wir haben unsere Selbstkonzepte in dem Versuch gerechtfertigt, unsere Schuldgefühle so gering wie möglich zu halten.

Aber die Selbstkonzepte und Schatten in unserem Bewusstsein programmieren unser Leben und die Erfahrungen, die wir im Leben machen. Wir versuchen, mit unseren Überzeugungen über uns selbst umzugehen, die wir auf die Welt projiziert haben und die jetzt ein Problem für uns darstellen. Was wir abspalten, zeigt sich in unserer Welt, und wenn wir große Speicher der *Schummler-Schatten* in uns tragen, können diese projiziert werden und als Soziopathen oder sogar Psychopathen in unserer Welt auftauchen, also Menschen, die kein Gewissen und keine Gewissensbisse hinsichtlich dessen haben, durch Schummeln und Betrügen zu bekommen, was sie wollen. Durch die Vergebung und Integration dieser Schatten und Selbstkonzepte gewinnen wir eine neue Integrität und Ganzheit zurück, und dies bringt uns Zuversicht und wir bewegen uns vorwärts. Wenn wir unser Unterbewusstsein bewusstmachten, würde es uns zeigen, dass wir, wenn wir ein Opfer sind oder betrogen werden, dies benutzen, um uns selbst zurückzuhalten. Wir würden uns zu schuldig fühlen, um uns direkt selbst zurückzuhalten. Daher benutzen wir andere dazu, das für uns zu tun, und projizieren die Schuld als Anschuldigung auf sie. Das reduziert unsere Schuldgefühle natürlich nicht, sondern vergrößert sie, während wir die anderen verdammen und vor uns selbst verbergen, was wirklich passiert.

Schummeln wird als Abkürzung benutzt. Es ist die Überzeugung, dass wir nicht haben, was wir brauchen, um erfolgreich zu sein, und deshalb greifen wir auf Betrügen zurück. Die Schuldgefühle hinsichtlich des Schummelns sorgen nur dafür, dass wir nicht glauben, den Erfolg zu verdienen. Wenn wir uns also zum Schummeln herablassen, geraten wir in eine noch bedrohlichere Lage, während wir nach Erfolg streben. Wenn wir schummeln oder betrügen, gehen wir das Risiko ein, selbst beschummelt oder betrogen zu werden.

Du kannst das Spiel des Lebens nicht durch Schummeln gewinnen. Du kannst daraus einen Vorteil ziehen, aber du wirst später dafür im Spiel des Lebens bezahlen müssen. Dieser Grad an Schummeln zeigt, dass wir versuchen, etwas außerhalb von uns zu bekommen. Auch wenn wir damit Erfolg haben, wird es nicht ausreichen, und früher oder später werden wir enttäuscht sein und uns stärker unter Druck setzen. Dann werden wir entweder versuchen, etwas anderes außerhalb von uns zu finden, von dem wir glauben, dass es uns glücklich machen wird, und danach streben, oder wir geben auf und bleiben desillusioniert zurück.

Wir alle arbeiten hart daran, selbstgenügsam zu werden und uns um uns selbst zu kümmern. Je mehr Verbundenheit wir verloren haben, umso mehr Opfersituationen haben wir jedoch erlitten. Deshalb wurden wir stärker dissoziiert und unabhängig statt einfallsreich. Dies schneidet uns von uns selbst, von anderen Menschen und vom Himmel ab. Um unser Wachstum fortzusetzen, müssen wir die Kontrolle aufgeben und nach Partnerschaft und Ebenbürtigkeit streben und unser Herz zurückgewinnen. Dies ist der Anfang davon, das aufzugeben, was uns Selbstgenügsamkeit vorgetäuscht hat, jedoch in Wirklichkeit nur Kontrolle und unseren Kopf durchsetzen bedeutete. Wenn wir wirklich Fortschritte machen wollen, werden wir uns bei jedem Entfalten in immer größere Partnerschaft und Einheit begeben.

Alles, was du in diesem Kapitel über dich selbst entdeckt hast, was du nicht als wahrhaftig empfindest und was dich in deinem Leben zurückhält, kannst du zur Auflösung an dein Höheres Selbst übergeben.

2

Das Spiel, in das wir hineingefallen sind

Wir sind in das Spiel des Lebens gefallen, das bereits von unserer Familie und der Welt gespielt wurde. So hat das Spiel scheinbar seine Definitionen erhalten. Wir wurden in eine bestimmte „Realität" gedrängt, als ob sie ***die*** Realität wäre und nicht einfach ***eine*** Realität, in der unsere Familie zufällig lebte. Das Spiel, in das wir hineinfielen, drehte sich um unsere Familie und die Welt. Dann drehte sich alles um unsere Familie und die Schule. Dann ging es um unsere Familie, die Schule und Freunde. Wir haben versucht, in allem, was uns wirklich interessierte, vortreffliche Leistungen zu erbringen. Schon bald gewann die Kultur von Freunden mit den Werten der Gesellschaft mehr Bedeutung als die Familienkultur. Anschließend waren häufig eine Freundin oder ein Freund von höchster Bedeutung. Wir haben versucht, durch die Schule und anschließend durch Karriere, Autos, Ehepartner, Häuser und Kinder vorzurücken. Wir haben die Sicht der Familie übernommen. Die Sicht der Kirche. Die Sicht unserer Gemeinde. Die Sicht unserer Regierung. Unserer Kultur, unserer Rasse, unseres Landes und schließlich der Menschheit. Wenige von uns gelangen über diese Perspektiven hinaus, um einen anderen, besseren Weg zu finden.

Das Spiel hat uns eine bestimmte Sichtweise der Welt und eine bestimmte Art gelehrt, in der Welt zu sein. Im Spiel wurden Ziele für uns herausgesucht. Wir wussten, dass Erfolg uns glücklich machen würde. Wir arbeiteten hart daran, uns davon zu überzeugen, dass wir glücklich sein würden, wenn wir diese Ziele erreichten. Und dennoch war es nie genug: Wir wollten immer mehr Freude und mehr Glücklichsein. Wir waren in unserem Leben gefangen. Wir waren beschäftigt. Wir versuchten immer, voranzukommen. Wir wurden in Streitigkeiten und

Leblosigkeit gefangen. Wir haben uns gefragt, ob es jemals wirklichen Frieden geben würde, die Art von Frieden, die zu Liebe, Fülle, Gesundheit und Kreativität führt. Irgendwann werden wir uns dessen bewusst, dass es ungeachtet der Situation, in die wir uns manövriert haben, einen Weg geben muss, um Frieden zu erreichen, weil der Himmel will, dass wir Frieden haben.

Um Frieden zu haben, der Freude ausstrahlt, ist es wichtig, ein wenig über dich selbst nachzudenken: Wie beschäftigt bist du? Wie faul bist du? Wie sehr bemühst du dich um Anregung anstelle von Zufriedenheit? Bist du ein Empfindungs-Junkie, der in schnellem Tempo lebt, um diese Anregung auf einem hohen Niveau zu halten? Dies führt leicht dazu, dass du dich auf das verlässt, was außerhalb von dir ist, was dir das Gefühl vermittelt, als wenn dein Glücklichsein „dort draußen" statt in deinem Innern wohnen würde. Dieses Suchen außerhalb von dir ist der Ursprung von Herzensbruch, Enttäuschung und Festhalten. Das wiederum führt dazu, dass wir in dissoziierte Unabhängigkeit springen, einfach nur, um den Schmerz loszuwerden. Es ist einfach, so schnell zu leben, aber ebenso leicht wird dir langweilig, wenn nichts zu passieren scheint.

Trotz dieser offensichtlichen Nachteile davon, in einem dissoziierten Zustand zu leben, halten wir die Dissoziation weiterhin aufrecht. Denn wenn wir das nicht tun würden, wenn wir nicht kompensieren, unsere Gefühle verleugnen und uns davon abschneiden würden, müssten wir den emotionalen Schmerz fühlen, denn wir tief in uns verdrängt haben. Auf der anderen Seite würden wir jedoch auch unser *Herz*, also Liebe, Verbundenheit und alle die positiven Gefühle, genießen! Wir würden jeden Augenblick genießen. Daher stellt sich die Frage: „Wie komme ich aus meinem Muster und diesem festgefahrenen Ort heraus, damit ich mehr lieben und genießen kann?"

Um diese Frage zu beantworten, musst du zuerst erkennen, dass dein Ego *will*, dass du festsitzt! Zum Glück ist dein Höheres Bewusstsein, dein kreativer, einfallsreicher Verstand, mit dem Himmel verbunden und unterstützt dich zu 100 %, frei zu sein. Es ist die Aufgabe deines Höheren Bewusstseins, dich aus solchen Schwierigkeiten wie Dissoziation zu befreien. Aber wem hörst du zu? Deinem Ego oder deinem Höheren Bewusstsein? Wenn du festsitzt, hörst du offensichtlich deinem Ego, dem Prinzip der Trennung, zu. Dein Ego redet dir ein, dass das Problem bei deinem Partner oder deiner Arbeit oder einer anderen Person liegt, jedoch definitiv *nicht* bei dir. Dies ist ein sicheres Zeichen dafür, dass du der falschen Stimme zuhörst. Wirf dein Ego als deinen Lebensberater heraus. Es möchte sich selbst so groß wie einen Berg machen, während es dein

Leben verschlechtert. Das Ego baut deine Stellung in der Welt mit Abwehrhaltung, Angriff und Selbstangriff, Hass und Selbsthass auf. Es lässt dich dissoziiert und in dich selbst zurückgezogen, streitlustig und abwehrend gegenüber allen und allem um dich herum zurück.

Angriff oder Selbstangriff zeigt, dass du dich zurückgezogen hast. Dadurch wird alles, was du tust, zur Aufopferung und folglich schwer und mühsam. Eines der Erfolgsprinzipien im Spiel des Lebens besteht darin, *dich selbst allen und allem 100 %ig zu geben*. Es gibt keinen guten Grund, das nicht zu tun. Urteile und Groll sind Hirngespinste, die das Ego benutzt, um sich aufzublasen. Wenn du dein Unterbewusstsein sehen könntest, würdest du erkennen, dass das Ego Urteile und Groll benutzt, um sich zu trennen und sich und seine Illusionen aufzubauen. Es tut dies, um dir die Idee zu verkaufen, dass sowohl dein Glücklichsein als auch dein Unglücklichsein außerhalb von dir entspringen. Wenn du alles sehen könntest, was in deinem Unterbewusstsein enthalten ist, würdest du diese egoistischen Prinzipien als die Lügen erkennen, die sie sind. Das Ego benutzt alle Probleme und Schmerzen nur, um Angst zu erzeugen, was ein zentraler Baustoff für das Ego ist. Es benutzt Angst, damit wir fälschlich glauben, dass wir mit dem nächsten Schritt nicht umgehen können. Wenn wir uns in einer großen Falle befinden, zeigt uns das, dass wir glauben, mit der nächsten Phase nicht umgehen zu können.

Ich bin Tausende von Male in aller Welt gefragt worden: „Was ist der nächste Schritt? Was ist die nächste Phase?“ Während das Ego uns einredet, dass der nächste Schritt zu viel für uns ist, schiebt es uns den Beweis für unser Festsitzen unter, indem es ein Problem *à la Jonah und der Wal* erzeugt, um uns alle Ausreden zu liefern, die wir brauchen, um nicht vorwärts zu gehen. Wenn wir Groll hegen oder Urteile haben, fürchten wir unter dem Angriff, dass wir den nächsten Schritt nicht bewältigen können, sei es mit unserem Partner, unserer Familie oder unserer Arbeit. Wir haben Angst, dass die größere Intimität und der größere Erfolg oder die größeren Schmerzen, wenn wir versagen, zu viel für uns sind, deshalb ziehen wir uns zurück, und suchen nach einer Ausrede, um getrennt zu bleiben und nicht vorwärts zu gehen. Meiner Erfahrung nach scheint es offensichtlich, dass der nächste Schritt immer besser ist und dass unser Gefühl der Unzulänglichkeit tatsächlich vom Ego stammt, das hinter der Kulisse daran arbeitet, Dissoziation zu verursachen und uns von Intimität, Liebe und Freude zu trennen.

Unzulänglichkeit ist an sich keine schlechte Sache, auch wenn wir sie mit Beschäftigtsein, Perfektionismus, harter Arbeit, Faulheit und anderen Abwehrmechanismen kompensieren. Wenn wir uns Unzulänglichkeit aus der korrekten Perspektive anschauen, ist sie die Voraussetzung für ein spirituelles Leben. Wenn du unter allen Umständen Herr deiner Lage wärst, bräuchtest du weder den Himmel noch Gnade oder Wunder. Die Erkenntnis des Bedürfnisses nach der Hilfe durch den Himmel ist genau das, was jede Lektion einfach machen kann. Wenn wir auf unser Leben zurückblicken und erkennen, wo wir gelitten haben, stellen wir fest, dass es sich dabei um Seelenlektionen handelte, bei denen wir durchgefallen sind. Genau die gleichen Lektionen können wir jedoch jetzt bestehen. Wenn wir die Hilfe des Himmels annehmen, ist das ganz leicht. Wir haben dort gelitten, wo wir Angst hatten, in unserer Familie, unseren Beziehungen oder Arbeitssituationen den nächsten Schritt zu tun. Wir haben uns davor gefürchtet, zu strahlen und die Geschenke hervorzubringen, die die Situation heilen und uns die Seelenlektion mit fliegenden Fahnen bestehen lassen würden. Wie haben geglaubt, auf uns allein gestellt zu sein, und wussten nicht, wie wir die Prüfung bestehen sollten. Letztendlich ist es ein sicheres Zeichen dafür, dass wir versuchen, etwas allein zu schaffen, wenn wir Angst haben.

Im Meisterschaftsbewusstsein handelst du nicht allein, sondern wartest darauf, dich von der Eingebung leiten zu lassen. Dann lässt du den Himmel alles durch Gnade erledigen. Meisterschaftsbewusstsein bedeutet ein gnadenerfülltes Leben. Und wir brauchen Gnade sowie unsere Freunde an höherer Stelle, um uns unserer uralten schlechten Einstellung zu stellen, bei der wir uns vom Licht abgewandt haben, herabgestürzt sind und in unserer Regression ein Zentrum nach dem anderen verloren haben. Die Trennung in diesen frühen Phasen war das körperlose Ego, das als Teufel, bösartige Außerirdische und dunkle Götter erscheint. Es gibt nichts, das schwieriger zu heilen ist als etwas anderes, aber in jedem Fall ist die Gnade zur Heilung notwendig. Teufel sind einfach nur Teile unseres eigenen Bewusstseins, die erlöst werden müssen. Diese dunkle astrale Energie kann Teil jeder toxischen Situation oder jedes toxischen Angriffs sein, oder jeder Wunde, die nicht heilen will oder sehr chronisch zu sein scheint. In vielen Fällen kann diese dunkle Energie durch sexuellen Missbrauch in uns eindringen. Während wir beim Spiel des Lebens den Endspurt erreichen, werden diese Bereiche offensichtlich. Diese dunkle Energie kann sich auch dort zeigen, wo wir Hass oder eine andere Form emotionaler oder anderer Ausschweifung hegen oder uns in einem Krieg mit jemand anders befinden. Wenn wir angreifen, ist das ein ziemlich sicheres Zeichen dafür, dass wir der Führung des Egos folgen.

Größtenteils sind wir einfach in unseren alltäglichen Problemen gefangen, die *alle transzendiert werden können, wenn wir den nächsten Schritt* im Spiel tun. Wir können den nächsten Schritt machen, indem wir „Ja" dazu sagen, weil der Schritt in Wirklichkeit zu uns kommt, denn wir gehen gar nicht an einen anderen Ort. Wir entscheiden uns für den Schritt. Wir verpflichten uns dazu. Wir erheben Anspruch darauf. Wir bitten den Himmel um Hilfe dabei. Eine weitere großartige und einfache Heilungstatsache besteht darin, dass wir uns *erinnern, wer* bei uns ist. Wenn wir mit Gott oder Kuan Yin oder Jesus oder Buddha gehen oder ... Was gibt es dann zu fürchten? Was könnte es dann für Probleme geben?

Ein weiterer Weg, um jetzt leicht vorwärtszuschreiten, besteht darin, allen und allem zu vergeben. Insbesondere allem, was negativ ist, einschließlich uns selbst, die wir das gewählt haben, und unserem Glaubenssystem (Ego-Selbstkonzepte), das dies herbeigeführt hat. Und Gott zu vergeben, Dem wir dafür auf unbewusster Ebene die Schuld gegeben haben. *Vergebung* bedeutet *vor(an)geben*, also keinen guten Grund zu sehen, nicht vollkommen zu geben. Das sorgt dafür, dass wir im Fluss bleiben, und entfaltet all die vergangene Negativität, die sich in einem gegenwärtigen Problem zeigt. Schließlich ist jedes gegenwärtige Problem eine unerledigte Angelegenheit aus der Vergangenheit. Ein Problem ist eine nicht gelernte Lektion, die sich jetzt zeigt, um geheilt zu werden. Andernfalls benutzt das Ego, das, was jetzt kommt, um uns aufzuhalten. Vergebung heilt die Schuld, die zur Anschuldigung geworden und vom Ego benutzt worden ist, um zu verbergen, was wirklich geschieht. Vergebung heilt uns und macht aus Feinden Verbündete. Sie zeigt, dass alles ein Fehler war, den wir gemacht haben, als wir der Angst geglaubt und unser Problem als Ausrede benutzt haben, nicht vorwärtszugehen. Vergebung heilt Angst. Gnade heilt Angst. Liebe heilt Angst. Alles zu geben heilt Angst. Vergebung stellt die Unschuld aller wieder her. Dies ist die Wahrheit, die unter dem Problem und der Angst verborgen ist. Vergebung heilt ebenso wie Gnade Schuld, während wir demjenigen, der mit uns geht, Gott, alles übergeben. Das sorgt dafür, dass wir uns mit Leichtigkeit in die richtige Richtung begeben. Diese Heilungen schenken uns einen Frieden, der viel spannender als jede Anregung ist. In diesem Sinn können wir anfangen zu erkennen, dass es beim Spiel des Lebens darum geht, wie viel Liebe wir schenken und wie viel Liebe wir empfangen.

3

Das Spiel des Lebens transzendieren

Der Sinn des Spiels des Lebens besteht darin, es zu transzendieren. Du bist gekommen, um aufzuwachen. Aber du kannst dich nicht selbst aufwecken. Du kannst dich nur dafür bereit machen, aufzuwachen. Der Freund weckt dich auf.[1] Aber erst dann, wenn du bereit dazu bist. Es gibt bessere Methoden, als einen Countdown herunterzuzählen, bis du bereit bist, aber du kannst nur aufwachen, wenn du über dich hinausgegangen bist. An diesem Punkt gibt es keinen Pfad. Dort gibt es nur zuhören und folgen.

Sogar im Traum kannst du zuhören. Sogar im Traum kannst du empfangen. Sogar wenn du erwachen möchtest, bist du im Traum derjenige, der plant, wie das passieren soll – und du kannst dich nicht selbst aufwecken. Dann willst du aufwachen und du willst auch nicht aufwachen. Wie läuft das für dich?

Wenn du wirklich aufwachst, wird es nicht auf deine Art geschehen. Es wird so geschehen, wie es der Freund will. Beim Problem des Aufwachens bist du das Problem. Was kann ohne dich geschehen? Du willst dich nicht selbst verlieren, das Selbst, das du so mühevoll auf Schmerz und Ungerechtigkeit aufgebaut hast.

Jedes Problem im Spiel des Lebens ist eine Illusion, die deine Aufmerksamkeit erregen und beweisen soll, dass der Traum im Spiel real ist. Du bist in dem Traum und er scheint real, sogar sehr real. Du versuchst, etwas im Spiel zu bekommen. Deshalb spielst du weiter. Deshalb kommst du immer wieder zu dem Spiel zurück.

---

1 Anm. d. Ü.: Der Autor verwendet „Freund“ als eine andere Bezeichnung für den Heiligen Geist im Sinne von *Ein Kurs in Wundern.*

Du bist mit dem Spiel noch nicht fertig. Du glaubst, etwas im Spiel bekommen zu können, das tatsächlich nur durch Aufwachen gefunden werden kann.

Die Karten sind markiert. Die Würfel sind gezinkt. Sogar wenn du das Spiel gewinnst, das du spielst, wird dich das nicht zufriedenstellen. Das Spiel für die Unzahl von Erfahrungen zu spielen, mit denen du dich selbst zu vergnügen versuchst, ist die langwierige Art, das Spiel zu spielen. Es kann das Spiel endlos hinauszögern. Erinnere dich an das Kapitel 1: „Aufschub ist ein Egomanöver, das dich in die Irre führen soll."

Du kannst das Spiel genau so spielen, wie du es spielen möchtest. Es gibt keine Zeitgrenze, ausgenommen die Beschränkung der Zeit selbst. Die Zeit ist bereits vorüber. Das Aufwachen ist bereits geschehen. Du schaust dir eine Wiederholung an. Du bist Zeuge dessen, was du bereits geträumt hast. Der Erfolg ist bereits eingetreten. Tatsächlich war die Zeit in dem Augenblick vorbei, in dem sie begonnen hat. Das Spiel ist bereits vorüber. Du wachst gegenüber der Tatsache auf, dass du zeitlos bist und alles andere ein Traum war.

Oh, das tut mir leid. Ist das unfreundlich? Du träumst immer noch und hältst es für wahr. Du beobachtest die Schatten auf einer Höhlenwand und glaubst, dass sie die Realität sind. Die gute Nachricht ist, dass du bereits erfolgreich gewesen bist. Die schlechte Nachricht ist, dass du es nicht erkennst. Wenn das so weitergeht, könnte es eine Weile dauern, bevor du die Höhle verlässt.

Sinnlosigkeit und Depression

Du hast das Spiel des Lebens erfunden. Abgesehen davon hat es keine wahre Bedeutung. Du hast vergessen, dass du dir das Spiel ausgedacht hast und dass du es erfunden hast, um zu vergessen, was du verloren hast. Und du warst mit deinem Vergessen erfolgreich. Jetzt glaubst du, dass es das einzige Spiel ist, was es gibt.

Manchmal verlierst du etwas oder jemandem in dem Spiel und wirst vollkommen deprimiert. Du vergisst, dass du der Träumer bist und dass es dein Traum ist. Auf einer grundlegenden, jedoch verborgenen Ebene ist dies als ein versteckter Wunsch gekommen, der unter Schuldgefühlen begraben ist. Wenn du dich wertlos fühlst, kannst du weder dich selbst noch andere schätzen. Und es ist leicht, etwas zu verlieren, was du nicht schätzt. Dennoch ist es ein Traum. Es kann nichts anderes als ein Fehler sein, und hoffentlich wirst du aus deinen

Fehlern lernen. Sorge dich nicht. Sei glücklich. Es ist nur ein Spiel. Und das Spiel ist ein Traum. Ist es an der Zeit, jetzt aufzuwachen? Es ist ein Traum. Du hast ihn geträumt. Vielleicht kannst du ihn doch vergeben und aufwachen.

Da das Spiel nur ein Traum ist, das nur die Bedeutung enthält, die du ihm gegeben hast, wird eine Zeit kommen, wenn du dies auf Gefühlsebene entdeckst. Dann wirst du dich sinnlos fühlen. Wenn du einen Zustand der Sinnlosigkeit erreichst, hast du typischerweise das Gefühl, sterben zu wollen. Dies würde deinem Ego noch mehr gefallen, als das Spiel fortzusetzen. Dein Ego will Dinge immer wegwerfen, bevor ihr Nutzen abgelaufen ist. Es ist auch im Recyclinggeschäft tätig.

Sinnlosigkeit ist das Schlachtfeld des Freundes, der dich aufwecken würde, und des Egos, das das Spiel erfunden hat. Wenn du Sinnlosigkeit erfährst, befindest du dich außerhalb des Spiels. Es ist egal, ob dein schlimmster Verlust dich dorthin gebracht hat. Worauf es ankommt, ist, dass du dem Erwachen am nächsten bist, wenn du dich in der Sinnlosigkeit jenseits des Spiels befindest. Auch wenn Sinnlosigkeit ein Kampf ist, schlägt der Freund nie zurück. Warum solltest du eine Illusion bekämpfen? Der Kampf gibt ihr Glaubwürdigkeit, und die Glaubwürdigkeit verleiht ihr Macht. An diesem Ort der Sinnlosigkeit könntest du dein Bewusstsein dem Freund übergeben, der dir einen Sinn jenseits des Spiels zeigen würde. Der Freund würde dich sanft auf einen Pfad führen, der speziell für dich gemacht wurde. Das ist der schnellste und einfachste Weg für dich. Und der Freund, der dich besser kennt, als du dich selbst kennst, wird deinen Traum auf dem Weg nach Hause mit einigen deiner Lieblingsspielzeuge bereichern. Er wird dir den Weg nach Hause nicht auf eine Weise präsentieren, die dir Angst macht oder dich zurückhält. Du wirst die Sicherheit und die Wahrheit der Hilfe spüren, die dir gegeben wird.

Kurze Zusammenfassung

Du hast also ein Spiel, das dich mit einer Facette fesselt, die dich bezaubert hat. Doch du hast einen Freund, der dir hilft, sanft aufzuwachen. Es gibt einen Traum, den du träumst, der aus allem entstanden ist, von dem du glaubst, dass es dich glücklich machen wird. Manchmal machst du, wie *wir* alle, in dieser Hinsicht fürchterliche Fehler. Müßige Wünsche haben zu entsetzlichen Ergebnissen geführt.

Deine Träume bestehen wie alle Träume aus deinen Wunschbildern. Deine Wünsche entstehen aus deinen Bedürfnissen. Du hast dir auch deine Bedürfnisse ausgedacht, als du geträumt hast, dass du die Verbundenheit verloren und dich getrennt hast, und als du entschieden hast, welche Gestalt du in dem Spiel spielen würdest. Die meisten Menschen wissen noch nicht einmal, dass sie sich in dem Spiel befinden. Die meisten Menschen wissen nicht, dass sie träumen. Sie spielen und träumen und träumen und spielen, bis sie das erkennen. Das sind typischerweise die Spieler, die das Spiel am längsten spielen. Dennoch sind einige der Spieler, die sich bei dem Spiel am meisten einsetzen, diejenigen, die am schnellsten erwachen, wenn sie ihren Geist darauf ausrichten.

Dein Versuch, das Spiel zu gewinnen, wird nicht funktionieren. Dort, wo du in dem Spiel festsitzt, ist, wo du festsitzen willst. Wo du dich in dem Spiel befindest, ist dort, wo du sein willst. Es ist die kollektive Spiegelung aller deiner Wünsche. Dies zu erkennen, ist einer der Auswege aus dem Spiel. Wenn du weißt, dass das Spiel von dir stammt und dass niemand die Schuld daran trägt, nicht einmal *du selbst,* dann wird dir klar sein, dass es nur ein Traum ist. Und dennoch kannst nur du dich bereit machen, aufzuwachen. Der Wunsch, der das Aufwachen eines Tages zur Wirklichkeit machen wird, kommt aus dir. Bis dahin gibt es nur das Spiel, und es ist nur ein Traum.

Das Spiel kann dramatisch verkürzt werden. Wie lange du es spielst, liegt an dir. Wenn du in deinem Spiel gewinnst, gewinnst du damit nicht deinen Ausstieg aus dem Spiel. Du spielst einfach nur im Hinblick auf ein anderes Ziel. Das ist der Zweck des Egos im Spiel, nicht der des Freundes. Du kannst an tausend Orten im Spiel nach dir selbst suchen und du wirst dich nicht finden, denn was du suchst, liegt außerhalb des Spiels. Du musst geben, empfangen und lieben, um zu finden, was du suchst. Du suchst nach deinem Selbst. Das Spiel ist ein Traum, und ein Traum, ganz gleich, wie angenehm er ist, ist immer noch eine Illusion. Du hast das Spiel und die Regeln gemacht – wie das Spiel funktioniert – aber du hast weder die Realität noch das Leben oder seine Regeln erschaffen. Du hast nicht erschaffen, was jenseits des Spiels liegt.

Beziehungen

Beziehungen werden schon ganz zu Anfang im Spiel als Angelegenheiten angepriesen, die zum „Glücklichsein bis ans Lebensende" führen. Jeder möchte eine besondere Person ganz für sich allein. Das klappt so selten. Diese Art der Besonderheit ist keine Liebe. Du stellst dir vor, dass deine Bedürfnisse erfüllt werden, und das ist deine Definition vom Glücklichsein. Wenn du aus diesem Traum nicht erwachst, wirst du deinen Partner als Geisel für deine Bedürfnisse halten. Und so glaubst du, dass er dich liebt: Indem er sich „auf die Art und Weise um dich gekümmert, an die du dich gewöhnen möchtest".[2] Besonderheit ist gefälschte Liebe. Sie ahmt Liebe nach, entspringt jedoch dem Ego, dem Prinzip der Trennung. In Wirklichkeit versucht sie, Liebe zu zerstören. Jede Verstimmung, die du in einer Beziehung erlebst, wird durch eine Kränkung deiner Besonderheit verursacht. Mit Besonderheit hält dich das Ego im Spiel. Beziehungen und die dazugehörigen Bedürfnisse halten dich in einer Art Trance. Wir beschäftigen uns immer zwanghaft mit ihnen: dass du keine Beziehung hast oder dass etwas in deiner Beziehung fehlt. Das, was du dagegen zu unternehmen versuchst, kann dich aufhalten, indem du immer über das Gleiche nachdenkst oder immer um die gleiche Kurve im Spiel fährst. Dein Ego will dich ablenken und aufhalten. So gewährleistet es seine eigene Existenz.

Beziehungen werden in dem Spiel typischerweise mit Besonderheit gespielt. Beziehungen können die beste Falle sein, während du versuchst, jemanden auszusondern und ganz für dich zu haben, um deine imaginären Bedürfnisse zu erfüllen. Das Ego setzt Trennung in dem Versuch ein, dich zu retten und dich glücklich zu machen. Aus Trennung entstehen jedoch nur Schuld, Angst und Schmerz und deine besondere Beziehung wird immer zu deiner fortlaufenden Enttäuschung. Trennung, Unabhängigkeit, Kontrolle, Angst, Bedürftigkeit, dir selbst oder deinem Partner die Schuld zu geben, Dinge „auf deine Art" statt auf die beste Art zu tun, Aufmerksamkeit zu bekommen und dass sich alles um dich dreht, sind genau das Gegenteil von Liebe.

Verliebtsein und Anziehung entstehen aus einem Bedürfnis, aus deinem Ge-

---

2 Anm. d. Ü.: Es handelt sich hier um ein Zitat aus dem amerikanischen Scheidungsrecht, dass sich darauf bezieht, dass der Ehemann nach der Scheidung Unterhaltszahlungen an die Ehefrau in einer Höhe leisten muss, die ihr erlauben, den Lebensstil fortzusetzen, an den sie sich im Verlauf der Ehe gewöhnt hat.

fühl, dass *dir* etwas fehlt. Das Bedürfnis, das zu der Anziehung führt, begann mit Groll darüber, dass ein früheres Bedürfnis nicht erfüllt worden ist – normalerweise mit Eltern, die du dir erträumt hast, um unbewusste Selbstkonzepte zu spiegeln. Dieser Groll hat ein Muster aus Bedürfnis-Groll begründet, dass dich und deinen Partner immer noch beeinträchtigt. Du suchst in einem anderen Menschen, was dir deiner Meinung nach selbst fehlt. Was fehlt, ist ein Aspekt deiner selbst, den du irrtümlich verurteilt und anschließend wegzuwerfen versucht hast. Du suchst immer das, was du weggeworfen hast und von dem du glaubst, es verloren zu haben. Das ist die Natur der Anziehung. Du hast dir deine Bedürfnisse ebenso ausgedacht wie deinen Charakter und deine Lebensgeschichte in dem Spiel.

Wenn du Bedürfnisse hast, schaffst du Regeln, um deine Bedürfnisse erfüllt zu bekommen. Deine Regeln kontrollieren und lähmen. Und wie jede Regel wollen sie gebrochen werden. Wie jede Abwehr sind sie ein Versuch, dich vor Schmerz zu schützen, verursachen diesen Schmerz jedoch letztendlich. Wenn dein Partner eine deiner Regeln bricht, kommt das ursprüngliche Muster aus Schmerz-Groll hoch. Dann greifst du ihn an, schikanierst ihn mit emotionaler Erpressung oder ziehst dich von ihm zurück. Deine Regeln entstehen aus den Gesetzen der Besonderheit, die du darüber geschaffen hast, wie du behandelt werden solltest. Sie sind das, was du benutzt, um zu beweisen, dass du geliebt wirst. Je mehr du deinen Partner dazu bringst, deinen Regeln zu folgen, umso mehr beraubst du ihn seiner Lebenskraft und tötest das, was dich an ihm angezogen hat, denn wenn du ihn kontrollierst, machst du ihn zu einer Zapfsäule für die Erfüllung deiner Bedürfnisse. Wenn auf die Ratschläge deines Egos für deine Beziehung hörst, kannst du genauso gut einen Hai danach fragen, wo der sicherste Platz zum Schwimmen ist. Dein Ego macht deine Beziehung zu einer lieblosen Erfahrung und sorgt dann dafür, dass das so bleibt. Das Ego besteht aus Angst, Schuld, Trennung, Konkurrenz und Besonderheit. Was könnte es über Liebe wissen?

Wenn du deine Beziehung an den Freund übergibst, wird sie aus Bedürfnis, Schmerz und Trennung in eine Beziehung transformiert, die transzendent ist. Die wahre Liebe, die du in deiner Beziehung hast, wird vom Freund inspiriert. Der Rest sind Bedürfnisse, die sich als Liebe verkleiden, und der Schmerz und die Unabhängigkeit, die aus diesen Bedürfnissen entstehen. Deine eingebildeten Bedürfnisse werden deine Beziehung zerstören. Wenn du den Mut hast, deine Bedürfnisse loszulassen, kannst du zulassen, dass dein einziges Bedürfnis dein

Freund ist. Dein Ego versucht zu erreichen, dass du dich mit deinem Partner allein fühlst. So wird das Spiel gespielt, aber die Realität angegriffen. Der Freund würde dich von deinen eingebildeten Bedürfnissen und dem Schmerz, der daraus entstanden ist, heilen. Der Freund wird dein Beziehung reinigen und verwandeln, damit sie zum schnellsten Ausweg aus dem Spiel in die Realität wird. Der Pfad aus dem Spiel ist mit immer größerer Liebe und der Vergebung erfüllt, die dich dorthin bringt.

In dem Traum bist du in einer sinnlosen Welt gefangen und hast dich auf die Seite deines Egos gestellt, indem deine Illusionen und ihre Bedeutung das sind, was du beim Versuch, dich zu retten, benutzt. Wie gut hat das funktioniert? Du bist von einer Illusion zur nächsten übergegangen, in der Hoffnung, Glücklichsein und etwas Erleichterung von der Angst und der Sorge zu finden. Es gibt Groll im Überfluss, weil eine Person nach der anderen nicht dem Skript folgt, das du ihnen zugeteilt hast. Du hast sogar einen Partner gegen einen anderen ausgetauscht, als ob eine Person nur ein Aspekt wäre, der eine andere Person bei der Erfüllung deiner eingebildeten Bedürfnisse ersetzen könnte. Wenn dies geschieht, hast du gegen beide Partner, ursprünglich jedoch gegen dich selbst geurteilt. Du hast geurteilt, dass es dir an Liebe fehlt. Jetzt musst du sie von außerhalb deiner selbst bekommen, und das ist eine der Fallen, die dafür sorgt, dass du im Spiel festsitzt und dich im Groll verirrst. Wenn die Liebe aus dem Innern kommt, erhältst du alle Liebe, die du brauchst. Wie du gibst, so empfängst du auch. Du brauchst einen Partner nicht mehr wertzuschätzen als einen anderen, da sich alles mit deinem gegenwärtigen Partner entfaltet. Wenn du dich selbst verurteilst, wirst du Mängel an deinem Partner entdecken.

An einer Kreuzung in der Vergangenheit hast du gegen dein Selbst geurteilt, indem du dich auf die Seite des Egos gestellt hast. Dies wurde dann zu dem Ort, an dem du dir bestimmte Bedürfnisse eingebildet hast und ein Pfad des Mangels an Erwiderung begann. Du kannst jetzt zu dieser Kreuzung zurückkehren und stattdessen dem Freund folgen. Ein Geschenk, das die Situation lösen würde, liegt in dir und erblüht, wenn du keine Angst hast, das Geschenk deines Selbst zu geben. Der Freund hat ebenfalls ein Geschenk für dich, das die Situation lösen und den Fluss erhöhen würde. Wenn die richtigen Entscheidungen im Spiel getroffen werden, wird es so viel lieblicher.

Hinweis

Immer wenn du Schmerz verspürst, hast du einen Fehler gemacht. Schmerz und Verstimmung sind Hinweise. Sie lassen dich wissen, dass du einen falschen Weg gewählt hast. Entscheidungen werden auf vielen Ebenen deines Bewusstseins getroffen und viele von ihnen, wenn nicht sogar die meisten, verbirgst du vor dir selbst. Sorge dich nicht über Schmerzen, sie geschehen denjenigen, die das Spiel des Lebens spielen. Was dich kümmern sollte, ist, wie du mit dem gegenwärtigen Schmerz umgehst. Schmerz ist unvermeidlich. Leiden ist es nicht.

Wenn du Schmerzen fühlst, will dein Ego, dass du dich verurteilst – und möglicherweise einige Menschen in deinem Umfeld. Ein Groll sagt dir, dass du versuchst, das Spiel zu ändern oder diejenigen Mitspieler zu ändern, die deine versteckten Selbstkonzepte darstellen. Du versuchst zu erreichen, dass sie Dinge so tun, wie du es willst. Dies ist selten erfolgreich und führt zu Leblosigkeit im Spiel, wenn es Erfolg hat. Dann wird der Schmerz einfach für das nächste Mal vergraben. Wahre Macht gewinnst du in dem Spiel nicht dadurch, dass du andere beherrschst oder dich ihnen unterwirfst, sondern indem du Ebenbürtigkeit und persönliche Verantwortung für das, was in dem Spiel passiert, zeigst. Dies macht dich nicht schuldig, wie es das Ego dir einreden möchte, sondern zeigt einfach, dass deine falschen Entscheidungen von dir korrigiert werden können. Dein Bewusstsein ist auf tausend Arten gespalten. Ist es ein Wunder, dass dir im Spiel unerwünschte Dinge geschehen? Wenn die Situation unerwünscht ist, bist du es auch. Du kannst das jetzt ändern. Der Freund wird dir helfen. Sobald du lernst, dass dein einziges Bedürfnis der Freund ist, und du bereit bist, die Bedeutung loszulassen, die du dem Spiel auferlegt hast, wird dir der Freund Wahrheit und Sinn offenbaren. Dazu gehört die Heilung deiner Angst und Schuld mit ständig wachsender Freude. Schließlich war es nur ein Versuch, deine Angst vor seiner Sinnlosigkeit zu verbergen, dass du dem Spiel deine Bedeutung aufgezwungen hast.

Ein weiterer Hinweis

Alles im Spiel hat einen Zweck. Wenn du das Spiel verstehst, begreifst du, dass alles im besten Interesse für dein Lernen geschieht. Rückschläge machen Anhaftungen deutlich. Schmerz weist auf Anhaftung hin. Sie zeigen dir Orte, an denen du versuchst hast, der Welt Bedeutung zu geben und das Spiel so zu gewinnen, wie du es siehst. Dein Ego und der Freund haben vollständig verschiedene Ideen davon, was das Gewinnen des Spiels bedeutet. Für das Ego bedeutet es, der „König des Berges“[3] zu sein oder darunter mit dem größten Grabstein, den du jemals gesehen hast, begraben zu werden und mit dem Finger der Anschuldigung auf die angeblichen Feinde zu zeigen, die dich dorthin gebracht haben. Der Freund will, dass du deinem SELBST gegenüber erwachst. Auf dem Weg zum Erwachen will er, dass du heilst und ganz wirst. Der Freund will dir helfen, während du immer mehr Freude erfährst.

Wenn etwas geschieht, was dich verletzt, kannst du feststellen, wo du dich auf die Seite des Egos gestellt hast, und deine Loyalität wechseln. Wenn es wehtut oder dich verstimmt, ist es ein Fehler. Lerne bereitwillig. Du kannst dein Urteil aufgeben. Du kannst dich verbinden, statt dich zu trennen.

Lasse uns das einmal ansehen. Was willst du? „Leiden oder Freude?“

Hm ... ist es wirklich eine so schwere Entscheidung, das Urteilen, das Rechthaben und den Groll mit seinen versteckten Schuldgefühlen und nicht so versteckten Schmerzen aufzugeben, um einen neuen und besseren Weg zu erhalten, bei dem alle einschließlich du unschuldig sind? Suche nach dem Weg, bei dem jeder gewinnt. Nur dadurch sind deine Freiheit und deine Fülle gesichert.

Was du siehst, ist das, was du zu sein glaubst

Das ist eine Idee, die entscheidend dafür ist, dich zu befreien. Es gibt viele Arten, dies zu erklären. Hier ist die erste: Dort draußen ist niemand. Du bist jeder und alles. Alles wird von der Fernsteuerung in deinem Bewusstsein bestimmt. An der Oberfläche regst du dich darüber auf, dass die Menschen nicht deinem

3 Anm. d. Ü.: „König des Berges“ ist ein Kinderspiel, bei dem es darum geht, einen Hügel zu erobern. Das Kind, das allein auf dem Hügel zurückbleibt, indem es die anderen Kinder herunterwirft, wird zum „König des Berges“.

Skript folgen und deine Regeln brechen. Darunter befolgen sie dein Skript ganz genau. Sie sind Verkörperungen deiner eigenen Überzeugungen über dich selbst. An der Oberfläche glaubst du nicht, dass du es bist. Deshalb scheint alles getrennt zu sein. Deshalb verurteilst du und kämpfst mit dem, was anscheinend außerhalb von dir ist. Du hast diese Überzeugungen in dir begraben und nach außen projiziert. Als eine Folge davon versuchst du, dich von denjenigen Aspekten deiner selbst zu entfernen, die du an dir nicht magst. Du suchst außerhalb von dir nach denjenigen Teilen, die du magst und von denen du glaubst, sie zu brauchen, und vergisst, dass diese Teile in Wirklichkeit Aspekte deiner selbst sind, die du verurteilt und nach außen projiziert hast.

Du hast Angst, deine Bedürfnisse zu erfüllen, weil das dich wieder verbinden und du etwas von deiner Unabhängigkeit verlieren würdest. Diese Unabhängigkeit macht es schwierig, im Spiel Erfolg zu haben. Du willst etwas, aber du hast Angst davor. Du bekommst, was du willst, aber du bist dissoziiert und kannst es nicht fühlen oder genießen. Das Ego ist sehr glücklich, weil es, auch wenn es will, dass du das Spiel spielst, nicht will, dass du Erfolg hast. Es kümmert sich jedoch nicht darum, wenn du gewinnst, insbesondere dann, wenn das beweist, dass du der Beste bist, besser als der Rest. Das Ego will, dass du das Spiel ewig spielst, denn dann kann es die Tatsache widerlegen, dass es und das Spiel eine Illusion sind. Wenn du erkennst, dass ‚das alles dort draußen nur *ich* bin', vermittelt dir das ein Verständnis, das dir hilft, das Spiel ohne Anhaftung zu spielen und sogar noch mehr auf den Freund zu hören. Es gibt wahren Erfolg, der uns als unser natürliches Erbe gehört, und Erfolg, den das Ego für seinen Prunk erbeutet. Es gibt Gewinnen, indem du dein Bestes gibst, und Gewinnen, das vom Ego in dem Versuch benutzt wird, seine Überlegenheit zu beweisen.

Begreifst du es? Das Ego will, dass du gewinnst oder verlierst, es ist ihm wirklich egal, was es ist, aber es will nicht, dass du Erfolg hast. Je mehr du Erfolg hast, umso mehr erkennst du, dass du Erfolg bist. Erfolg hat dich als Erfolg geschaffen. Das Ego will, dass du kämpfst, ob du gewinnst oder verlierst, ist nicht so wichtig. Wenn du Gewinnen-Verlieren spielst, musst du mindestens die Hälfte der Zeit verlieren, um das Spiel fortzuführen. Das Ego kümmert sich nicht darum, wie das passiert, es will nur das Spiel fortsetzen. Jeder Streit ist ein Aufschub. Jeder Streit beruht auf Angst vor Erfolg und Intimität in Kombination mit Konkurrenz. Ein Streit ist ein Versuch, eine andere Person so lange zu schikanieren, bis sie tut, was du willst. Ein Streit ist ein Versuch, einen anderen Menschen dazu zu bringen, deine Bedürfnisse zu erfüllen. Dies kann durch Angriff oder durch

Opferhaltung geschehen, die aus passivem Angriff, emotionaler Erpressung und Rache besteht. Jedes Mal, wenn du zum Opfer wirst, befindest du dich in einem Kampf mit anderen, dir selbst und dem Freund. Du veranstaltest einen Wutanfall, um ein Bedürfnis erfüllt zu bekommen, bei dem du Angst davor hast, zu empfangen. Das ist eine gute Methode, um den Rebellen in dir zu verstecken. Es gibt kein Problem im Spiel, das nicht den Rebellen als eine seiner Wurzeln hat. Es kämpft um die Trennung. Es kämpft für das Spiel. Es kämpft gegen den Freund, der dich nur aus diesem Todesspiel herausholen will.

Du hast genügend Erfolg gehabt, um nicht mehr länger das Höllenspiel zu spielen, auch wenn du von Zeit zu Zeit darin zurückfällst. Der Tod sorgt dafür, dass das Spiel weitergeht. Er ist der ultimative Kampf. Er zeigt, dass du der ultimative Rebell bist, stärker als der Freund, weil Er dich nicht davon abhalten kann, dich selbst abzumurksen. Tod holt dich nicht aus dem Spiel heraus. Nur Erwachen erreicht das. Leben und Tod sind zwei Gegensätze. Gegensatz ist der Name des Spiels: Leben und Tod. Gut und Böse. Licht und Dunkelheit. Auf und Ab. Geist und Materie. Männlich und weiblich. Gewinnen und Verlieren. Im Endspurt des Spiels wirst du über alle diese Gegensätze hinausgehen. Dann werden es nicht mehr länger *wir* und sie sein, nur noch wir. Dann wirst du nicht mehr versuchen, zu verurteilen und zu trennen, sondern nur noch zu verbinden und zu lieben.

Wir wollen uns das Spiel noch einmal aus der Perspektive anschauen, dass es ein Traum ist. Wie alle Träume entstand er durch Wunscherfüllung. Wunscherfüllung ist der Mechanismus, mit dem du versuchst, die Illusion des Bedürfnisses durch eine andere Illusion zu erfüllen. Das stellt dich niemals lange zufrieden, daher glaubst du, du müsstest etwas anderes träumen, was dich wirklich zufriedenstellt. Du wirst enttäuscht werden, ganz gleich, ob du bekommst, was du willst oder nicht. Der einzige Unterschied besteht darin, dass die Unzufriedenheit sofort erfolgt, wenn du nicht bekommst, was du willst. Dies könnte der Grund sein, vollständig aufzugeben oder das Spiel in dem Versuch, Befriedigung zu erlangen, sogar noch intensiver zu spielen. Diese Erfahrung der Enttäuschung könnte dich sogar motivieren, aus dem Traum erwachen zu wollen, der manchmal zu einem Albtraum geworden ist. Der Freund ist da und flüstert dir zu, dass es nur ein Traum ist und dass es jetzt an der Zeit ist, aufzuwachen. Der Freund stupst dich sanft, während du dem Erwachen näher kommst. Der Freund würde nichts tun, um deine Angst zu vergrößern, indem er dich plötzlich weckt. Das wäre nicht gütig, und der Freund ist immer nur gütig. Er weiß, dass du aufwachen wirst. Er kennt den Zeitpunkt deines Erwachens, weil es bereits passiert ist. Freue dich! Es ist eine sichere Sache. Es ist nur eine Frage der Zeit. Wie lang wirst du brauchen, um zu einem besseren Ort zu erwachen? Dein Glücklichsein, anderen zu helfen und zu heilen, lassen dich alle zu dem Zeitpunkt eilen, wenn du sanft vom Freund geweckt wirst.

Glücklichsein

Echtes Glücklichsein ist der Weg, um aus dem Spiel aufzuwachen. Es macht keinen Unterschied, wo du dich im Spiel befindest – also dein Fortschritt oder dein Punktestand im Spiel. Du musst lernen, dass der Weg zum Erwachen nicht darin besteht, an einen Ort zu gelangen oder etwas zu erreichen. Erwachen geschieht nur genau hier und jetzt. Es ist der einzige Ort, an dem du glücklich sein kannst. Es ist der einzige Zeitpunkt, zu dem du glücklich sein kannst. Und auch wenn du dich vielleicht zu traurig und schuldig über die Vergangenheit und zu angsterfüllt über die Zukunft fühlst, könntest du dich dazu entscheiden, hier und jetzt und glücklich zu sein.

So wenige Menschen verbringen Zeit hier und jetzt, denn wenn du nicht hier und jetzt bist, bist *du* entweder in der Vergangenheit, wie die Verstimmung, der Schmerz und die Schuldgefühle beweisen, oder in der Zukunft, was sich durch Angstgefühle zeigt. Auf jede Weise dient dies dem Ego, indem das Spiel fortgeführt wird. Wenn du nicht hier und jetzt bist, ist das Einzige, was Sinn macht, deinen Frieden wiederzugewinnen, damit du wieder hier und jetzt bist. Wenn du hier und jetzt bist, wirst du Frieden erleben. Aus Frieden entstehen Liebe, Glücklichsein, Fülle und schließlich Erwachen.

Wenn du im Spiel gefangen bist und das Gefühl hast, dass du im Spiel noch große Teile übrig hast, die du spielen musst, ist es einfach, deinen Frieden zu verlieren. Dies zeigt, dass du dich in einem Konflikt befindest, und weist auf ein Anhaften hin, das bereits in dir vorhanden war und dich aus deiner Mitte holt. In deiner Mitte sind der Frieden und deine Bestimmung. Wenn du das weißt, hast du die Ausläufer des Gebirges bereits hinter dir. An diesem Punkt herrscht Meisterschaft. Es ist schwieriger für dich, in Verstimmungen gefangen zu werden, und du bist dem Erwachen so viel näher. Diejenigen, die aus dem Spiel ausgebrochen sind, wissen, dass es das uralte, kollektive Ego ist, das das Spiel mit deiner Zustimmung erschaffen hat. Deine Gedanken, Emotionen und

Konflikte sind daher nur so lange *dein*, wie du dich mir ihnen identifizierst. Sie sind das, was du hast, anstelle von dem, was du bist. Diese Identität ist so überzeugend, dass für einige Menschen ihre Gedanken, Emotionen und Konflikte alles sind, was sie kennen.

Glücklichsein muss aus deinem Innern kommen. Es ist etwas, wofür du dich entscheidest und was du erzeugst. Glücklichsein wird wichtiger als dass die Dinge so sein müssen, wie du sie haben willst, was zu deiner Verstimmung geführt hat. Akzeptanz und Loslassen von Urteilen ist daher sehr wichtig, um dein Glücklichsein zu erhalten. Es sind die Gegensätze des Grolls, der dich im Spiel festhält.

Glücklichsein muss zu deinem Weg werden. Nur dann kannst du den pfadlosen Pfad zum Erwachen beschreiten. Glücklichsein ist nicht das Ende, das du anstrebst, sondern es muss der Weg zum Ende werden.

Was steht in diesem Moment zwischen dir und dem Glücklichsein?

Gibt es ein Problem, mit dem du dich zwanghaft beschäftigst?

Bist du zu gestresst und hast zu viel zu tun?

Regst du dich über etwas auf?

Bist du darin gefangen, eine Belohnung im Spiel zu erhalten?

Wenn du aus dem Spiel ausbrichst, hast du die Belohnung. Du bist die Belohnung. Nur diese Belohnung und das, was dich ihr näher bringt, werden angesichts des Todes nicht schwinden. Das Glücklichsein, das du behalten kannst, während du noch dem Tod gegenüberstehst, ist das Glücklichsein, das zum Tor aus dem Spiel wird. Das Spiel ist nicht dein Zuhause. Es ist eine Herberge für verlorene Kinder. Je eher du erkennst, dass du Brotkrumen gegessen hast, während du dachtest, du würdest schmausen, umso eher wirst du zum Erwachen motiviert sein.

Glücklichsein muss zu deinem Kompass werden. Du musst deinen Kurs danach ausrichten, wenn du frei werden willst. Wenn du nicht glücklich bist, bist du nicht im Frieden, und es ist Zeit für Heilung. Erstens ist es an der Zeit, den Figuren im Traum zu vergeben. Dann ist es an der Zeit, alle Spiegelungen deines eigenen Bewusstseins, die nur deinen Anweisungen folgen, zu erkennen und ihnen zu vergeben. Du vergibst immer nur dir selbst. Alles ist in deinem Spiel, was in deinem Bewusstsein enthalten ist. Du siehst, was du glaubst, und alle deine Überzeugungen sind Selbstkonzepte. Das Spiel, das du siehst, ist das, was du über dich selbst glaubst. Du kannst jetzt entscheiden, diese Überzeugungen loszulassen, denn so hast du sie auch begonnen. So hast du mit deinen Überzeugungen und Wünschen dabei geholfen, das Spiel so zu erschaffen, wie es aussieht. Ansonsten gibt es nur das Licht und die Liebe des Einsseins, die von Glücklichsein gekennzeichnet sind. Glücklichsein ist einer der Wege zurück zum Einssein, was wiederum Glücklichsein selbst ist.

Entscheide dich für Glücklichsein. Sei glücklich. Der Rest besteht einfach aus den Dingen im Spiel, nach denen du süchtig bist. Der Rest ist einfach, dass du versuchst, allein für dein *kleines Selbst* zu gewinnen, und das wird dich niemals aus dem Spiel holen oder dich glücklich machen. Wünsche dir Glücklichsein aus ganzem Herzen. Wähle in jedem Augenblick Glücklichsein. Mache es zu dem, was dir am wichtigsten ist. Glücklichsein entsteht aus Liebe, Frieden, Kreativität und Gnade. Diese schenken dir zusammen mit göttlicher Gegenwart Selbstliebe und Unschuld.

Akzeptanz

Akzeptanz ist einer der Auswege aus dem Spiel. Wenn du Akzeptanz praktizierst, kannst du nicht verletzt werden. Was du nicht akzeptierst, zeigt dir, wo du Widerstand hast, und dies verursacht die Verletzung. Wenn du dich in Akzeptanz befindest, bist du im Fluss. Wenn du dich weigerst, etwas zu akzeptieren, versuchst du, ein eigenes Bedürfnis erfüllt zu bekommen oder dich dem Bedürfnis eines anderen Menschen zu widersetzen. Natürlich ist das immer ein Weg, keine Erwiderung zu erhalten, weil du dich dem widersetzt, wie du selbst so warst. Ein Bedürfnis ist etwas, das du zu bekommen oder zu nehmen versuchst. Es ist ein Ort, an dem du etwas haben willst, aber du hast einen größeren Widerstand dagegen, es zu bekommen, als du bewusst erkennst. Wenn du es bewusst erkennen würdest, hättest du es bereits. Du widersetzt dich, weil es, wenn du es empfangen statt nehmen würdest, deine Verbundenheit wiederherstellen würde. Dein Widerstand ist deine geheime Beschwerde gegen jemanden, der sich nicht um dich gekümmert hat, was zu der Verletzung geführt hat. Doch warst du es nur, der sich von der Verbundenheit entfernt und geglaubt hat, dass es besser wäre, allein zu sein.

Dein Stress ist deine gereizte Ankündigung, dass du dich um dich selbst kümmern wirst. Du brauchst es nicht vom Himmel oder von irgendjemand anders. Du willst es alleine machen. Wenn dein Widerstand den Grad eines Wutanfalls erreicht, wird der Schmerz zum Herzensbruch. Jeder Wutanfall verbirgt emotionale Erpressung, Unabhängigkeit und Rebellion. Dies sind Orte, in die du anstelle von Erfolg und Liebe investierst.

Wenn du dich widersetzt, kämpfst du gegen das, was geschieht. Wenn du dich sehr widersetzt, zeigt das, dass du dich in einem Kampf mit einem Menschen befindest. Dies ist ein Gewinnen-Verlieren-Vorschlag, der alle Beteiligten aufhält, da ein Streit zeigt, wo beide Parteien versuchen, ihre Bedürfnisse erfüllt zu bekommen und Angst vor der nächsten Ebene von Erfolg und Intimität haben, obgleich sie das Gegenteil behaupten.

Dir muss nicht gefallen, was du akzeptierst, aber wenn du es nicht akzeptierst, bleibst du dort festsitzen. Akzeptanz bedeutet einfach zu erkennen, wie die Dinge zu sein scheinen, und sich ihnen nicht zu widersetzen. Dies bringt dich über das, „was ist", hinaus zur nächsten Entwicklung, die sich durch deine Akzeptanz ergibt. Vollständige Akzeptanz ist einer der Wege, um die Vorwärtsbewegung zu beschleunigen und über alles hinauszugehen, was sich als Hindernisse zeigt. Es beruht auf dem Vertrauen, dass es einen besseren Weg gibt und dass du dort, wo du festsitzt, nicht festsitzen musst. Die Akzeptanz dessen, „was ist", führt zu einem besseren Weg. Wahre Akzeptanz zu finden, die sich natürlich anfühlt, ist eine Heilungsmethode, die den Frieden wiederherstellt. Der Frieden bringt Glücklichsein mit sich. Akzeptanz bedeutet die Notwendigkeit, loszulassen, dass die Dinge *nach deinen Vorstellungen* laufen müssen, um deine Bedürfnisse oder Vorstellungen zu erfüllen. Sie lässt Dinge einfach sein.

Frieden

Langeweile entsteht aus Dissoziation. Langeweile ist gefälschter Frieden. Sie ist das Gegenteil von Frieden. Wahrer Friede ist natürlich und vollständig anregend – je dissoziierter du bist, umso mehr versuchst du, deine eigene Anregung bereitzustellen. Damit kaufst du Aktien am Spiel und investierst stark. Du dissoziierst dich von dem, wovor du Angst hast. Du dissoziierst dich von dem, was du für überwältigend hältst. Du dissoziierst also den Schmerz, mit dem du glaubst, nicht umgehen zu können, und du dissoziierst auch transzendente Augenblicke der Herrlichkeit, von denen du glaubst, dass sie zu deinem Zusammenbruch oder Tod führen würden. Dies war natürlich nicht wirklich dein Tod, sondern der Tod deines Egos, und der Glaube, dass du sterben oder zusammenbrechen würdest, zeigt, wie sehr du in dein Ego investierst hast, das nur Aktien am Spiel verkauft.

Wenn du aus dem Spiel herauskommen willst, ist Frieden der Weg. Wenn du ein Spiel mit höherer Qualität willst, ist Frieden der Weg. Das Spiel ist voller Anregung und seine Folge ist Elend. Schmerz und Vergnügen sind die beiden Seiten der gleichen Münze. Beides wird im Spiel zu dir kommen. Dein Glück in der Münze des Vergnügens zu suchen bedeutet, die gleiche Menge Schmerz für dich zu gewinnen. Vergnügen kommt aus Selbstwert und Genießen. Es ist das Gleichgewicht zwischen Verdrängung und Ausschweifung. Verdrängung führt zu Aufopferung und einer Unfähigkeit zu empfangen. Es verschlimmert Wertlosigkeit. Wenn du nach Vergnügen suchst, strebst du nach Ausschweifung und wirst dich schuldig fühlen, was die Wertlosigkeit verschlimmert. Empfange und genieße Vergnügen, aber meide es, das zu deinem Ziel zu machen. Es ist eine natürliche Belohnung im Leben und vergrößert deinen Frieden.

Frieden ist der Ausweg aus dem Spiel. Er ist das Tor. In Frieden kannst zu endlich deine Gnadenfrist zusammen mit allem empfangen, was das Spiel des Lebens zu einem glücklichen Fluss macht. Wenn du darüber nachdenkst, wie du das Spiel spielst, was ist dir wichtiger als Frieden? Wenn du Frieden mehr als alles andere wertschätzt, bist du zum Erwachen bereit. Lasse Frieden dein Juwel sein. Stell ihn im Zentrum deines Bewusstseins zur Schau. Lasse Frieden dein einziges Ziel sein. Er wird dich nach Hause bringen. Frieden ist mehr als Gewinnen-Gewinnen (vgl. win-win-Situation). Frieden ist Gewinnen, denn im tiefsten Frieden ist alles eins.

Du könntest anfangen, Frieden auf einer ganz neuen Ebene wertzuschätzen, und alles, was deinen Frieden stört, als etwas betrachten, das geheilt werden möchte.

Aus dem Spiel ausbrechen

Du wirst ohne Frieden nicht aus dem Spiel herauskommen, und der Frieden, der bei dir bleibt, ist der Frieden, der aus Heilung und Gnade kommt. Bei all den Sachen, über die du dich aufregen kannst, wirst du es nur mit Vergebung oder einer anderen Heilungsmethode aus dem Spiel heraus schaffen. Dies öffnet dich für das Empfangen von Gnade, was dir hilft, es zu schätzen, dich deinem Leiden zu stellen und es zu heilen, um friedvoll zu werden.

Jeder Groll, den du hast, jede Verstimmung, die du erlebst, dreht sich nur um dich selbst. Bis du dies erkennst, wirst du in einen Streit nach dem anderen, gefolgt von einer Aufregung nach der anderen geraten. Im Spiel gibt es keine Zufälle. Wenn du es richtig siehst, dient es immer deinem Vorteil, auch wenn es am schwierigsten ist. Wenn sie richtig verwendet wird, kann dich jede Verstimmung zu größerer Freiheit und Ganzheit führen, zuerst im Spiel und dann, um dir zu helfen, *im Spiel aufzusteigen*. Je größer die Verstimmung, umso mehr kannst du sie als Sprungbrett nach vorn benutzen. Wenn du im Spiel hoch genug aufgestiegen bist, um aus dem Spiel herauszukommen, kann sie als eine Einweihung benutzt werden, um dich im Spiel hochschnellen zu lassen.

Jeder Groll hält dich in einer Überzeugung fest, dass du ein Körper bist. Der Groll entstand aus einem Bedürfnis, das von einer Überzeugung kommt – dass du ein Körper bist. Wenn du aus dem Spiel ausbrechen willst, musst du aus deinem Körper herauskommen, und zwar nicht durch den physischen Tod, der einfach Teil der kollektiven Überzeugung ist, dass du ein Körper bist. Dein Ego tut alles, um dich glauben zu lassen, dass du ein Körper *bist*, und verdammt dich damit zum Tod. Wenn du zu erkennen beginnst, dass du mehr als ein Körper bist, fängst du an, einen Blick auf dein zeitloses Erbe zu erhaschen, das darauf wartet, dass du aufwachst. Du bist nicht dein Körper. Dies zu erkennen, bedeutet, Freiheit zu erfahren. Der Schöpfer hat dich nach Seinem Bild geschaffen, und Er ist kein Körper.

Du verdrängst Selbstkonzepte, die du an dir nicht magst. Alle Selbstkonzepte sind Brillen, durch die du das Spiel des Lebens siehst. Dunkle Selbstkonzepte sind sehr zerstörerisch, weil du sie in deiner Welt durch Menschen, Situationen und dich selbst ausagierst. Um das Spiel des Lebens zu verlassen, wirst du letztendlich alle Selbstkonzepte darüber aufgeben, was du zu sein glaubst. Wenn du dich selbst als lieblos verurteilt hast, wirst du Bedürfnisse haben, auf die nicht reagiert wird, weil du diese „Lieblosigkeit" auf die Menschen in deinem Umfeld projizierst.

Es ist hilfreich, mit dem Loslassen deiner dunklen Selbstkonzepte zu beginnen. Du hast diese Schattenfiguren typischerweise verdrängt, weil du die Schuld und die Abscheu vor dir selbst nicht aushalten konntest, die du zusammen mit diesen gehassten Selbstkonzepten mit dir trägst. Daher kann alles, was dich aufregt, wütend macht oder kränkt, benutzt werden, um dir dabei zu helfen, das zu finden, was du in dir versteckt hast. Der Schlüssel liegt darin, jede Verstimmung zu benutzen, um die Wurzel des Leidens zu finden. Wenn du zu dem ursprünglichen Leiden gehst, kannst du es einfach so lange fühlen, bis du Frieden hast, oder du kannst das Seelengeschenk entdecken, das du noch in dir selbst zu eröffnen hast und das das Gegenmittel darstellt. Ansonsten wirst du verurteilen und angreifen und versuchen zu zeigen, dass du Recht hast und dass „andere" Bestrafung verdienen. Dies sorgt dafür, dass du zurückfällst und Felder in dem Spiel, die du bereits gewonnen hast, verlierst.

Stell dir alle die Menschen aus deiner Vergangenheit vor, über die du dich aufregst. Wie viele Dinge an ihnen regen dich immer noch auf? Stell eine Liste auf, das wird interessant sein. Nimm Familienmitglieder, Freunde, Lehrer, Schul- und Arbeitskollegen usw. darin auf. Tue das jetzt für den aktuellen Fall: Schreibe die Personen auf, über du dich jetzt aufregst und warum. Sobald du alle notiert hast, stellst du dir vor, dass jede Aufregung ein Gewicht von 5 Pfund hätte. Wie viel zusätzliches Gewicht trägst du? Das erschöpft dich, erzeugt Probleme, beeinträchtigt deine Gesundheit und trennt dich von allen, nicht nur von denjenigen, gegen die du einen Groll hegst. Sobald du dein eigenes Gewicht erreicht hast, stellst du dir vor, dass es dazu führt, dass du jedes zweite Mal im Spiel aussetzen musst, wenn du an der Reihe bist.

Wenn jemand oder etwas dich aufregt, kannst du dich fragen: Verhalte *ich* mich auch so oder verhalte ich mich gegenteilig zu dem Verhalten, das ich verurteilt habe, oder beides? Wenn du dich auf eine gegenteilige Weise verhalten hast, hast du für das, was du in dir selbst hasst, kompensiert. Deshalb spielst du eine Rolle. Rollen, sogar die besten Rollen, sind künstliche Schöpfungen. Sie sind nicht du, deshalb erhältst du nie etwas für dein gutes Verhalten. Jede Rolle, die du annimmst und spielst, ist nur eine Abwehr, um zu beweisen, dass du nicht so bist, wie du insgeheim zu sein glaubst. Sie sind Kompensationen, die dir nicht erlauben zu empfangen, auch wenn es so aussieht, als ob du all die richtigen Dinge tust.

Jede Kompensation fügt außerdem weitere fünf Pfund Gewicht hinzu. Wenn die Summe dieser Beschwerden das Zweifache deines Gewichts erreicht, musst du bei jedem zweiten Mal zweimal aussetzen. Wenn du bereit bist, dich nicht länger für dieses Verhalten oder diesen Charakterzug zu verdammen, dann seid ihr beide, du und die andere Person, die du verdammt hast, frei und ihr könnt die fünf Pfund Stressgewicht ablegen, die dich vom Frieden abgehalten haben. Je mehr dieser negativen Selbstkonzepte du in dir hast, umso mehr inneren Konflikt und Stress hast du und in umso mehr äußere Konflikte gerätst du. Das führt zu *Selbst*mitgefühl, weil es jetzt *Selbst*einbeziehung anstelle einer negativen Überzeugung über dich selbst gibt. Du wirst damit aufhören, dich selbst für diese negative Überzeugung zu bestrafen, und du wirst aufhören zu versuchen, deine Schuld auf einen anderen Menschen zu projizieren. Vergebung befreit dich und die andere Person und sorgt dafür, dass du einen Verbündeten gewinnst.

Dein innerer Konflikt führt zu äußerem Konflikt und dann wird dein Spielen in dem Spiel weiter belastet. Während du dich zunehmend weigerst, dich selbst aus diesem Grund anzugreifen und dich zunehmend anderen Menschen zuwendest, wirst du friedlicher und das Spiel wird gutartiger. Das Spiel des Lebens ist dein Spiegel. Die Menschen um dich herum sind deine Spiegel. Alle historischen oder politischen Figuren, die dich stören, sind deine Überzeugungen über dich selbst. Wenn du keine Überzeugung wie diese über dich hast, hast du einfach Mitgefühl für jemanden, der einen Fehler im Spiel macht oder gemacht hat. Aber wenn du den Fehler selbst machst und dich dafür bestrafst, wirst du wütend auf die Person und willst, dass sie ebenfalls bestraft wird. Urteil und Groll trennen dich von dir selbst und anderen Menschen. Das ist das Ziel des Egos, weil es das Ego fett und hämisch macht.

Während das Spiel friedlicher und gutartiger wird, wirst du harmloser und du hast immer weniger Widerstand für dein Spiel, dein Vergnügen am Spiel und deine Fähigkeit, aufzuwachen.

Im Spiel

Im Spiel ist es dein eigenes Bewusstsein, das dich vorwärts oder rückwärts bewegt. Es gibt keine Gedanken, die du denken kannst, die dich nicht vorwärts oder rückwärts bewegen. An der Art, wie du denkst, ist nichts Neutrales. Jeder Gedanke erschafft deine Welt. Zum Beispiel ist jeder Gedanke, den du über einen anderen denkst, ein Gedanke, den du über dich selbst denkst. Jeden Wunsch für oder gegen einen anderen Menschen hast du für oder gegen dich selbst. Dein Bewusstsein dreht den Film, den du siehst, der „*Leben*" genannt wird.

Du versteckst den größten Teil deines Bewusstseins vor dir selbst. Du hast Gedanken, die dir Angst machen, und begräbst sie deshalb in Verleugnung. Sie beeinträchtigen dich dennoch und deine Welt ebenfalls. Jedes Hindernis und jede Emotion, die dich aufhalten, sind nur eine Verkleidung für Angst. All die Angst, die du hast, kommt aus der Trennung. Du kannst deine Angstgedanken loslassen. Der einfachste Weg besteht darin, dich mit dem Freund zu verbünden. Gib deinen Plan auf, das Spiel zu gewinnen, und lasse dich vollständig vom

Freund leiten. Dies ist der einzige Ausweg aus dem Spiel. Wenn du dich mit dem Freund verbündest, kannst du deine Angstgedanken dem Freund übergeben und statt deiner zerstörerischen Furchtgedanken ein wunderbares Geschenk empfangen. Wenn du dich mit dem Freund ausrichtest, wird das „kleine Ich" weniger und der Himmel wird mehr. Während du dich an Gnade gewöhnst, findest du sie einfach effektiver als die Macht des Verstandes, die du benutzen musst, um im Spiel erfolgreich zu sein. Schließlich setzt du dein Bewusstsein bei der Wahl ein, über das Spiel des Lebens hinauszugehen. Manchmal spielen Menschen das Spiel Tausende von Malen, bevor sie Interesse daran haben, darüber hinauszugehen. Sogar wenn du das Spiel viele, viele Male gewinnst, erkennst du in der endgültigen Analyse, dass es nur ein Spiel ist. Dann bewegst du dich an eine höhere Stelle im Spiel des Lebens, um den perfekten Absprungpunkt zu finden, um darüber hinauszugehen.

Im Spiel gibt es Gewinner und Verlierer, aber am Ende des Spiels ist es immer noch nur ein Spiel. Das, was du im Spiel gewonnen hast, kannst du nicht mitnehmen. Was du mitnehmen kannst, ist, wo du dein Bewusstsein vollständiger gemacht hast, wo du wirklich geholfen hast und die Liebe, die du gegeben und empfangen hast. Dies bereitet dich auf eine bessere Runde des Spiels vor, in der du vielleicht wertzuschätzen beginnst, was wirklich Wert hat. Am Ende des Spiels wirst du dich selbst in einem Rückblick zusammen mit einigen freundlichen Lichtwesen beurteilen. Der Maßstab wird Liebe sein und wie du die Versprechen gehalten hast, die du beim Einstieg in das Spiel gegeben hast.

Maß nehmen

Wenn du dein Spiel hinsichtlich der Liebe messen würdest, wie groß würde deine Punktzahl wohl sein? Die meisten Menschen verbringen das Spiel damit, vor den Versprechen wegzulaufen, die sie gegeben haben, bevor sie diese Runde begonnen haben, weil diese Versprechen unmöglich scheinen. Alle diese unmöglichen Versprechen erfordern Gnade, um erfüllt und vollendet zu werden, aber sie könnten geschehen, wenn du dich selbst einsetzt und der Gnade erlaubst, sie zu vollbringen. Wie gut bist du darin, deine Versprechen einzulösen?

Eine wichtige Frage, die du dir selbst stellen kannst, lautet: „Wie erfüllt fühle ich mich auf einer Skala von 0 bis 100 %?"

Die Antwort, die dir kommt, steht in direktem Zusammenhang damit, wie du deine heiligen Versprechen erfüllst. Deine Versprechen sind in dieser Spielrunde deine Lebensaufgabe im Spiel.

Was willst du von dem Spiel?

Was du glaubst, vom Spiel des Lebens zu wollen, ist tatsächlich das, was du den Menschen im Spiel zu geben gekommen bist. Dies ist ein Paradox, das die meisten Menschen niemals wirklich verstehen. Sie können ihren Weg aus dem Paradox nicht finden, weil sie sich an die Sichtweise gewöhnt haben, etwas bekommen statt geben zu wollen.

Dies ist eine der großen Fallen im Spiel. Weil du Angst vor deiner Lebensaufgabe hast, siehst du nicht, dass das ganze Drama deines Lebens eine äußerst praktische Ausrede darstellt, um dich nicht zu zeigen und diese Geschenke nicht zu geben. Du kannst das Geschenk häufig an dem Problem erkennen. Zum Beispiel zeigt ein Problem mit einem Mangel oder einem sexuellen Trauma Geschenke der Fülle oder Sexualität, die in dir verborgen liegen. Wenn du Angst vor deiner Lebensaufgabe hast, unterhältst du Bedürfnisse und Ausreden anstelle von Geschenken und Beiträgen. Das Ego hat dich verlockt, das Spiel für es selbst zu spielen. Das wird dich nicht glücklich machen. Es macht dich vielleicht erfolgreich im Spiel, aber es wird dich nicht zufriedenstellen. Wirkliche Zufriedenheit im Spiel entsteht durch das, was du gibst. Alles, was du wirklich gibst und vergibst, ist ein Schritt darauf zu, dein Selbst zurückzugewinnen und aufzuwachen. Du bist auf bestimmter Ebene vom Ego gefangen worden, sonst könntest du das Spiel nicht spielen.

Du könntest das Spiel genießen und gleichzeitig dein Bewusstsein auf das ausrichten, was jenseits des Spiels liegt. Du kannst das tun, indem du

1. glücklich bist,
2. auf die Inspiration hörst,
3. vergibst und heilst,
4. deine Versprechen hältst,
5. hilfst,
6. in jeder Sache, die du tust, von Gnade geleitet wirst,
7. in Frieden bist,
8. dein Bewusstsein für alle oben genannten Dinge einsetzt,
9. den Freund die Entscheidungen treffen lässt.

Mögest du dich dem Aufwachen widmen! Das wird verhindern, dass du zurückfällst. Mögest du alles daran setzen. Es wird dich zu einer Urkraft auf dem Weg zum Erwachen machen. Mögest du deinem Herz-Verstand folgen. Er wird dir viele falsche Kehrtwendungen ersparen. Mögest du deine Lebensaufgabe finden und deine Versprechen einhalten. Es wird dich erfüllen. Mögest du den Schmerz deines Leben entwirren und zu einer Schatzkiste aus Geschenken machen, die du teilen kannst – es wird dich glücklich machen. Mögest du dich selbst heilen, damit du andere heilen kannst. Dein Mitgefühl hilft dir, dich an dein Selbst zu erinnern. Und während du den Weg findest, der für dich bereitet worden ist, um deinen Weg aus dem Spiel zu finden, kannst du diese Hinweise für diejenigen zurücklassen, die nach dir kommen, um ihnen auf ihrem Weg dorthin zu helfen.

4

Wie du das Spiel des Lebens spielst

Das Spiel des Lebens, das du spielst, wird sich eng an deiner Lebensaufgabe ausrichten. Wenn die Art und Weise, mit der du spielst, wahrhaftig ist, wird es sich von deiner Lebensaufgabe nur in dem Stil unterscheiden, mit dem du dich deiner Lebensaufgabe hingibst. Diese Funktion ist dir von außerhalb des Lebensspiels zugeteilt worden. Gott hat sie dir als eine heilige Wahrheit geschenkt, die dir aus dem Spiel des Lebens selbst heraushelfen wird. Es sind deine Aufgabe, dein heiliges Vertrauen und dein heiliges Versprechen an das Leben und den Himmel, die dir und anderen helfen. Versteckst du dich oder tust du, was erforderlich ist, um dich und die Menschen um dich herum zu befreien? Denn deine Lebensaufgabe hat sowohl für dich als auch für andere Vorteile. Die Wirkungen davon, deine Lebensaufgabe zu verwirklichen, werden sowohl deine Größe erzeugen als auch gleichzeitig den wahren Helden in dir hervorbringen. Wenn du die „Rolle" des Helden spielst, statt ein wahrer Held zu sein, wird dich das aufhalten. Du wirst Erschöpfung, schlechte Gefühle, Aufopferung und Versagen erfahren.

Du musst dir nur deine Beziehung anschauen, um zu wissen, wie du das Spiel des Lebens spielst. Was siehst du als die schmerzlichsten Ereignisse in deiner Beziehung an? Wann auch immer diese Ereignisse geschehen sind, sie sind aus deiner Angst entstanden, dich auf eine neue Ebene des Erfolgs, der Intimität und deiner Lebensaufgabe zu begeben. Ganz gleich, was in dieser schmerzlichen Erfahrung zu passieren schien, grundsätzlich fand von deiner Seite aus ein Kampf statt, auch wenn er anscheinend nur von der Seite deines Partners ausging. Dies ist ein Ort, an dem du versuchst hast, seine Schuld zu beweisen, statt die schrecklichen Gefühle der Schuld und des Versagens in dir selbst zu erfahren. Auch wenn sie versteckt ist, verspürst du Schuld, weil du deinen Partner nicht gerettet hast. Die versteckte Schuld hat ihre Wurzeln in deiner Familie, in deiner Kindheit und im Mutterleib, als das Muster von Opfer-Abwehr begann.

Frage dich zuerst, zu welchem Prozentsatz du die Rolle des Helden spielst, statt der wahre Held oder die wahre Heldin zu sein? Die Rolle des Helden zu spielen ist dein Plan für die Kompensation deiner Schuld und deines Gefühls des Versagens. Typischerweise haben wir unser Gefühl des Versagens verleugnet und haben daher eine Ausrede dafür, wie wir uns verhalten haben. Diese Verleugnung ist eine Kompensation für die Gefühle der Schuld und des Versagens. Wir haben wahrscheinlich gerechtfertigt, wie wir uns verhalten haben, seit wir ein Opfer geworden sind. Wir haben unsere Wahrnehmung dort, wo wir zum Opfer geworden sind, vollständig auf den Kopf gestellt. Wir benutzen eine Person als unsere Entschuldigung, um uns zu verstecken, anstatt uns zu zeigen und der Person zu helfen. Diese Abwehr ist jedoch ein Versuch, die schmerzlichen Gefühle und die Schuld zu erleichtern, die wir im Innern spüren, weil wir das Ereignis benutzt haben, um uns zu trennen und zu verstecken. Wahrscheinlich erzählen wir Opfergeschichten oder Opfer-Held-Geschichten aus unseren frühen Beziehungen und unserer Kindheit.

In unseren Beziehungen haben wir uns vielleicht als ein besitzergreifendes, abhängiges Opfer verhalten, das nur genommen oder auf unabhängige, dissoziierte Weise gehandelt hat, während wir uns dem Bedürfnis unseres Partners widersetzt haben, oder wir haben beiden Verhaltensweisen abwechselnd gezeigt. Wenn wir uns in einer dieser Weisen verhalten haben, dann haben wir die Aufopferungsrolle angenommen, um das Gefühl von Schuld und Versagen zu verbergen, das immer Teil der Erfahrung als Opfer oder als unabhängiger Mensch ist. Die Aufopferungsrollen werden zu den Opfer- und Unabhängigkeitsrollen hinzugefügt und sorgen dafür, dass wir uns in unseren Beziehungen, unserer Arbeit und im Leben im Allgemeinen nicht effektiv und wertlos fühlen. Wenn wir jetzt keine Beziehung haben, können wir uns leicht an eine vergangene Beziehung erinnern, in der dies wahr war und wir in diesen Rollen gefangen waren. Einer der Wege, die uns aus den schrecklichen Gefühlen von Schuld und Versagen heraushelfen können, die sowohl im Innern als auch im Äußeren kontraproduktiv sind, besteht darin, sie mit unseren Ausreden zu integrieren.

Eine der einfachsten Formen der Integration ist es, sich dafür zu entscheiden, dass zwei Dinge, die unterschiedlich erscheinen, in ein Ganzes integriert werden. Die andere der zwei einfachsten Formen ist es, die unterschiedlichen

Teile einfach dem Himmel zur Integration zu übergeben. Wir können unsere schlechten Gefühle mit unserer Rechtfertigung integrieren. Dann integrieren wir die Ganzheit, die aus dieser Verbindung entsteht, mit unseren Kompensationen wie dem Helden und den anderen Rollen. Als Nächstes integrieren wir die neue Ganzheit mit den Opfer-Unabhängigkeits-Aufopferungs-Rollen, da dies Wege sind, mit denen unser Ego Schuld und Versagen verbirgt. Denke daran, dass alle Konflikte und Abwehrversuche Blockaden für deine Beziehung sind und dich im Spiel des Lebens aufhalten. Unter all diesen Rollen liegt Angst. Wenn wir diese Rollen nicht heilen, bleibt die Angst zurück, und wir verwirklichen unsere Lebensaufgabe nicht. Dies führt zu weiterem Konflikt, der unseren Schmerz verstärken und verschlimmern kann, was uns wiederum weiter von dem Frieden entfernt, den wir von unserem wahren Pfad im Spiel des Lebens erfahren würden.

Wir können dieses Versagen jetzt auflösen, wenn du dazu bereit bist. Es gibt eine kraftvolle und einfache Zentrierungsübung, um dies zu erreichen. Stell dir vor, du würdest zu dieser Erfahrung von Streit-Schuld-Versagen zurückgehen. Bitte dein höheres Bewusstsein, dich und die Person, die mit dir daran beteiligt war, zurück in dein Zentrum, einen Ort des Friedens und der Unschuld, zu tragen. Wie fühlt sich das an und wie sieht es aus? Wie viel Schuld und Versagen gibt es dort?

Bitte jetzt erneut darum, dass dein höheres Bewusstsein dich und alle Beteiligten zu einem zweiten Zentrum des Friedens und der Unschuld trägt, das sowohl höher als auch tiefer ist. Fühle es. Wie sieht das aus? Wie viel Frieden, Unschuld und Liebenswürdigkeit wird für alle von euch wiederhergestellt?

Wenn sich das abgeschlossen anfühlt, bitte dein höheres Bewusstsein darum, euch in ein drittes Zentrum zu tragen, das sowohl höher als auch tiefer ist. Wie fühlen sich Frieden, Unschuld, Macht und Erfolg hier für alle von euch an? Erlebe das eine Zeit lang. Dies erhöht deine Zuversicht und deine Fähigkeit zur Kommunikation.

Bitte darum, dass du und dein Partner und alle anderen Personen anschließend zu einem vierten Zentrum getragen werden, das sowohl höher als auch tiefer ist. Wie fühlen sich dein Frieden und deine Unschuld hier zusammen mit deiner Fähigkeit, zu lieben und geliebt zu werden, für dich und alle in dieser Situation an?

Bitte dein höheres Bewusstsein, euch alle zu einem fünften Zentrum zu tragen, das sowohl höher als auch tiefer in Bezug auf Frieden und Unschuld liegt.

Wie fühlen sich dein Im-Fluss-Sein und deine Fähigkeit, auf die Menschen um dich herum zu reagieren und ihnen zu helfen, in diesem Zentrum an? Wie sieht es mit der Fähigkeit, zu kommunizieren, und mit natürlicher Führungskompetenz für alle von euch in diesem Zentrum aus?

Bitte dein höheres Bewusstsein, dich und deinen Partner zu einem sechsten Zentrum zu tragen, das sowohl höher als auch tiefer ist. Wie fühlen sich dein Frieden, deine Unschuld und deine Intelligenz in diesem Zentrum an? Wie steht es mit deiner Vision, deiner Lebensaufgabe und Kreativität als Einzelperson und als eine Gruppe in diesem Zentrum?

Bitte darum, zu einem siebten Zentrum getragen zu werden, das sowohl höher als auch tiefer ist. Wie fühlen sich dein Frieden und deine Unschuld hier an? Was geschieht hier mit deinen Gefühlen der Besonderheit und den Forderungen, die Besonderheit an dich und an andere stellt? Wie fühlen sich deine Besonderheit und deine Forderungen nach Aufmerksamkeit angesichts all der Gnade an, die sich ergießen möchte? Wie geht es dir und allen anderen? Du kannst wählen, von hier zu höheren Zentren zu gehen. Jedes Zentrum wird die Gnade und deine Verbindung mit anderen, mit dem Himmel und mit deiner Führung verstärken.

Je stärker die Wurzeln dieses Traumas sind und je mehr du darin als eine Ausrede investiert hast, deine Lebensaufgabe nicht zu verwirklichen und dein Licht nicht scheinen zu lassen, umso weniger Macht wirst du haben, um Veränderungen zu erzielen, während du dich durch diese Heilungszentren bewegst. Du kannst mit dieser Übung einfach weitermachen.

Bitte darum, dass ihr alle in ein achtes Zentrum getragen werdet, das sowohl höher als auch tiefer in Bezug auf Frieden und Unschuld ist. Wie fühlt sich deine Verbindung mit dem Himmel, mit Buddha, Jesus, Kuan Yin und den Engeln in diesem Zentrum an? Spüre ihre Liebe, Gnade, Wunder und Verbindung und ihren Wunsch, durch dich sowohl für deinen Partner als auch die Welt zu handeln.

Bitte dein höheres Bewusstsein, alle von euch zu einem neunten Zentrum emporzutragen, das sowohl höher als auch tiefer in Bezug auf Frieden und Unschuld liegt. Wie fühlt sich deine Verbindung mit Buddha, Jesus und Kuan Yin hier an? Sie wollen dir und allen in dieser ursprünglichen Szene alles schenken, was gut ist, als die einzige Sache, die ihr alle verdient habt. Wie fühlen sich deine Liebe und dein Verdienst hier an? Wie geht es euch jetzt zusammen?

Bitte darum, zu einem zehnten Zentrum des Friedens und der Unschuld getragen zu werden, das sowohl höher als auch tiefer ist. Wie fühlt sich deine

Beziehung zu allen in diesem Zentrum an? Wie möglich fühlt es sich an, eine Renaissance in deinem Leben zu erfahren und das als ein Geschenk mit anderen zu teilen?

Bitte darum, dass du und alle Beteiligten von deinem höheren Bewusstsein zu einem elften Zentrum getragen werden, das sowohl höher als auch tiefer in Bezug auf Frieden und Unschuld ist. Wie fühlen sich deine Offenheit und deine Fähigkeit an, aufeinander, auf den Himmel und auf andere im Allgemeinen einzugehen? Wie viele deiner und ihrer dunklen Geschichten sind noch übrig – wie Herzensbruch, Opfer, Rache usw.? Wie sehr werden sie durch Liebes- und Glücklichseingeschichten ersetzt?

Bitte jetzt darum, zu einem zwölften Zentrum des Friedens und der Unschuld getragen zu werden, das sowohl höher als auch tiefer ist. Wie sehr bist du und wie sehr sind alle mit der Stimme Gottes in Kontakt, die leitet, schützt und Wunder für alle von euch und durch dich für andere bereitstellt?

Bitte dein höheres Bewusstsein, dich und deinen Partner zu einem dreizehnten Zentrum zu tragen, das sowohl höhere als auch tiefere Geschenke des Friedens und der Unschuld enthält. Wie viele der großen Seelengeschenke, die das Erbe des Himmels für dich sind, kannst du in diesem Zentrum für dich und für die Welt annehmen?

Bitte darum, zu einem vierzehnten Zentrum getragen zu werden, das sowohl höher als auch tiefer ist, um dir noch mehr Frieden und Unschuld zu schenken. Wie fühlt es sich hier an? Wie gut bist du und sind alle in der Lage, Frieden und Wunder zu schenken, Leben zu retten und andere zu erlösen? Kannst du den Frieden Gottes fühlen? Kannst du das Einssein erfahren? Wenn du dich nicht transformiert und in Frieden fühlst, frage dich, was dir wichtiger ist als das, denn diese Übung könnte jetzt jedes Thema oder Problem heilen, wenn du es zulässt.

Nachdem du dieses alte Trauma geheilt hast, wählst du ein anderes großes Problem. Du kannst zu deiner Kindheit zurückgehen, um die Wurzel dieses Problems zu heilen, die alle Fallen nährt, die dich jetzt bedrohen. Frage dich: Wie alt warst du, wenn du es wüsstest, als die Wurzel der nächsten großen Falle entstanden ist? Wer war bei diesem Ereignis mit dir zusammen? Es handelt sich um eine Lektion, die du damals versäumt hast, und *die* du *jetzt bestehen kannst.* Du hast eine dunkle Lektion angenommen, die Teil deines Glaubenssystems und deiner kontraproduktiven Muster geworden ist. Was hast du deshalb über dich selbst und deine Liebenswürdigkeit zu glauben begonnen? Was hast du über

Beziehungen und Erfolg zu glauben begonnen? Wie hat diese dunkle Lektion dein Leben beeinträchtigt, wenn du es wüsstest? Lade jetzt Liebe sowie Göttliche Liebe und Göttliche Gegenwart in dieses Ereignis ein. Gib die dunkle Lektion auf und bitte um die Lektion des Himmels, damit du sie jetzt mit fliegenden Fahnen bestehen kannst. Wenn du so viel Leiden bei dem Ereignis erfahren hast, bedeutet das, dass alle Beteiligten bereits ebenso viel Leiden in sich getragen haben. Mithilfe der Göttlichen Liebe und der Göttlichen Gegenwart hilfst du ihnen, diesen Schmerz und die dunklen Lektionen abzulegen, damit es für alle nur Liebe gibt. Wenn sich das jetzt abgeschlossen anfühlt, bittest du darum, zu dem Monat in der Schwangerschaft getragen zu werden, der diesem Lebensjahr entspricht. Wenn dir das Kindheitstrauma zum Beispiel mit fünf Jahren geschehen ist, dann wäre es der fünfte Monat in der Schwangerschaft, als diese Wurzel in diesem Leben entstanden ist. Wenn es ein Problem bei der Geburt war, dann ist die Wurzel bei der Empfängnis entstanden. Frage dich, wer damals das Problem gehabt hat, als du im Mutterleib warst? Wenn ein Mensch um dich herum ein großes Problem oder starke Emotionen hatte, dann hättest du diese im Mutterleib so aufgenommen, als wenn es deine eigenen wären. Du kannst entweder erneut die Zentrierungsübung benutzen oder die Liebe einladen, die dunkle Lektion loslassen, um die Lektion des Himmels bitten und diese und die Göttliche Liebe mit allen Beteiligten an der Szene teilen. Bitte Christus um seine Anwesenheit und verbinde dich mit Ihm von Bewusstsein zu Bewusstsein, von Herz zu Herz und von Licht zu Licht. Verbinde dich dann mit allen in der Situation von Bewusstsein zu Bewusstsein, von Herz zu Herz und von Licht zu Licht, bis es nur noch ein Bewusstsein, ein Herz und ein Licht gibt. Wie geht es allen Beteiligten damals bei dem Ereignis, als du noch im Mutterleib warst, und bei dem Vorfall in deiner Kindheit jetzt? Wie fühlt sich das an?

5

Das Wirkliche Spiel

Das Wirkliche Spiel ist das Spiel, das du spielst, um aus dem Spiel herauszukommen. Im Spiel des Lebens läuft es auf dem Weg zum Leben selbst ab wie in einem Videospiel, bei dem du Lebenspunkte, Nahrung, Heilungsgeschenke, Schätze, Zaubergegenstände und andere vielseitigere Waffen erhältst. Im Wirklichen Spiel des Lebens gewinnst du an Vitalität, Vergebung, Nahrung, Selbstwert, Ganzheit, Heilungsgeschenken, Macht des Verstands, Unschuld, Frieden, Freude, Helfen, Lernen, Spaß, Fluss, Sorglosigkeit, Transzendenz, Geben und Empfangen, Führung, Verwirklichung deiner Lebensaufgabe, Vision, Gnade, Wunder, Aufwachen aus dem Traum, Einheit, Freiheit, mystischer Vereinigung, Liebe, Himmel auf Erden und Gott. Wenn dein Spiel diese Dinge nicht enthält, bist du auf der falschen Spur, aber das ist deine Entscheidung und du hast das Recht dazu. Wenn du Verlust, Schmerz, Verletzung, Krankheit, Groll, Herzensbruch, Rache, Schuld, Festhalten, Forderungen, Kontrolle, Kämpfe, Leblosigkeit, Langeweile, Befangenheit, Festsitzen, Angriff, Hass, Zynismus, Bitterkeit, Dunkelheit, Konflikt, Beherrschung, Unterwerfung, Unterlegenheit, Mangel an Selbstwert, Aufopferung, dissoziierte Unabhängigkeit, Abscheu, Selbstangriff oder Selbsthass, Todessehnsucht, Desillusionierung, Frustration, Enttäuschung, Polarität, Dualismus, Illusion, Bedürfnis, Einsamkeit, Angst, Mangel an Offenheit, Zweifel, Streben nach Idolen, Überlebenskampf, schlechte Einstellung, Widerstand, Unehrlichkeit, Mangel an Integrität oder Eifersucht erlebst, dann bist du in einer der Fallen des Spiels gefangen.

Das Wirkliche Spiel ist ein Spiel der Evolution und der Wahrheit. Es ist Gottes Wille für dich, das Wirkliche Spiel zu spielen und dem Glauben an Sünde und Schuld zu entkommen, die einzigartige Formen des Festsitzens sind, in denen alle gefangen zu sein scheinen. Und wenn es Gottes Wille ist, dass du dort nicht stecken bleibst, dann muss es einen Weg geben, um dich zu befreien. In der Bibel heißt es, dass wir nicht ohne Trost bleiben werden.[4] Abgesehen davon, dass wir Anhaftungen und Überzeugungen aufgeben sollen, die dafür sorgen, dass die Welt so bleibt, wie sie ist, sind wir aufgefordert, glücklich zu sein. Wenn wir nicht glücklich sind, machen wir irgendwo einen Fehler in Bezug auf das, was wirklich geschieht. Wir können unser Leben anhand des Hintergrunds unseres Glücklichseins messen. Wenn wir nicht glücklich sind, dann muss etwas von uns korrigiert werden, und dies ist eine Aufgabe, die wir unserem höheren Bewusstsein übergeben können, nachdem wir anerkannt haben, dass es unser Fehler war. Es ist die Funktion unseres höheren Bewusstseins, derartige Dinge zu heilen.

Glücklichsein ist das Ziel und der Weg zum Ziel. Wenn wir nicht glücklich sind, können wir jedes unglückliche Ereignis als Wasser auf der Mühle des Heilens, Lernens und Verlernens nutzen. Das Ziel aller Vergebung und Heilung besteht darin, unser Glücklichsein wiederzugewinnen. Unsere Erfüllung entsteht daraus, denjenigen zu helfen, zu deren Hilfe wir gekommen sind, und unser heiliges Versprechen darüber einzulösen, was wir zum Leben beitragen würden. Der Himmel ist auf unserer Seite. Gleichzeitig kämpft das Ego, das wir aufgebaut haben, auf Kosten unseres Lebens und unseres Glücklichseins ebenfalls um sein Überleben. Aber wir dürfen entscheiden, ob wir in unser Ego oder unser höheres Bewusstsein investieren. Du wirst anhand deiner Ergebnisse wissen, in was du investiert hast. Warst du glücklich oder nicht? Auf jedem Schritt entlang des Pfads gibt es Bücher, Menschen, Kurse und deine innere Führung, die darauf warten, dir zu helfen. Du kannst um die Hilfe bitten, die du brauchst, um den Weg zu finden. Und sogar wenn du den Weg verlierst und leidest, wird der Himmel den Ort benutzen, an dem du vom Pfad abgewichen bist und einen Weg von dort zurück zu dem wahren Weg bahnen. Dies wird dir Mitgefühl geben und dir ermöglichen, denjenigen zu helfen, die auf ähnliche Weise vom Weg abweichen.

Im Wirklichen Spiel wartest du nicht tatenlos darauf, dass sich der Himmel zeigt. Stattdessen ergreifst du die Initiative und hilfst dabei, den Himmel auf

---

4 Anm. d. Ü.: Dies bezieht sich auf ein Zitat aus dem Neuen Testament, Johannes 14:18. In der amerikanischen King James-Bibel heißt es: „I will not leave you comfortless …" (zu Deutsch: Ich werde euch nicht ohne Trost lassen …), in den meisten anderen Bibelversionen jedoch: „I will not leave you orphans …" (zu Deutsch: Ich lasse euch nicht als Waisen zurück …").

die Erde zu bringen. Du lässt die Urteile proaktiv los, die verhindert haben, dass sich die Gnade des Himmels entfaltet und eine Situation berichtigt. Die Welt ist dein Videospiel, in dem du deine Geschenke annimmst und über alle Grenzen hinausgehst, die dich behindern. Du kannst jeden dunklen oder schmerzhaften Augenblick zur Heilung, zum Lernen und zum Erlangen von mehr Ganzheit verwenden. Während du durch die Schritte deines Lebens gehst, scheinen dich Fallen von außen anzugreifen, genauso wie Emotionen aus deinem Inneren aufsteigen. Auch wenn es so scheint, als ob Emotionen einfach von Neuem aufkommen, sind sie in der Tat alte Lektionen, die zu Prüfungen geworden sind, weil du jetzt bereit bist, dich ihnen erneut zu stellen. Sei fest entschlossen, die Lektion jetzt zu lernen, und wisse, dass sie ein Geschenk in dir ist, von dem du dich zurückgezogen hast. Diese schwierige Situation ist einfach die Gelegenheit, um die Lektion leicht zu lernen, wenn du bereit bist, dein Licht strahlen zu lassen und mehr Fluss in deinem Leben zu erfahren. Ein Geschenk macht dir und denjenigen, mit denen du das Geschenk teilst, das Leben leichter. Wir sind von dem Potenzial von Tausenden von Geschenken erfüllt, die darauf warten, dass wir sie annehmen. Der Himmel hält ebenfalls Geschenke und Wunder für uns in jeder herausfordernden Situation bereit, wenn wir nur um seine Hilfe bitten würden.

Habe Spaß mit dem Wirklichen Spiel! Nimm dich selbst nicht so ernst. Es ist nur ein Spiel, und dahinter steht eine Realität über dich selbst, die so wahr und tiefgehend ist, dass sie niemals geändert, sondern nur verdunkelt werden kann. Das Ego wollte sein eigenes Spiel spielen, indem es Dinge auf seine Weise tut, während es sich trennt und besonders ist, indem es seine eigene Identität in seiner eigenen Welt aufbaut, in die Gott nicht kommen kann und wo die Liebe unmöglich zu sein scheint. Daher ist die Welt, die wir erleben, in Wirklichkeit ein Ort, der vom Ego erschaffen wurde und in dem das Ego herrschen kann.

Wir sind aus dem Himmel gestürzt, gestürzt und gestürzt und haben Hunderte von Zentren verloren, von denen jedes vollständiger, friedlicher und unschuldiger ist. Jetzt sind wir auf dem Weg zurück und beanspruchen diese Zentren erneut. Wir haben eine erweiterte Vision davon, wer wir sind und wohin wir gehen. Wir stellen wieder her, was verloren war. Wir erholen uns selbst auf dem Weg, unser Selbst erneut zu beanspruchen. Wir entwickeln uns in Richtung Einssein, das wir auf der tiefsten Ebene bereits erfahren. Da Einssein nicht verloren werden kann und das, was eins ist, nicht geteilt sein kann, träumen wir unser Getrenntsein nur. An einem Punkt in unserer Evolution werden wir durch Göttliche Gegenwart aus diesem Traum erwachen und die exquisite Freude erfahren, erneut auf ewig in Gottes Armen zu ruhen. Die Zeit wird verblassen und nur die Ewigkeit wird sein.

6

Wege, um aus dem Spiel auszubrechen

Es gibt eine Reihe von Wegen, um aus dem Spiel des Lebens auszubrechen. Einige Menschen widmen sich einem bestimmten Weg und anderen gefällt es, eine Reihe von Wegen zu gehen. Wenn Menschen die meisten ihrer Verlangen in der Welt erfüllt haben oder wenn sie einfach erkennen, dass es möglich ist, mehr als Illusionen und mehr als das Spiel selbst zu haben, fangen sie an, nach mehr zu streben.

Einige der üblichen Wege, um aus dem Spiel auszubrechen, sind: Gebet, Frieden, Heilung, Meditation, Joining, brennendes Verlangen und Gnade. Alle diese Wege erfordern Hingabe und beginnen zusammenzufließen, während wir die höheren Ebenen erreichen. Der Lackmustest dafür, ob wir Fortschritte machen, ist das Wachstum unserer Liebe und unseres Glücklichseins. Erleuchtung ist ein Riesenschritt nach vorn, während wir aus dem Traum erwachen. Denn an diesem Punkt erkennen wir, dass wir dem Nichts unsere müßigen Wünsche aufgezwungen haben und Fragmente unseres Bewusstseins auf den leeren Bildschirm projizieren, der zu der Welt wird, die wir sehen. Erleuchtung, die ein friedvolles Erwachen gegenüber der Erkenntnis ist, dass dies alles ein Traum ist und wir die Träumer sind, ist nicht die ultimative Erfahrung der Gott-Erkenntnis. In jeder Phase des Bewusstseins gibt es größere Macht, mehr Frieden, Wahrheit sowie die Liebe und das Glücklichsein, das wir bereits erwähnt haben.

Dies sind die Wege:

Gebet bedeutet, Zeit mit Gott zu verbringen. Während wir das tun, dehnen sich unsere Liebe und Selbstliebe aus und bringen uns mehr Freude.

Frieden ist ein Ziel, das uns alle guten Dinge bringt, wie Gesundheit, Fülle, Liebe, Glücklichsein und Wahrheit. Frieden ist das Tor zur Zeitlosigkeit. Und

Zeitlosigkeit ist das Ende des Spiels – wir graduieren vom Leben in das ewige Leben. Wenn wir den Frieden Gottes wirklich wollen, lösen sich Illusionen sowie die dunklen Geschichten und die Überzeugungen auf, die sie geschaffen haben.

Heilung bringt Unschuld und sorgt dafür, dass wir uns zu jeder größeren Ganzheit entwickeln. Sie löst Probleme, löst negative Emotionen und Wahrnehmungen auf und bringt das Ende der Trennung. Vergebung ist das ultimative Prinzip von Frieden, Heilung und Glücklichsein. Sie ist der Weg zum Himmel auf Erden.

Meditation kann dafür sorgen, dass wir uns tief in dem Frieden jenseits von Konflikten ansiedeln, bis dort so viel Frieden ist, dass die Öffnung zum Einssein erscheint. Sie kann uns die geistige Disziplin für den Fokus auf den Himmel verleihen, die wir brauchen.

Joining ist ein Zustand, in dem wir alle Urteile aufgeben und mit einem anderen eines Geistes werden. Es verbindet uns so tiefgreifend mit einem anderen, um uns für alles Sein und die Erfahrung des Himmels zu öffnen, während wir das Licht in ihnen finden. Ein weiterer Weg ist, uns mit dem Licht in uns selbst zu verbinden und über die dunklen Wolken unserer Urteile hinauszugehen. Das Licht in uns selbst jenseits der illusorischen Wolke aus Urteil und Groll zu finden, öffnet uns für Gott und die Großen Strahlen.

Ein brennendes Verlangen bedeutet, etwas aus ganzem Herzen zu wollen. Dies schenkt uns die engagierte Verpflichtung, uns auf den Himmel zu konzentrieren. Es bedeutet, die starke Absicht zu haben, aus dem Spiel auszubrechen und Einssein zu erleben. Dies bringt uns die exquisite Freude der Selbstlosigkeit, die uns zu unserem Selbst mit seiner Grenzenlosigkeit führt.

Alle diese Wege werden durch Gnade verstärkt und schließlich erfolgreich gemacht. Gnade ist Gottes Liebe für uns. Wenn wir der Gnade erlauben, alle Dinge in unserem Leben zu bewerkstelligen, wird unser Leben einfach. Gnade schenkt uns das endgültige ekstatische Gewahrsein Gottes.

7

Das Geheimnis deines Erfolgs

Frage dich: „Was ist bisher das Geheimnis meines Erfolgs im Leben gewesen?“ Vielleicht hast du sogar mehr als eines, aber zähle nicht mehr als drei auf. Welche Dinge haben dich dorthin gebracht, wo du heute stehst? Schreibe diese Eigenschaften auf:

1. ____________________
2. ____________________
3. ____________________

Das Geheimnis deines Erfolgs bringt dich um. Ja! Das stimmt! Der Grund dafür ist, dass es eine Kompensation ist, die über alten Schmerzen aufgebaut wurde. Es ist eine Abwehr, eine Reaktion gegen große Schmerzen, die du erlitten hast. Es ist die richtige Sache, die jedoch aus dem falschen Grund eingesetzt wird. Es kommt der Punkt, an der dich die „richtige Sache“ einholt. Sie verleiht dir Erfolg, auf den du für eine Weile bauen kannst, jedoch nur eine Weile. Dies bedeutet, dass ein großer Teil der Belohnung deines Lebens, der aus dieser Kompensation entstehen würde, an einem Punkt automatisch verloren oder auf dem Weg benutzt wird, um Stress abzuzahlen. Du befindest dich in einer Form der Aufopferung und kannst nicht wirklich empfangen oder deinen Erfolg vollständig genießen.

Die Belohnung geht verloren, weil das Geheimnis deines Erfolgs letztendlich in eine Sackgasse und zu großer Erschöpfung führt. Dein Geheimnis ist etwas, das dir vorschlägt, lieber unabhängig zu bleiben, als Partnerschaft und wechselseitige Abhängigkeit zu haben, die eine viel höhere und einfachere Energie für den Erfolg ist. Es blockiert das Empfangen und schlägt dir daher vor, dich lieber selbst aufzuopfern, als zu lernen, wie du das, was du erfolgreich tust, ohne Aufopferung erledigst. Du bist deinem Geheimnis so lange gefolgt, dass es beinahe natürlich scheint. Das Geheimnis deines Erfolgs bringt dich um – aber das muss nicht sein.

Nimm dir einen Augenblick und denke darüber nach, wie dein Geheimnis dich beeinträchtigt. Wenn du so eine Kompensation hast, ist es eine Abwehr, so dass alle Belohnungen aufgewendet werden, um die Abwehr zu unterstützen. Das Bild von Erfolg, was du hast, ist rein kosmetisch, eine Fassade. Denke darüber nach, was die Nachteile des Geheimnisses deines Erfolgs sind. Erwäge, wie du nicht wirklich eine Belohnung für deine Arbeit empfangen kannst und dass Kompensation mit ihrer versteckten Unzulänglichkeit kein Gefühl ist, das du aufrechterhalten kannst. Sie führt letztendlich zu Burnout oder Depression. Da sie eine Kompensation und eine Abwehr ist, wird sie zu Anfang deinen Partner anziehen, aber dich und ihn dabei blockieren, euch in größere Intimität zu begeben. Sie erlaubt die Möglichkeit nicht, dass dein Leben einfacher wird, in einen größeren Fluss gerät und weniger Energie verbraucht. Diese wünschenswerten Eigenschaften kommen aus der wechselseitigen Abhängigkeit und sie treten bei Partnerschaft anstelle der versteckten Unabhängigkeit in Erscheinung, die ein genetischer Anteil jeder Kompensation ist.

Frage dich: Wie alt warst du, wenn du es wüsstest, als du begonnen hast, diese Kompensation zu leben?

Wer war bei dir?

Was ist geschehen, wenn du es wüsstest?

Welche Entscheidungen hast du zu diesem Zeitpunkt über das Leben, den Erfolg, Beziehung usw. getroffen?

Was hast du entschieden, dass du von da an als Folge des Geschehens tun müsstest?

Was immer auch du tun „musst“, erzeugt aufgrund deines gespaltenen Bewusstseins Widerstand. Du tust es vielleicht unter Zwang oder du tust es aus Widerstand nicht, oder es ist ein wenig von beidem. Und dies erzeugt ein Muster der Rebellion und Unterwerfung und es erlaubt keine Belohnung, weil es etwas ist, dass du tun „musst“ anstelle von etwas, wofür du dich entscheidest. Lade Liebe und dein Seelengeschenk des Erfolgs in die Gegenwart ein und beobachte, wie es deine aktuelle Situation zum Besseren wendet. Gehe zu dieser ursprünglichen Szene zurück, die zu deiner gegenwärtigen Abwehr, Kompensation und deinem Mangel an Erfolg geführt hat. Lade die Liebe darin ein. Liebe kommt immer, wenn sie eingeladen wird, und sie ermöglicht, dass Geschenke von dir und vom Himmel die Situation verwandeln. Lade die Liebe und die Geschenke jetzt für dich und für alle in dieser Szene ein. Wie sieht es jetzt aus? Wenn dieses Ereignis geschehen ist, als du drei oder sechs Jahre alt warst, gehst du in den dritten oder sechsten Monat in der Gebärmutter zurück. Mit wem bestand das Problem?

Wie hat das Problem dich damals im Mutterleib beeinträchtigt? Wie beeinträchtigt es dich jetzt?

Lade Liebe und Göttliche Liebe ebenfalls an diesen Ort ein, bis alles glücklich ist. Frage dich jetzt, ob das Problem durch die Ahnen auf der Seite deiner Mutter oder deines Vaters durch die Familie weitergegeben worden ist. Lade Liebe und Göttliche Gegenwart in deinen Stammbaum ein, um sie zu befreien, bis die Familienlinie glücklich und erfolgreich ist.

Frage dich, welcher Prozentsatz des Problems der Kompensation durch andere „Leben" in die Gegenwart weitergegeben worden ist. Lade Liebe und Göttliche Gegenwart in dein Seelenmuster ein, um es zu heilen.

Als Nächstes frage dich, wie viel deines Kompensationsmusters aus dem kollektiven Unbewussten stammt. Lade Göttliche Liebe und Göttliche Gegenwart in das kollektive Unbewusste ein, bis es ebenfalls geheilt ist.

Frage schließlich, welcher Prozentsatz aus dem Astralen kommt, das eine Metapher für das uralte Ego ist. Es ist das dunkle Übernatürliche des Unbewussten. Lade Liebe, Göttliche Liebe und Göttliche Gegenwart ein, bis dort nur noch Licht und Liebe sind.

Wenn es weitere Geheimnisse für deinen Erfolg gibt, führe den gleichen Heilungsprozess für jedes Geheimnis durch. Du trägst Geschenke in dir, die keine Kompensationen sind. Du hast viele verschiedene Geschenke, aber sie alle haben zwei Dinge gemeinsam. Eines ist, dass du mit jedem Geschenk mehr strahlst, und das zweite, dass jedes Geschenk ein anderer Aspekt deiner Liebe ist. Lade diese Geschenke des Erfolgs jetzt ein. „Die Liebe wartet auf ein Willkommen, nicht auf die Zeit, ..."[5]

Lade jetzt die Geschenke des Himmels von Liebe und Erfolg in dich selbst und in dein Leben ein.

---

5 *Ein Kurs in Wundern, Textbuch,* T-13.VII.9:7.

8

Das Spiel, das wir erschaffen haben

Wir wurden in eine Welt geboren, die bereits Namen erhalten hatte, und die Namen hielten die Trennung aufrecht. Uns wurden die Namen beigebracht. Wir haben sie gelernt, und deshalb schien die Welt eine ganz eigene Realität zu haben. Nur wenige schienen die Realität der Welt, wie sie erschien, in Frage zu stellen. Aber das Geheimnis, um das Spiel des Lebens zu gewinnen, liegt darin, zu wissen, dass es einen Weg gibt, um die Welt, wie sie zu sein scheint, zu ändern. Und wenn wir geschickt genug werden, können wir anfangen, die Welt, wie wir sie sehen, in die wirkliche Welt zu verwandeln. Die Welt, wie wir sie sehen, ist wie Platos berühmte Höhle. Wie die Menschen in Platos Gleichnis sehen wir nur Schatten an der Höhlenwand. Wir sind zu der Überzeugung gekommen, dass sie Wirklichkeit sind, dennoch sind sie nur eine Spiegelung.

Das Spiel des Lebens zu gewinnen, hat damit zu tun, die Höhle zu verlassen und die wirkliche Welt zu finden.

Die Welt, wie wir sie sehen, ist nicht wirklich eine Spiegelung der Außenwelt. Denn jeder von uns ist eine Spiegelung unserer eigenen inneren Welt. Es ist eine Spiegelung unserer Gedanken, Überzeugungen und Wünsche. Sobald wir erkennen, dass die Welt, die wir sehen, aus uns entspringt und dass wir dafür verantwortlich sind, nehmen wir eine Ebene der Macht an. Wir haben das Spiel des Lebens eingerichtet und wir machen es zu dem, was es ist.

Am Anfang haben wir absichtlich unser Einssein gespalten – oder zumindest haben wir uns eingebildet, das getan zu haben, und darunter dementsprechend gelitten. Wir haben unser Selbst aus den Augen verloren. Wir haben Gott und den Himmel aus den Augen verloren. Wir haben aus den Augen verloren, worum es bei dem Spiel ging. Wir haben vergessen, dass es eine andere Welt hinter dieser gab, die perfekt war, und dass jenseits dieser Welt der Himmel selbst lag. Je mehr jeder von uns aus dem Einssein gefallen ist, umso kleiner ist unser Spiel des Lebens geworden, und umso trivialer. Unsere Ziele werden dann von unseren Egobedürfnissen bestimmt. Das bedeutet, wie unser Ego sich selbst durch die Selbstkonzepte definiert, die es für sich selbst aufgestellt hat, ist das, was es anstrebt. Dennoch ist das Spiel, das wir aus dem Leben gemacht haben, ebenso sinnlos wie die meisten Spiele. Wir sind in einer sinnlosen Welt. Frage ein erleuchtetes Wesen danach, wenn du eines finden kannst.

Die neuen Quantenphysiker werden dir sagen, dass die Welt, die wir sehen, wirklich nur Licht ist. Ein Mystiker würde das Gleiche sagen. Einer der neuen Quantenphysiker wird erklären, dass die Welt, die du siehst, das ist, was du zu sehen gewählt hast. *Ein Kurs in Wunder* besagt: „Die Wahrnehmung ist eine Wahl, keine Tatsache."[6]

Was wir wählen, entsteht aus unseren Wünschen, unserem Verlangen, unseren Gedanken und Überzeugungen. Wir erschaffen die Welt, und dann erschaffen wir das Spiel, das wir darin spielen wollen. Das, was wir glauben, worum es in der Welt geht, und was wir aus der Welt zu bekommen versuchen, entsteht aus den Entscheidungen, die wir treffen, und zwar typischerweise bevor wir uns überhaupt dessen gewahr sind, dass wir sie treffen.

Wir haben Ahnen- und Seelenmuster, die uns in diesem Leben beeinträchtigen, und wir haben sogar noch tiefere Aspekte des Unbewussten, die auf uns wirken, wie das kollektive Bewusstsein der Menschheit mit seiner gesamten ungeheilten Geschichte. Außerdem haben wir das uralte körperlose Ego oder die Aspekte der Dunkelheit wie das Dämonische, die uns geprägt haben, als wir uns vom Licht abgewandt haben. Der größte und versteckteste Einfluss auf uns alle, der größte Erzeuger von Schuld und der ersten Trennung ist schließlich der „Sündenfall", bei dem wir träumten, dass wir das Undenkbare getan haben, indem wir Gottes Einssein verlassen und anschließend Geschichten darüber erzählt haben, dass wir aus dem Paradies geworfen wurden. Aber wenn es wirklich das Paradies ist, können wir nicht hinausgeworfen werden. Und darüber hinaus konnten wir nur träumen, dass wir es verlassen haben, weil Einssein unteilbar ist – und Angst und Trennung nicht aus Liebe entstehen können. Nur Liebe kann aus Liebe entstehen.

Was also begann, war eine Illusion der Trennung. Als der Traum der Trennung

---

6 *Ein Kurs in Wundern, Textbuch,* T-21.V.1:7

begann, brachte er Dunkelheit in das, was einst nur Licht war. Dieser „Sündenfall“ war ein großer Schock: Dunkelheit, Kälte, Schrecken und Schmerz. Wir könnten durch einfaches Erwachen zum Einssein zurückgekehrt sein. Aber unser neu gebildetes Ego hat uns in Versuchung geführt. Es hat uns tiefer in die Dunkelheit geführt, indem es angeboten hat, dass wir ein Gott in unserer eigenen Welt sein könnten. Es hat uns Linderung versprochen, indem es unseren Schmerz von der Trennung für uns dissoziiert hat. Wir haben unser Gewahrsein verloren, als wir das Einssein verloren haben, und stattdessen Wahrnehmung sowie eine Subjekt-Objekt-Teilung herbeigeführt. Wir haben begonnen, uns mehr und mehr zu trennen, um eine Identität für uns selbst zu schaffen. Jede Trennung war ein Fall, ein Sturz, und wir haben unser Bewusstsein immer mehr gespalten. Wir haben verurteilt, wer wir zu sein glaubten, sogar noch mehr unseres Bewusstseins abgespalten, verdrängt und anschließend projiziert und damit die Welt erschaffen, die wir sehen. Dann haben wir sie aus der Welt der Illusionen gefüllt, die wir bereits verurteilt und projiziert haben, weil wir eine gewisse Leere im Innern verspürt haben.

In der Traumwelt, in der wir leben, fühlen wir uns nicht vollständig. Dann versuchen wir, von der Welt zu bekommen, was uns unserer Meinung nach wieder vollständig machen wird. Aber das Spiel ist gezinkt. Es ist gegen uns gerichtet, und sogar, wenn wir Erfolg haben, werden wir nur in einem Traum erfolgreich gewesen sein. Diese Traumwelt hat auf Dauer so viel Wirkung wie unsere Träume in der Nacht – sie verblasst im Morgenlicht. Das gleiche Verblassen geschieht, wenn wir beginnen, aus der sinnlosen Welt aufzuwachen. All dies ist nicht nur ein Gewahrsein dessen, was geschehen ist, der Vergangenheit, sondern es ist auch die Gegenwart, das, was immer noch passiert.

Unser bewusster Verstand ist der kleinste Teil unseres Bewusstseins. Als Analogie kannst du dir einen Eisberg vorstellen. Der Teil über der Wasseroberfläche, den wir sehen, stellt unseren bewussten Verstand dar. Der Teil unterhalb der Wasseroberfläche, den wir nicht sehen, ist das, was wir vor uns selbst versteckt haben. Denke daran, wie klein der Teil eines Eisbergs, der sich über der Wasseroberfläche befindet, im Vergleich zu dem Teil darunter ist. Es ist eine gute Analogie für den bewussten Verstand und für das, was wir vor uns selbst versteckt haben. Weiterhin, so groß wie das Eis unter der Oberfläche ist, es ist dennoch unbedeutend im Vergleich zum Ozean.

Der Ozean ist Einssein – der Himmel, von dem wir geträumt haben, ihn hinter uns gelassen zu haben, um uns in einem Ego unserer eigenen Schöpfung einzufrieren. Je mehr wir den Eisberg unseres Seelen-Bewusstseins durch Liebe und Vergebung schmelzen, umso mehr fangen wir an zu verstehen, dass es nicht um den Eisberg geht und das, was wir zu sein glauben, sondern um den Ozean und die Rückkehr zum Selbst, eins mit Gott im Ozean der Liebe.

So haben wir diesen Traum, in dem wir glauben, getrennt zu sein, und dass es im Leben nur darum geht, was wir *im Traum* wollen. Im Spiel des Lebens, das wir spielen, glauben wir, dass wir bestimmte Fähigkeiten benötigen, um das im Spiel zu bekommen, was wir wollen. Ob wir im Spiel erfolgreich sind oder nicht, hat keine Bedeutung, wenn wir nicht über das Spiel des Lebens, wie wir es sehen, hinausschauen und erkennen, dass es ein Spiel ist, und zu mehr aufwachen wollen. Was jenseits der Erde und des Universums liegt, ist uns unbegreiflich – es sonnt sich in den Feldern des Lichts. Das bleibt jedoch nur eine Idee, bis wir zu den höheren Ebenen im Spiel gelangen. Es ist viel einfacher, aus einem glücklichen Traum zu erwachen, wie es ebenso viel einfacher ist, aus dem Schlaf mit einem glücklichen Traum anstelle eines Albtraums aufzuwachen.

Unsere Trennung voneinander verursacht eine Spaltung in unserem Bewusstsein, und wir projizieren die Seite unseres Bewusstseins nach außen, die wir verurteilt und abgespalten haben. Wir projizieren die Seite nach außen, mit der wir uns am wenigsten identifizieren. Aber jetzt vermissen wir, was wir nach außen projiziert haben. Wir haben eine Kluft in uns, die wir füllen möchten, aber wir haben ein gespaltenes Bewusstsein darüber, was wir brauchen, weil wir es verurteilt haben.

Wenn wir urteilen und uns von anderen trennen, urteilen wir in Wahrheit über uns selbst. Als Ergebnis davon erleben wir Schmerz, Verlust, Bedürfnis und Angst. Dann versuchen wir, die Leere, die wir im Innern spüren, zu füllen, indem wir etwas von außen, von der Welt bekommen. Das bringt jedoch niemals Zufriedenheit – *es sei denn*, wir beenden die Trennung und erschaffen eine neue Ebene der Verbundenheit. Der Versuch, das, was wir wollen, von außerhalb von uns zu bekommen oder zu nehmen, führt zu mehr Schmerz, weil Bekommen und Nehmen Strategien des Egos sind, um einen Zustand zu besitzen *und* seine Unabhängigkeit zu bewahren.

Erfüllung entsteht durch Verbundenheit. In dieser Welt, die wir projiziert haben, nehmen wir es auf uns selbst, all die Bedeutung zuzuweisen, die etwas für uns hat. In einer sinnlosen Welt weisen wir Sinn zu, weil wir einfach sterben möchten, wenn wir Sinnlosigkeit erleben. Wenn nichts einen Sinn hat, was für einen Zweck hat dann irgendetwas? Das Ego ist immer wie ein Marktschreier auf einer Nebenbühne, der uns dazu verlockt, in Idolen und all den Dingen Sinn zu finden, die zu Enttäuschungen und zerschlagenen Träumen führen. Also spielen wir Spiele im Leben, um uns ruhig zu stellen, anstatt nach Pfaden zu suchen, unseren Weg aus dem Spiel des Lebens zu gewinnen. Schließlich werden wir enttäuscht und desillusioniert genug um zu sterben.

Viele Menschen haben eine geheime Angst vor Erfolg und davor, alles zu haben, weil sie glauben, dass sie sterben werden, wenn sie alles haben. Aber nicht *du* wirst sterben, dein Ego wird sterben. Du wirst ein neues Kapitel öffnen, wenn du alles hast – du wirst den Himmel auf Erden erreicht haben. Du wirst das Spiel des Lebens gewonnen haben. Der nächste Schritt ist der Himmel. Bis dann wirst du feststellen, dass du das, was du erreicht hast, natürlicherweise mit allen teilen willst und allen helfen möchtest. Der Grund dafür ist natürlich, dass sich dies für dich ausweiten wird, bis ewiges Ausweiten alles ist, was es gibt.

Es gibt hier zwei gute Nachrichten. Die erste ist, dass Gott keine sinnlose Welt geschaffen hat. Gott *ist* Sinn. Die zweite gute Nachricht ist, dass die Erfahrung der Sinnlosigkeit dem Erwachen sehr nahe liegt, denn dort erkennst du, dass du die Welt so erschaffen hast, wie du glaubst, dass sie ist. Der Buddha hat gesagt: „Das Denken erschafft die Welt." Der Buddha erkannte, dass wir eine Wahrnehmungswelt hatten, die die Leere verbarg, und dass wir das, was auch immer wir wollten, über diese Leere legten. Er sagte: „Alles ist ein Traum und ich bin der Träumer." Er erlebte die Sinnlosigkeit der Leere und war damit in Frieden. Es gibt Wege, mit diesem Problem der Leere und der Sinnlosigkeit umzugehen.

Um die Leere zu durchqueren, rufst du eine Engelschar und einen deiner Freunde an höherer Stelle zur Hilfe. Tauche in die Leere und fliege durch sie hindurch zur anderen Seite. Es ist ein Wurmloch zu sogar noch höherem Bewusstsein. Tue dies bewusst. Fliege mit deinen Freunden an höherer Stelle hindurch. Wenn die Leere endlos zu sein scheint, gibt es eine Fähigkeit zur Beschleunigung der Zeit, die wir in unserem Bewusstsein haben. Damit reist du sehr rasch durch die Leere. Wenn du auf der anderen Seite herauskommst, wirst du eine Art Renaissance erleben – eine Erhebung des Bewusstseins.

Im Hinblick auf die Sinnlosigkeit frage den Himmel: „Was ist mein Sinn?" Du kannst dies tun, bis alle Schichten der Sinnlosigkeit verschwunden sind. Die Antwort, die dir kommt, wird die Gnade des Wortes und seines Sinns auf eine Weise säen, die du spüren kannst. Du kannst auch einem anderen Menschen etwas Bedeutungsvolles geben, auch wenn es sich bedeutungslos anfühlt, bis du es tatsächlich gibst. Wenn du gibst, teilst und dich einem anderen zuwendest, was alles Formen der Liebe sind, verbindet dich das erneut und fügt deinem Leben das hinzu, was wahren Sinn hat. Wenn du außerdem jemanden haben kannst, der dich liebt und sich wieder mit dir verbindet, bringt dich das zum nächsten Schritt im Spiel, bei dem du aufgerufen bist, die Welt zu transzendieren und den Sinn des Himmels bei der Heilung der Welt einzubringen. Wenn jemand, der keine Angst vor Sinnlosigkeit hat, mit dir ebenfalls durch diesen Raum gehen kann, wird dich das wieder verbinden und dir Sinn geben.

Normalerweise bewegen wir uns in die Sinnlosigkeit herein und wieder heraus. Wende die Zentrierungsübung aus Kapitel 4 an. Bitte einfach den Himmel oder dein höheres Bewusstsein, dich wieder in dein Zentrum zurückzutragen. Bitte dein höheres Bewusstsein immer wieder darum, zu dem nächsten Zentrum getragen zu werden, das sowohl höher als auch tiefer als das letzte ist, bis du Freude oder das Licht erreicht hast.

Außerdem kannst du der Leere vergeben, bis du tiefen Frieden erlangt hast. Schließlich kannst du einfach Zeit mit Gott oder Jesus, Kuan Yin, Buddha, Maria oder einem deiner anderen Freunde an höherer Stelle verbringen. Sie bringen dir Liebe, Sicherheit, Sinn und Frieden.

Wenn du versuchst, außerhalb von dir selbst Sinn zu finden, wirst du desillusioniert und enttäuscht werden. Schließlich ist dein Ego schnell dabei, einen Sinn zu geben, und dies wird früher oder später wieder zur Sinnlosigkeit führen. Wenn du aus dem Traum erwachst, versuchst du nicht, deinen Sinn außerhalb von dir zu bekommen. Der Sinn, der von Gott kommt, der in deinem Herzen lebt, wird der Sinn sein, der alle Ewigkeit überdauert. Er besteht aus Vergebung, was angewandte Liebe ist, der Liebe des Himmels und allem, was heilt und daher vereint und uns so der Erkenntnis des Einsseins näher bringt.

Alle unsere Schmerzen, Aufregungen, Verstimmungen und Probleme sind ein Signal, dass wir versuchen, etwas außerhalb von uns selbst zu bekommen. Unser Groll ist ein Signal, dass wir bei dem Versuch, es zu bekommen, vereitelt werden. Erfolg im Spiel kommt nicht daher, etwas außerhalb von uns zu bekommen, denn nach einer Weile des Strebens nach Dingen, die keinen Wert haben, werden wir entweder gelangweilt oder enttäuscht. Beschwerden und Groll sind das Gegenteil von Erfolg. Beschwerden zeigen, wo wir nicht geben, was wir geben sollen. Wenn wir das geben, wozu wir aufgerufen sind, fühlen wir uns erfüllt – wir strahlen mehr, statt uns dafür zu entscheiden, uns zu verstecken.

Jede Emotion, jedes unglückliche Ereignis oder Problem ist eine Beschwerde.

Stell dir vor, frei von allen Problemen, Krankheiten und Beschwerden zu sein. Wir können uns nicht beschweren, wenn wir unsere Geschenke geben, weil wir erfüllt werden, wenn wir das tun. Wir werden von Geschenken erfüllt. Wenn wir sie öffnen und mit anderen teilen ist dies eine Form des Gebens und Vergebens anstelle der Beschwerden und des Grolls. Alles, was wir brauchen, um uns selbst zu heilen und die Welt zu retten, tragen wir in uns. Gott ist in unserem Herzen. Was auch immer wir brauchen, wird uns gegeben, wenn wir darum bitten. Ein Problem, das wir jedoch damit haben, ist, dass wir nicht empfangen, was wir anscheinend wollen. Der Grund dafür ist, dass wir Angst davor haben, unsere Ego-Unabhängigkeit zu verlieren. Was wir wollen, ist in der Tat bereits gegeben worden, denn, wie *Ein Kurs in Wundern* erklärt: „Gott ist das, was allen alles gibt.“ Unser Bitten zeigt unsere Bereitwilligkeit zu empfangen und öffnet die Tür. Das Wunder, das der Himmel für uns bereithält, ist automatisch, es sei denn, es würde uns ängstigen oder wir befänden uns auf einer Ebene willentlich im Widerstand gegen das Wunder.

Wir alle haben unterschiedliche Ziele im Leben, und wir glauben, dass diese Ziele uns glücklich machen werden. Es sind diese Ziele, die das Spiel des Lebens für uns ausmachen. Wir arbeiten hart für diese Ziele oder tun, was wir können, um zu erreichen, was wir uns selbst auferlegt haben. Wenn wir nicht erleuchtet sind, werden wir versuchen, das meiste aus diesen Zielen zu machen, die außerhalb von uns liegen. Was wir versuchen, außerhalb von uns zu bekommen, wird zu Idolen, den falschen Göttern, denen wir in der Hoffnung anhaften, dass sie unsere Bedürfnisse erfüllen werden. Unsere Idole sind falsche Götter, die wir in dem Glauben geschaffen haben, dass sie eine Quelle unseres Glücklichseins und unserer Sicherheit sein werden. Wir fantasieren über das, was in unserem Leben fehlt, und hier platzieren wir unsere Idole. Ohne Nachdenken wird das Spiel des Lebens so aufgebaut, dass wir das anstreben, was wir verurteilt und abgespalten haben und was eine Leere in uns hinterlässt. Wir wollen es, aber wir haben es verurteilt. Wir wollen es, aber wir wollen unsere Unabhängigkeit noch mehr. Wenn wir das verurteilt haben, was wir anscheinend wollen, spalten wir es ab und spalten gleichzeitig unser Bewusstsein. Dies war ein Ort, an dem wir uns als Opfer gefühlt und anderen die Schuld gegeben haben. Jede verlorene Verbundenheit und jedes Zum-Opfer-Werden hat diese Spaltung verborgen, wo wir unsere Bedürfnisse erfüllt bekommen wollten und gleichzeitig einen Wunsch nach Unabhängigkeit gehegt haben. Wir wollen unser Ziel, aber dass wir nicht bekommen haben, was wir wollten, zeigt, dass wir unsere Unabhängigkeit noch mehr wollten. Wir haben ein gespaltenes Bewusstsein, wenn es um unsere angeblichen Ziele geht, und deshalb brauchen wir so viel Zeit, um sie zu erreichen.

Im Spiel des Lebens streben wir nach dem, von dem wir annehmen, dass es uns Freude bringen wird. Wir nehmen als selbstverständlich hin, dass es bestimmte Dinge gibt, die wir bekommen müssen. Wenn aufgrund der verlorenen Verbundenheit etwas in uns fehlt, wenden wir uns dem zu, was wir in der Welt zu einem Idol gemacht haben. Weil wir die Welt und das, was darin ist, verurteilt haben, verstehen wir nicht, wozu irgendetwas dient. Die falschen Götter, die wir außerhalb von uns suchen, können uns nur vorübergehend glücklich machen. Dann machen wir uns daran, mehr von dem Idol zu bekommen, oder einem anderen Idol nachzujagen, wenn wir zu desillusioniert geworden sind. Es kommt der Punkt, an dem wir vollständig uns vom Leben zurückziehen.

Wir haben bestimmte Ziele im Leben und wenn wir sie erreichen, fühlen wir uns nach den Maßstäben der Welt erfolgreich und glücklich. Dennoch zeigt das Unterbewusstsein, dass *wir wählen*, wie erfolgreich und glücklich wir sein werden. Die Schwierigkeiten, die wir dabei haben, beliebige unserer Ziele zu erreichen, zeigt das Maß an Zwiespältigkeit, das wir haben, sowie die Menge unserer versteckten Ziele, die Dinge auf unserer Weise tun zu wollen. Aller Erfolg in jeder Kategorie würde uns natürlicherweise wieder verbinden, es sei denn, wir benutzen Erfolg für Ego-Ziele, zu beweisen, wie besonders und überlegen wir sind. Bei unseren Zielen zu versagen, verleiht uns dunklen Glamour und negative Aufmerksamkeit. Sonst verbinden wir uns in jeder Erfolgssituation wieder auf neuen Ebenen und lassen die Opfer-, Aufopferungs- und Unabhängigkeitsrollen los, die diesen Grad an Partnerschaft und Erfolg abgewehrt haben. Wenn wir ein Ziel erreichen, stellen wir typischerweise ein neues Ziel auf, aber wenn wir das Ziel zu einem Idol gemacht haben, fühlen wir uns enttäuscht und desillusioniert, weil es uns nicht befriedigt hat. Wenn wir das Ziel nicht erreichen, fühlen wir uns deprimiert oder wie ein Versager.

Negative Situationen im Leben spiegeln ein Problem mit einer Reihe von Menschen. Wenn wir eine andere Emotion als Schuld haben, glauben wir, dass jemand die Regeln unseres Spiels nicht eingehalten hat. Diese Person hat sich nicht an das Skript gehalten, das wir ihr zugewiesen haben, damit sie sich so verhält, wie wir es scheinbar wollten. Schuld bedeutet, dass wir die Regeln verletzt haben, die wir für uns selbst aufgestellt haben. Wir haben viele Male versucht, andere durch Wut oder die emotionale Erpressung von Verletzung,

Schuld, Traurigkeit, Depression, Herzensbruch, Groll usw. zu kontrollieren. Wir versuchen, uns selbst auf die gleiche Weise zu kontrollieren. Emotionen verkennen das tiefere, unterbewusste Skript, das wir anderen Menschen zugewiesen haben, was bedeutet, *dass sie das genaue, jedoch verborgene Skript ausleben, das wir ihnen zugewiesen haben*. Es ist unmöglich, sich über etwas aufzuregen, es sei denn, jemand bricht unsere Regeln. Wenn wir unser tiefer liegendes Skript untersuchen, können wir die versteckte Dynamik und unseren Zweck identifizieren, indem wir uns fragen, wie uns das negative Ereignis gedient hat. Wofür haben wir diese Ereignisse benutzt? Welche Ausrede haben sie uns gegeben? Was ist der Lohn für dieses Ereignis? Was haben wir durch dieses Ereignis zu beweisen versucht? Wir haben immer versucht, mit dem Recht zu haben, was wir glauben.

Nicht das, was außerhalb von uns ist, macht uns glücklich; was uns glücklich macht, ist die Menge an Wahrheit, Frieden, Ganzheit, Unschuld, Verwirklichung unserer Lebensaufgabe, Annehmen unserer Bestimmung sowie der Liebe und Vergebung, die wir geben und teilen. Glücklichsein, das aus unserem Inneren kommt, wird sogar dann anhalten, wenn das Glücklichsein aus dem Außen verblasst. Studien haben gezeigt, dass es keinen Unterschied macht, ob wir große oder kleine Ziele erreichen, das Glücklichsein hält ungefähr über den gleichen Zeitraum an. Wenn wir uns nicht glücklich fühlen, dann benötigen wir Heilung.

Wenn wir Leere im Innern fühlen, dann haben wir Anhaftung und sogar eine Dringlichkeit, etwas von außerhalb zu bekommen, um diese Leere zu füllen. Und wenn wir etwas bekommen, aber immer noch Bedürfnisse, Anhaftung, Sucht oder Idole haben, setzen wir das, was wir haben, aufs Spiel und können es leicht verlieren. Und wenn wir es verlieren, fühlen wir uns beraubt. Es ist die Verbundenheit, die Dinge und Menschen um uns herum sicher macht. Es sind die Verbundenheit und der Mangel an Anhaftung, die wahren Wert schenken. Wenn wir ein Bedürfnis haben, versuchen wir, etwas zu bekommen. Noch wichtiger ist uns jedoch, dass wir unsere Unabhängigkeit wahren und einfach bekommen oder nehmen, was wir brauchen. Dies macht uns und das, was immer auch wir zu benötigen scheinen, zu Objekten.

Wenn wir einen anderen Menschen oder etwas zu einem Objekt machen, tun wir das ebenfalls mit uns selbst. Wir versuchen nur, das zu tun, weil wir uns bereits selbst zu einem Objekt gemacht haben und es als gerechtfertigt ansehen, das Gleiche mit anderen zu tun. Je mehr wir etwas brauchen, umso mehr wird es gefährdet und führt es zu mehr Verlust, Traurigkeit, Verletzung und Herzensbruch. Dann werden nicht nur Bedürfnisse, sondern auch Rache Teil des Musters. Dies fügt dem, was wir außerhalb von uns suchen, das Element der Sabotage hinzu.

Mit Herzensbruch beginnen wir, Gewinnen-Verlieren zu spielen, und als eine Folge wird Verlieren zu einem Aspekt unseres Lebens. Dies geschieht sogar dann, wenn wir gewinnen, weil wir später verlieren werden, um das auszugleichen. Je mehr wir uns rächen, umso mehr Herzensbruch und Rache erfahren wir. Dies kann das Spiel ins Stocken bringen und Mangel- und Schmerzmuster darin erzeugen. Dadurch entstehen Gefühle der Unzulänglichkeit und der Schuld, die uns im Spiel versinken lassen – wenn wir nicht die Vision haben, um zu erkennen, dass es eine Lektion zu lernen gibt und dass jenseits des Spiels etwas ist, was wir wirklich wollen.

9

Der Sündenfall

Der Sündenfall war unser Sturz aus dem Himmel. Wir wurden nicht herausgeworfen, weil der Himmel das Gewahrsein des Einsseins ist und du Einssein nicht spalten kannst. Du kann Einssein nicht teilen. Du kannst keinen Teil davon hinauswerfen. Du kannst nur glauben, das getan zu haben. Gott hat uns nicht hinausgeworfen, weil es nicht in Gottes Natur liegt, das zu tun. Gott könnte sich nicht selbst teilen. Liebe selbst ist nicht wertend und könnte daher niemals verdammen. Verdammen entsteht durch Schuld und das Ego, und wir haben das auf Gott projiziert, als wir uns getrennt haben. Das Ego ist das Prinzip der Trennung und ist eine Illusion angesichts des Einsseins. Wenn Gott uns also nicht hinausgeworfen hat und Einssein nicht geteilt werden kann, scheint es offensichtlich, dass wir in Streik getreten sind. Und auch wenn wir Einssein nicht verlieren konnten, haben wir unser *Gewahrsein* von Ihm in dem Wunsch verloren, Getrenntheit zu erleben.

Als wir uns „getrennt" haben, sind wir in die Zeit gestürzt, statt Ewigkeit zu erfahren, aber wir hatten immer noch den Heiligen Geist, das Tao, weil sie in der Zeit und in einer Welt der Trennung wirken. Sie bringen immer noch alle die Liebe, die Macht und die Führung der Ewigkeit. Unser „Fall" war der Sturz in einen Traum. Und es war ein Fall, der die ursprüngliche dunkle Nacht der Seele über uns gebracht hat. Es gab Schmerzen, Schrecken, Angst und Dunkelheit. Unser Bewusstsein hat sich vom Gewahrsein des Einsseins in Wahrnehmung abgespalten und als Folge dieser Spaltung hatten wir ein Ego und den Heiligen Geist. Aber statt aus dem Traum aufzuwachen, sind wir weiter der Führung und Verlockung des Egos gefolgt. Das Ego hat versprochen, zu helfen und den Schmerz durch Dissoziation abzuschneiden. Während das Ego einige der Schmerzen und Schrecken dissoziierte, hat es auch den Himmel dissoziiert. Wir haben hier nicht aufgehört, sondern uns entschieden, den Schmeicheleien des Egos über eine Welt zuzuhören, in der wir ein Gott sein könnten. So sind wir immer wieder durch Hunderte von Stürzen und dunkle Nächte gefallen. Wir haben uns vom Licht abgewendet. Wir sind so oft gefallen, dass wir schließlich auf Geheiß des Egos Körper geschaffen haben, um unsere Trennung zu spiegeln. Und wir sind weiter gefallen.

Manchmal sind wir in einem Leben so aus unserem Zentrum geraten, dass wir von der Ebene dieses Zentrums herabgestürzt und gestorben sind. Deshalb ist eine Todessehnsucht nach der anderen in uns eingeschlossen, die aufsteigt, wenn ein Verlust stattfindet oder wenn etwas aus der Vergangenheit oder sogar die uralte Vergangenheit an die Oberfläche kommt. Das Ego benutzt die Schmerzen der Vergangenheit, um uns aufzuhalten, während unser höheres Bewusstsein sie verwendet, um die Vergangenheit ein für alle Mal zu heilen, während sie sich zeigt. Wir dürfen wählen, welchem Aspekt wir folgen.

Während einige dieser Muster aus der Kindheit und aus der Zeit im Mutterleib stammen, sind sie häufig ein wesentlicher Bestandteil, der aus dem Unbewussten kommt und sich unter einer gegenwärtigen Verkleidung präsentiert. In diesen Fällen wird ein Geschenk angeboten, weil wir endlich in gegenwärtigen Situationen alte und uralte Seelenlektionen lernen können. Wir haben versäumt, eine Lektion in der Vergangenheit zu lernen, und wir erhalten eine Chance, sie jetzt zu heilen. Alle diese schmerzhaften Orte in unserem Leben zeigen, wo wir einen Fehler bei einem Ereignis gemacht und einen anderen Menschen als eine Ausrede benutzt haben, um vor unserer Lebensaufgabe wegzulaufen. Ein Teil unseres Fehlers war der Rückzug – und die Folge war Leiden.

Wenn es eine Menge Dunkelheit, Depression, Trauma und sogar Todessehnsucht in deinem Leben gibt, weist das auf eine dunkle Nacht der Seele oder einen Sturz von einem höheren Ort hin, wo du aufgerufen warst, eine wichtige Lektion zu lernen. Du kannst diese vergangenen Schmerzen, wie du sie jetzt erlebst, als eine Gelegenheit nutzen, ein Zentrum wiederzugewinnen, das du vor diesem gegenwärtigen Zentrum verloren hast, in dem du dich befindest.

Die erste Priorität bezüglich aller vergangenen Schmerzen und Traumata besteht darin, die Lektion zu lernen. Du kannst dies tun, indem du Liebe, die Liebe des Himmels und Göttliche Gegenwart in diese Situation einlädst, *nachdem du die dunkle Lektion und ihre Wirkung auf dein Leben losgelassen hast.* Sobald diese Überzeugungen losgelassen worden sind, kannst du die Lektion des Himmels für diese bestimmte Situation einladen, damit du die Prüfung bestehen und die Seelenlektion jetzt lernen kannst. Du kannst dann deine Liebe und die Liebe des Himmels alle Menschen in dieser Szene befreien lassen. Du kannst schließlich die Wirkungen der geheilten Szene zusammen mit der Göttlichen Gegenwart zurück zur Empfängnis und bis in die Gegenwart bringen.

Um ein Zentrum zurückzugewinnen, fragst du, wie viele Schritte du in diesem Leben vom Zentrum entfernt bist. Bitte die Göttliche Gegenwart, dich im Lufttransport zurück in dein Zentrum zu tragen. Fühle den Frieden, die Zentriertheit und die Leichtigkeit deines Zentrums. Bitte darum, dass dich die Göttliche Gegenwart in jedem Schmerz oder jeder Dunkelheit, die du erfährst, zurück zu noch höheren und tieferen Zentren bringt. Tue dies, bis du einen Ort der Liebe, der Freude und des Lichts erreichst.

10

Der Weg zurück

Wir hatten von Anfang an eine Vorliebe für Trennung und Kontrolle. Wir sind tief gefallen und haben uns vom Licht abgewendet. Es gibt so viel Habgier und Unmenschlichkeit, die unsere Erde an das Triviale und die Schuld ketten. Wir haben immer noch Angst, die Kontrolle zu verlieren, aber es ist eine Wendung eingetreten, und wir sind endlich auf dem Weg zurück zum Licht. Der Schlüssel zu den Problemen auf der Erde liegt darin, höheres Bewusstsein zu erreichen und unsere Probleme von einer höheren Ebene aus zu lösen. Während wir größere Höhen erreichen, werden mehr und mehr Menschen emporgehoben, weil all unser Bewusstsein auf den tiefsten Ebenen verbunden ist – ganz zu schweigen von den Dutzenden, Hunderten oder Tausenden scheinbar individueller Menschen, die wir direkt erreichen, während wir den Aktivitäten unseres Lebens nachgehen.

Es bleibt die Frage: „Wie stellen wir uns selbst wieder her? Wie gewinnen wir zurück, was wir verloren haben? Wie erinnern wir uns daran, wer wir sind, wohin wir gehen und worum es sich im Leben dreht?"

Frieden und Glücklichsein scheinen sowohl der Zweck als auch das Mittel zum Zweck zu sein. Frieden bringt Liebe und Freude. Unsere Gesundheit und Fülle stammen von dort. Während der Frieden wächst, nimmt die Zuversicht zu, und mit wachsender Zuversicht auch der Erfolg. Ultimativer Frieden öffnet das letzte Tor zu der überschäumenden Seligkeit der Ewigkeit, wo wir als eine Folge unseren Weg nach Hause gefunden haben. Es scheint, dass es Millionen von Jahre dauern kann, bevor wir den Himmel auf Erden erreichen. Aber wenn es um Frieden geht, das, was jeder von uns erreicht, haben wir alle daran teil.

Es gibt viele Wege, um Frieden zu finden. Heilung ist ein Pfad, der uns zu immer tieferem Frieden führt. Frieden ist ein Zustand der Integrität und der Ganzheit. Ohne Integrität ist unser Bewusstsein in Konflikt – verschiedene Teile wetteifern um die Vormachtstellung, um ihre Wünsche in der Welt zu verwirklichen und aus diesen Wünschen ihre Bedürfnisse erfüllt zu bekommen. Dies führt leicht zu Konflikt und Verzögerung, während wir außerhalb von uns selbst suchen, was nur in uns zu finden ist. Je mehr Frieden wir haben, umso mehr Liebe, Glücklichsein und Sicherheit strahlen wir tief aus unserem Inneren zu unserem Partner aus. Von unserem Partner gehen Liebe, Glücklichsein und Sicherheit als ein Tempel des Friedens aus und überwinden allmählich alle Hindernisse, die wir in den Weg gelegt haben.

Frieden ist Ruhe, und in dieser Ruhe wird jeder von Stress befreit. Jeder wird genährt. Auf diese Weise führen wir das Werk des Trösters fort und die Menschen erinnern sich so an Gott. Je mehr Frieden wir haben, umso mehr Freiheit haben wir, und unsere strahlende Freude segnet die Menschen um uns herum und verkündet, dass es einen besseren Weg gibt. In Frieden sind wir eine lebendige Botschaft der Sicherheit und der Liebe und dies strahlt von uns aus. Frieden wohnt tief in uns, jenseits all des Stresses, der Konflikte und Hindernisse, die wir im Innern haben, und das ist es, was wir wiederherstellen möchten. Der Himmel bittet uns, einen kleinen Schrein in unserem Bewusstsein zu errichten, wo wir in Gott ruhen können und wo Gott jenseits aller Sorgen in der Welt in uns ruhen kann. Je mehr Frieden und Ganzheit wir haben, umso mehr können wir andere wertschätzen und ihnen gegenüber Dankbarkeit fühlen. Wir können Gott nicht sehen, aber wenn wir mit sanfter Zärtlichkeit und Güte auf unsere Brüder schauen, werden wir sie wahrhaftig sehen, und Gott in ihnen sehen.

Heilung bedeutet, Frieden auszubreiten. Wenn all unser Schmerz, unsere Wut und unser Elend losgelassen worden sind, können wir jedem Frieden anbieten. Dann werden wir unser Höheres Selbst kennen, weil wir das Licht in ihnen sehen. Das Licht in einem anderen zu sehen ist einer der Wege, um aus dieser Welt zu erwachen. „Wenn der Frieden in dir so weit ausgedehnt ist, dass er jeden umfasst, dann wird die Funktion des Heiligen Geistes hier vollbracht sein.“[7]

---

7 *Ein Kurs in Wundern,* Textbuch T-19.IV.3:6

Den Frieden bekämpfen

Wir bekämpfen den Frieden, weil wir angreifen, und in unserem Angriff liegt die Trennung, die wir zu den Menschen in unserem Umfeld geschaffen haben. Dies hält die Trennung in der Wahrnehmung intakt. Es ist diese Wahrnehmung der Trennung, die wir benutzen, um uns selbst als sündhaft zu verdammen und als Folge davon anzugreifen. Das schafft einen Teufelskreis, der von Frieden und der Freude, die der Friede mit sich bringt, nach unten führt. Wir schwanken zwischen Schuld und Angriff hin und her. Da wir die Schuld nicht aushalten können, folgen wir dem Vorschlag des Egos, sie loszuwerden, indem wir jemand anderen beschuldigen. Dies hält uns von Frieden ab, Frieden, der die heilige Beziehung herbeiführen soll, in der wir miteinander Unschuld und Ganzheit finden. Diese heilige Beziehung ist das Mittel, das für uns eingerichtet worden ist, um unseren Weg zurück zum Einssein zu finden. Unsere Trennung ist jedoch auf unserer Schuld aufgebaut, und auf dem Gefühl, dass andere uns Unrecht getan haben, wenn in Wirklichkeit wir es waren, die Unrecht begangen haben, indem wir ihnen nicht geholfen haben, als das in unserer Macht lag. Das Ego entführt Beziehungen für Besonderheit. Das Ego benutzt Besonderheit für selbstsüchtige Bedürfnisse und scheint so uns und die Identität, die wir geschaffen haben, zu unterstützen. Natürlich könnten wir stattdessen uns und anderen echten Sieg und Erfolg bringen.

Im Wesentlichen haben wir entweder Liebe oder Schuld. Wenn wir Schuldgefühle haben, erzeugt dies eine Angst vor Liebe. Liebe sieht keine Angst, sie kann keine Schuld sehen. Und weil Liebe keinen derartigen Angriff hat, enthält Liebe keine Angst. Liebe übersieht Angriff und sieht nur das, was Liebe und Mitgefühl verdient.

Es kann nur einen Fahrer im Auto geben. Wenn wir das Auto von Liebe fahren lassen, werden wir Beweise für das sehen, was liebenswert ist. Wenn sich Angst auf dem Fahrersitz befindet, wird sie nach Schuld und Angriff suchen. Sie wird jeden Fetzen benutzen, der als Schuld ausgelegt werden kann, um ihn als Rechtfertigung ihrer angsterfüllten Weltanschauung anzubieten. Nur du kannst entscheiden, wen du das Auto deines Bewusstseins fahren lässt.

Der Konflikt zwischen dem Liebes- und dem Angstteil deines Bewusstseins kann dich von dem Frieden abhalten, den du verdienst. Du wirst keinen Frieden haben, wenn du mit den Augen der Angst schaust, aber wenn du mit den Augen der Liebe schaust, siehst du die Welt als sicher, sanft und freundlich. Liebe sucht nach und sieht die Schönheit der Welt. Sie sieht jeden kleinen Akt der Vergebung. Sie genießt die Süße des Lebens und trinkt den Nektar, indem sie die Realität feiert, dass alle schuldlos sind. Während die Liebe wächst, nimmt die Kommunion zwischen dir und einem Partner, zwischen dir und allen zu. Es ist ein fröhliches Fest, zu dem alle eingeladen sind. Es ist das Christus-Bewusstsein.

Anhaftung an den Körper

Das Ego identifiziert sich mit dem Körper, es sieht den Körper als sich selbst. Was schließlich ist ein größeres Symbol der Trennung als der Körper? Als ein Symbol entführt das Ego den Körper, der in Wahrheit an und für sich neutral ist. Dennoch ist die Essenz des Egos Angriff und Selbstangriff, es benutzt den Körper als ein Symbol des Angriffs und auch als ein Symbol der Schuld und der Sünde. Liebe und Heilung gewinnen die Unschuld für uns zurück. So hat der Himmel es für uns eingerichtet, damit wir im Bewusstsein aufsteigen und schließlich für das Einssein erwachen. *Ein Kurs in Wundern* nennt dies den Pfad der Sühne, und wir benutzen ihn, um alle unsere Spaltungen und Frakturen durch Heilung und Verbinden auszugleichen. Der Pfad des Egos auf der anderen Seite verwendet Angriff und sogar Mord in seinem Eroberungsbestreben als Mittel, seine Vormachtstellung zu gewinnen. Schließlich opfert es den Körper in dem Angriff; es benutzt Selbstangriff als eine Form der Ego-Sühne, die es durch den Tod im Allgemeinen und unseren Tod im Besonderen eingerichtet hat.

Da es einen kollektiven Glauben an den Tod gibt, schlägt das Ego vor, dass wir den Körper, während er „lebt", jetzt als ein Zentrum für Vergnügen nutzen – indem wir es außerhalb von uns durch Essen, Sex, Alkohol, Drogen usw. suchen. Aber in dem Maß, wie wir Vergnügen suchen, finden wir auch Schmerz. Da dies unseren Glauben verstärkt, dass wir ein Körper sind, erhöht es auch die Überzeugung, dass wir schuldig und sündhaft sind und den Tod verdienen. Wie es in der Bibel heißt: „Der Sold der Sünde ist der Tod."[8] Das passt schön zur Ego-Agenda vom Tod, da es den Glauben verstärkt, dass wir ein Körper sind und sterben müssen. Der Tod ist die Trumpfkarte des Egos in seiner Rebellion gegen Gott. Er beweist, dass das Ego machtvoller als Gott ist.

8 Brief an die Römer 6:23

Während wir also an dem anhaften, was der Körper uns geben kann, suchen wir Schuld, Schmerz und Tod anstelle von Frieden. Die Idee des Egos von Sühne und die Idee des Himmels von Sühne sind das vollkommene Gegenteil, da Liebe das Gegenteil von Angst, Unschuld das Gegenteil von Schuld und der Geist das Gegenteil des Körpers ist. Je mehr wir in Frieden wachsen, umso weniger identifizieren wir uns mit dem Körper. Je mehr wir in Frieden wachsen, umso mehr erklären wir, dass es keine Schuld und keine Sünde gibt.

Die Alternative zum Körper ist Bezogenheit, und in ihrer höchsten Form der Verbundenheit ist sie die heilige Beziehung. Dort findest du das Buddha-Bewusstsein und die Barmherzigkeit von Kuan Yin. Dort wohnt Christus, das Gewahrsein des Einsseins aller Menschheit. Dort erkennst du dich selbst als Gottes Heiliges Kind, als ein Selbst, ein Geist. Wo du dich selbst als einen Teil der Großen Strahlen erkennst, die von Gott ausgehen, sowohl als Gott als auch wir, und wo alles, was ist, als ein Teil des Göttlichen Geistes wohnt. Wir nähern uns der tiefgreifenden Verbindung, der Kommunion, nicht durch den Körper, sondern durch das Bewusstsein. Dort, wo alle Hindernisse der Liebe wegfallen und der Frieden regiert, verbinden wir uns in Liebe und einem heiligen Augenblick, ohne etwas voneinander zu brauchen oder haben zu wollen.

Der Wunsch nach Schmerz

Ein anderes großes Hindernis für den Frieden, abgesehen von dem Wunsch nach Vergnügen, ist die Anziehung für den Schmerz selbst. Schmerz ist in uns, er ist in unserem Bewusstsein eingeschlossen. Jedes Mal, als wir uns getrennt haben, haben wir Schmerzen erlitten und sie im Innern mit Emotionen wie Verlust, Verletzung, Schuld, Herzensbruch, Rache, Schwäche, Unzulänglichkeit, Angst und Hass weggeschlossen. Wir hegen Groll, der durch den Angriff und Selbstangriff unterstützt wird, die die Grundlage des Egos bilden. Der Schmerz wird durch die Rollen und Kompensationen von Aufopferung, Opfer und Unabhängigkeit eingeschlossen, die wir irrtümlich für Freiheit halten. Diese Rollen halten die Trennung wie alle Rollen an ihrem Platz und stellen die Weichen für weiteres Leiden und mehr Trennung.

Wir könnten jede dieser Rollen und negativen Emotionen einfach dadurch loslassen, dass wir erkennen, dass sie Fehler waren, und sie dem Himmel zur Auflösung übergeben. Aber während es eine Art von Anhaften oder Anziehung dafür gibt, halten wir einige Überbleibsel davon zurück, damit sie uns eine Identität verleihen, auch wenn diese negativ ist. Diesen Schmerz tragen wir in uns, und er wird an die Oberfläche kommen, um geheilt zu werden. Wir können dies auf die einfache Weise tun, statt jede Spaltung zu durchleiden, während sie an die Oberfläche steigt. Dazu ist der Himmel da. Durch Gnade und Wunder wird der Schmerz, den wir in uns tragen, aufgelöst.

Wenn du das Ego auf den Fahrersitz lässt, wird es jedoch nach Schuld suchen und den Schmerz finden, den es anstrebt. Wenn der Himmel auf dem Fahrersitz ist, findest du Frieden. Wenn du nach Vergnügen suchst und den Körper darum bittest, etwas, was der Körper dir nicht geben kann, findest du Desillusionierung und Depression. In dieser Enttäuschung greifst du dich entweder selbst oder eine andere Person an. Der Körper sagt dir, dass Vergnügen Glücklichsein ist, aber das Ego, als Vater der Lügen, freut sich hämisch und sagt sich selbst auch, dass Vergnügen Tod ist. Denn das Ego ist genau das Prinzip der Trennung. Es vernebelt. Es versucht, die Tatsache zu verbergen, dass der Hass und der Angriff, die du anderen schickst, in der Tat *dich* angreifen und dich angreifbar machen. Wenn du verdammst und anderen die Schuld gibst, tust du genau das Gleiche mit dir.

Schmerz und schlechte Einstellung

Die meisten Menschen versuchen, eine positive Einstellung zu bewahren, doch in uns allen gibt es so viel Negativität, die geheilt werden muss. Es gibt unterbewusste Schmerz- und Opfermuster in unserem Leben, die so viel Negativität verbergen, wie wir sie den Tätern vorgeworfen haben. Wir haben die Vergangenheit und unsere traumatischen Erlebnisse übertüncht, damit wir uns selbst als unschuldiges Opfer erscheinen. Natürlich gibt es jede Menge Schmerzen in diesen Ereignissen, die geheilt werden müssen. Wir verstecken die Gedanken, Entscheidungen und versteckten Gewinne, die zu diesen Ereignissen geführt haben vor uns selbst!

Der wichtigste Aspekt unserer Heilung besteht darin, zu erkennen, dass alle diese Ereignisse unsere Entscheidung waren. Vielleicht waren es die alten, festgefahrenen Entscheidungen, die aus Überzeugungen und dunklen Mustern aus der Vergangenheit kommen. Entscheidungen und Muster, die aus unserer Kindheit bis zurück zur Zeit im Mutterleib stammen und dann sogar noch weiter zu Ahnen- und Seelenmustern zurückreichen. Dies wird alles vom kollektiven Unbewussten und all den Stürzen aus dem Einssein genährt, die vom astralen oder dunklen Übernatürlichen repräsentiert werden.

Die Herzensbrüche und Traumata unserer Kindheit stellen Seelenlektionen und Prüfungen dar, bei denen wir durchgefallen sind. Sie warten immer noch darauf, gelernt zu werden, wenn wir den Mut aufbringen, zu strahlen und uns zu zeigen, unsere Geschenke und neue Aspekte unserer Lebensaufgabe und unserer Bestimmung anzunehmen. Was das Unterbewusstsein zeigt, ist, dass wir in all den Szenen, die wir erlitten haben, die Situation hätten retten können. Um dies zu erreichen, hätten wir unsere Geschenke und die Wunder des Himmels gebraucht. Dies stellt einen dritten Pfad als Alternative dazu dar, sich als Opfer zu fühlen oder in Aufopferung zu gehen. Dann gibt es natürlich noch die Möglichkeit, zu dissoziieren und in die Unabhängigkeit zu gehen. Ganz gleich, welchem Pfad wir folgen, wenn es nicht der Pfad der Wahrheit ist, bei dem wir die Situation „retten", spielen wir alle drei Rollen: Opfer, Unabhängigkeit und Aufopferung. Dies errichtet eine zusätzliche Abwehr gegen die Wahrheit und dagegen, zu strahlen und ins Licht zu treten.

Kindheitsmuster werden erst dann vollständig geheilt, wenn wir ihre zugehörigen Wurzeln im Mutterleib heilen. Traumata aus einem Alter von drei Jahren hängen mit Traumata aus dem dritten Monat in der Schwangerschaft zusammen. Ein Heilungsschritt würde für uns darin bestehen, zu erkennen, dass aller Schmerz, alle Emotionen und alle Verstimmungen Fehlinterpretationen unsererseits waren. Wenn wir erkennen würden, dass wir diese Fehlinterpretationen benutzt haben, um unser Ego aufzubauen, unabhängig zu werden, Kontrolle zu erlangen und unseren Kopf durchzusetzen, wären wir eher bereit, unseren Groll loszulassen. Wir wüssten dann, dass unser Groll aus Lügen und Selbsttäuschung besteht.

Die einzige Alternative zu diesem Egopfad ist der Pfad, auf dem wir strahlen, uns zeigen und vergangene Fehler und Muster heilen. Und auf diese Weise verbinden wir uns erneut und werden bessere Partner, weil wir uns dem Leben zugänglicher machen. Dadurch beanspruchen wir die Macht zurück, die wir auf dem Weg über Bord geworfen haben, um so schwach zu sein, wie das Ego es wollte. Oder, um für unsere Schwäche durch das Beherrschen anderer zu kompensieren, was die Schwäche verbirgt, jedoch auf heimtückische Weise erhält.

Durch das Loslassen der dunklen Lektion und der Überzeugungen, die unser Leben sabotiert haben, können wir den Himmel einladen, uns die Lektion zu geben, die wir lernen sollten. Wir bestehen daher die Prüfung, die unsere Seele für uns geplant hat, damit wir auf einer ganz neuen Ebene leben und lieben können. Wenn wir unsere Liebe, die Liebe des Himmels und die Göttliche Gegenwart in die alten Szenen des Schmerzes einladen, kann jeder darin aus seinen Schmerzen gerettet werden.

Die Gebärmutter

Hier haben negative Muster in diesem Leben begonnen. Es gab ein Missverständnis, ein Ereignis, bei dem wir die Emotionen unserer Eltern so übernommen haben, als wenn sie unsere eigenen wären. Statt unsere Geschenke und die Gnade des Himmels zu dem Ereignis zu bringen, um es für alle Beteiligten zu heilen, haben wir unbewusste Muster des Versteckens und des Weglaufens von unserer Lebensaufgabe und unserer Bestimmung hereingebracht. Solche Traumen im Mutterleib werden zu Orten, an denen wir einen Teil von uns in eine Hölle in unserem Bewusstsein verweisen. Es ist entscheidend, diese Orte zu transformieren. Diese unbewussten Muster *benötigen* die Seelengeschenke. Diese Geschenke liegen in uns und können in jeder Situation für uns und für andere Heilung bringen.

Heilung kann so einfach sein, wie einfach unsere Intuition zu nutzen, um zu fragen: Welchen Prozentsatz von uns haben wir aufgrund dieses Ereignisses in die Hölle geschickt? Dann gehen wir mit unseren Engeln und anderen Freunden an höherer Stelle dorthin, um einen Ausbruch aus dem Gefängnis zu inszenieren. Auf ähnliche Weise heilen wir die Kindheitsprobleme. Wir können Liebe hereinbringen, während wir die dunkle Lektion loslassen, und den Himmel einladen, sie durch die Lektion zu ersetzen, die wir lernen sollten. Wir können auch die Liebe des Himmels, Wunder und Göttliche Gegenwart einladen, um diese Szene zu transformieren.

Wenn wir auch nur um einen Prozentsatz aus unseren Zentren geworfen werden, wenn wir im Mutterleib sind, schafft dies selbstzerstörerische Muster. Alles von der Empfängnis bis zum Alter von zehn Jahren zeigt uns die großen Seelenmuster, für deren Heilung wir gekommen sind. Wenn wir über die Ereignisse im Mutterleib hinausgehen, kommen wir zu den Ahnenmustern, welche diese Muster im Mutterleib und bis in die Kindheit eingeleitet haben.

Wir haben versprochen, unsere Ahnen von ihren Ketten zu befreien, denn sie haben uns nicht nur ihre Geschenke und Talente, sondern auf unbewusster Ebene auch ihre Probleme weitergegeben. Wenn wir innehalten würden, um mit Verstand oder Intuition darüber zu reflektieren, was von der Seite unserer Mutter oder unseres Vaters durch die Familie weitergegeben wird, könnten wir unsere Geschenke und unsere Intuition einsetzen, um es zu heilen.

Wir könnten dies sogar mit den Ahnenmustern unseres Partners tun, ohne notwendigerweise zu der genauen Generation zurückzugehen, wo sie begonnen haben. Stattdessen kannst du deine Liebe, alle Geschenke, die du mitgebracht hast, und die Liebe des Himmels und die Göttliche Gegenwart einbringen, um diese Themen zu heilen. Gehe zurück durch jede Generation und löse alle Probleme auf, die durch das ursprüngliche Trauma in die Familie gebracht worden sind, bis du die Wurzel der Probleme unter den Generationen erreicht und die ursprüngliche Situation geheilt hast. Dann kannst du durch alle Generationen in die Gegenwart zurückkehren und die Flut der Liebe, Gnade, Geschenke und Wunder jetzt durch deine Familie leiten.

Seelenmuster

Der einfachste Weg zur Heilung von Seelenmustern besteht darin, die Metapher vergangener Leben zu verwenden. Ganz gleich, ob du an vergangene Leben glaubst oder nicht, das Bewusstsein präsentiert diese Seelenmuster in der Form von Geschichten, die das Ego und seine Entfaltung spiegeln. Frage dich: Wie viele deiner vergangenen Leben beeinträchtigen dich auf signifikante Weise hinsichtlich schlechter Einstellung, negativem Verhalten und Unglück? Frage dann: Wie viele Leben hast du damit verbracht, diese dunklen Leben auszugleichen? Bitte den Himmel und dein höheres Bewusstsein, diese kompensatorischen Leben zu integrieren, in denen du versucht hast, mit diesen dunklen Leben deine Vergangenheit wieder gutzumachen. Bitte anschließend, dass der *Verdienst* deiner positiven vergangenen Leben in die kompensatorischen und dunklen Leben integriert wird und zu einer neuen Integration führt. Frage dich als Nächstes: Wie viele dieser Leben müssen nach der Vollendung dieser Integration geheilt werden?

Wenn es noch einige gibt, die zu heilen sind, frage dich: In welchem Land hat deine schlechte Einstellung angefangen? Wenn du wüsstest, wie lange das her ist, war es wahrscheinlich vor...? Wenn du wüsstest, ob du ein Mann oder eine Frau warst, warst du wahrscheinlich...? Wenn du wüsstest, ob du in jenem Leben eine Person kanntest, die du jetzt in diesem Leben kennst, wer wäre das? Welcher Teil der damaligen Ereignisse ist jetzt immer noch eine wichtige Ursache von Schmerz und schlechter Einstellung in deinem Leben?

Öffne die Tür in deinem Bewusstsein, die das Seelengeschenk enthält, das du mitgebracht hast, um mit der Situation umzugehen, und teile es jetzt mir dir und allen Beteiligten. Bitte anschließend um die Liebe und das Wunder des Himmels für diese Situation. Bitte schließlich darum, dass die Göttliche Gegenwart diese Situation und dieses Leben verwandelt. Wie fühlt sich das jetzt für dich an und wie sieht es aus? Bringe diese Liebe, dieses Licht und diese Heilung durch alle deine Leben bis in dieses Leben und die Gegenwart. Sobald dieses Leben geheilt ist, frage dich: Wie viele andere Leben müssen (falls überhaupt) noch geheilt werden? Wende die Übung erneut zur Heilung vergangener Leben an, bis aller dunkle Einfluss verschwunden ist.

Der Sturz aus dem Einssein und der Weg zurück

Wir befanden uns in Einssein und dann sind wir abgestürzt. Es war der Sturz in einen schrecklichen Traum aus Dunkelheit, Kälte, Schmerz und Angst. Wir sind aus einfachem, reinem Gewahrsein in differenziertes Bewusstsein gefallen. Im Bewusstsein gibt es ein Subjekt, das ein Objekt wahrnimmt. Wir hatten immer noch den Heiligen Geist, das Tao, aber statt aufzuwachen, sind wir der neugefundenen Versuchung des Egos gefolgt, in unserer eigenen Welt Gott zu sein, in die Gott uns nicht folgen konnte. Während wir erneut in einer andere dunkle Nacht der Seele gefallen sind, wurde das Ego stärker und der Heilige Geist und das Tao wurden verschleiert. Wir haben jetzt ein höheres Bewusstsein, durch das der Himmel mit uns Kontakt aufnehmen und uns inspirieren konnte. Dennoch fielen wir immer weiter. Schon bald haben wir all die Dinge über uns selbst, die wir verurteilt haben, außerhalb von uns projiziert, abgespalten und verdrängt, bis es eine ganze Welt außerhalb von uns gab. Dann haben wir uns selbst in Körper gemacht und zementiert, um zu beweisen, dass wir wirklich getrennt waren. Wir haben Teile von uns verurteilt und dann diejenigen Teile von uns selbst als „andere" gesehen. Diese Teile waren von uns getrennt, aber natürlich waren und sind sie auf der tiefsten und höchsten Ebene wir selbst. Und auch wenn es viele Millionen Jahre dauerte, um den Grad an Trennung zu erreichen, den wir jetzt haben, und es so lang oder länger dauern könnte, um zurückzukommen, haben wir zumindest unseren Weg zurück zur Einheit und zum Einssein begonnen.

Der Weg zurück ins Einssein

Wir machen uns durch Liebe, Heilung und Helfen auf unseren Weg zurück zum Einssein. Unser Geben, Empfangen und Teilen sind alle Formen der Liebe, mit denen wir uns selbst ausdehnen. Wir verbinden uns erneut für einen neuen Grad der Verbundenheit, und das gibt uns sowohl Wurzeln als auch Flügel, Standhaftigkeit und Freiheit. Wir verbinden uns mit anderen und finden uns dadurch in ihnen. Wir vergeben, was eine Form der praktischen Liebe ist, und kommen uns in Intimität näher. Wir verbinden uns und erkennen, wo wir ähnlich sind. Wir weben uns Stück für Stück wieder zu einem Ganzen zusammen. Während wir tiefer in die wechselseitige Abhängigkeit gehen, eröffnen wir Seelenthemen, die im Unbewussten gelegen und in unserem ganzen Leben Muster geschaffen haben. Wir benutzen so viele unserer Egopersönlichkeiten und Selbstkonzepte, um uns zu verstecken. Anderen zu helfen, hilft uns jedoch, uns selbst zu offenbaren und wiederzugewinnen. Dies trägt uns durch den großen Verlust und das große Gefühl der Traurigkeit, das wir für alle unsere Verluste im Leben spüren, sowie unsere tiefsten Verluste: die Engel, den Himmel und Gott.

11

Die Landkarte

Im Leben durchlaufen wir typischerweise verschiedene Ebenen und unterschiedliche Phasen innerhalb dieser Ebenen. Wir legen diese Schritte zurück, während wir uns weiterentwickeln und schließlich aus dem Spiel des Lebens ausbrechen. Wir wachsen, indem wir Schritte nach vorn machen. Jeder Schritt hebt unser Bewusstsein. Wir schreiten vorwärts, indem wir die Vergangenheit loslassen, vergeben und unsere Geschenke teilen. Wir können uns durch die Fehler, die wir machen, im Bewusstsein erheben, aber auch fallen. Als ich ein junger Mann war, erreichte ich ein Meisterschaftsbewusstsein einer hohen Ebene, machte jedoch einen großen Fehler und fiel rückwärts durch den Anfang zur ersten Ebene. Anschließend entschied ich mich, eine Karte der Schritte zu erstellen und eine Pyramide des Wachstums zu bauen, statt zu versuchen, die unsichere Leiter des Bewusstseins zu erklettern.

Ich war in weniger als sechs Monaten auf der Ebene der wechselseitigen Abhängigkeit bis in die Visionsphase geklettert, indem ich einem wichtigen Prinzip gefolgt war: Gib allen alles, so sehr es möglich ist. Dies öffnete meinen *Herz-Verstand*, und mein Grad an Vision befand sich häufig „in der Zone" oder hatte Starqualität bei allem, was ich tat. Dann hatte ich eine Gehirnerschütterung und ein Nahtoderlebnis. Ich hatte meinen Verstand verloren und war zu Sinnen gekommen, was das Ziel war, das Fritz Pearls in seiner Gestalttherapie empfahl.

Auf der einen Seite hatte ich Amnesie und erinnerte mich nur an einige wenige Fakten über mein Leben. Auf der anderen Seite befanden sich mein Gewahrsein und meine Intuition auf äußerst hoher Ebene. Meine Intuition schien mir jede Antwort zu bringen, die ich brauchte. Mein Humor hatte die

Oberhand, und es gab ein verblüffendes Gefühl des Friedens. Ich fühlte mich sowohl sicher als auch versorgt, aber es gab ein Problem. Ich erkannte das Gebiet nicht, in dem ich mich befand. Es gibt Menschen, die zwanzig bis fünfzig Jahre meditieren, um diesen Ort des stillen Verstands zu erreichen, wenn sie überhaupt dorthin kommen.

Da ich das neue Gebiet nicht verstand, glaubte ich, meinen Verstand und mein Gedächtnis zurückbekommen zu müssen, da ich kurz davor stand, meine Doktorarbeit zu beginnen. Auch wenn ich intuitiv Antworten erhielt, wusste ich nicht, *wie* es kam, dass ich diese Antworten wusste. Da die Antwort unmittelbar vorhanden war, konnte ich die Schritte nicht erklären, mit denen ich die Antwort erhalten hatte. Ich war mir sicher, dass ich meinen Verstand wieder haben musste. Es war in der Tat einer der größten Fehler meines Lebens, weil ich zurück in die erste Phase der abhängigen Ebene fiel. Dies war die Phase von Opfer, Angst, Bedürfnissen, Gefühlen der Unzulänglichkeit, Widerstand und Verlust. Du absolvierst diese Phase durch Verständnis, Verbundenheit und Liebe. Schon bald befand ich mich wieder in der nächsten Phase – der Gewinnen-Verlieren-Phase des Herzensbruchs. Ich hatte diese erste Phase von Verlieren-Verlieren und Angst hinter mir gelassen. Ich verbrachte ungefähr vierzehn Monate in diesen ersten Phasen, bevor ich in die nächste Phase gelangte ... Verlieren-Gewinnen.

Bald danach begann ich, am Drogenrehabilitationszentrum der Marine zu arbeiten, und mein Wachstum wurde beschleunigt. Dies war ein großartiger Ort, an dem ich lernte, mich hingab und einsetzte und anderen half.

Die abhängige Ebene

Die Phasen von Angst, Herzensbruch und Schuld gehören alle zur *abhängigen* Ebene. Wir hängen von anderen Menschen bezüglich unserer Bedürfnisse ab, und in dieser Abhängigkeit kann es leicht geschehen, das, was andere tun, misszuverstehen, falsch zu interpretieren und als persönlich gegen uns gerichtet anzusehen. Wir stellen Regeln auf, um zu beweisen, dass andere uns lieben, und wir erwarten von ihnen, dass sie so handeln, wie wir es möchten.

In unserer Evolution durchlaufen wir bestimmte Phasen auf bestimmten Ebenen. Wenn wir eine neue Ebene erreichen, findet ein abrupter Richtungswechsel statt. Es ist äußerst hilfreich zu lernen, was das für Ebenen sind, damit es nicht zu einem rauen Erwachen kommt, wenn sich der Wechsel ankündigt. Wenn wir erkennen können, wo wir sind, können wir die Lektion erkennen. Wir können die notwendigen Wendungen vornehmen und uns ordentlich in Richtung anderer Ziele aufmachen, wenn die Zeit gekommen ist.

Es gibt bestimmte Lektionen, die in jeder Phase des Wachstums, beginnend mit den Phasen in der abhängigen Stufe, erforderlich sind.

Die bedürftige Phase

In dieser Phase brauchen wir Liebe, Bereitwilligkeit und Verständnis, um uns aus Verlust, Angst, Verlassenwerden, Missverständnis, Gefühlen der Unzulänglichkeit, Widerstand und Bedürftigkeit durch die Trennung erneut zu verbinden.

Die Herzensbruchphase

In dieser Phase benötigen wir Akzeptanz und Geben, um die Verbundenheit wiederherzustellen und die Verletzung, den Herzensbruch und die Rache zu heilen, die uns ein Leben lang verkrüppeln, wenn sie nicht geheilt werden. Wir erkennen nicht, dass wir uns in der Herzensbruchphase in einem Machtkampf befinden, Recht zu haben, unseren Kopf durchzusetzen und unsere Bedürfnisse erfüllt zu bekommen. Dies kann eine verheerende Phase sein, aus der wir uns nie wieder wirklich erholen.

Die Herzensbrüche in Beziehungen und die Niederlagen bei der Arbeit können dazu führen, dass wir uns aus dem Leben und von Beziehungen aus der eher extrovertierten Haltung des Gewinnens-Verlierens in die introvertiertere Phase von Schuld und Aufopferung zurückziehen. Dort lecken wir unsere sprichwörtlichen Wunden aus der Phase von Gewinnen-Verlieren. Wir spielen anschließend Verlieren-Gewinnen, fühlen uns jedoch denjenigen überlegen, die naiv versuchen, ihre Bedürfnisse in den ersten beiden Phasen von Verlieren-Verlieren und Gewinnen-Verlieren erfüllt zu bekommen.

Die Schuldphase

Die Verlieren-Gewinnen- oder Schuldphase ist eine Phase der harten Arbeit, des Intellektualismus, der Religiosität, der Verurteilung und der Überlegenheit. Wir versuchen, unsere Fehler wettzumachen, manchmal durch Heilung, jedoch Heilung der Aspekte, die andere von uns sehen könnten. Der Versuch erfolgt über „Kompensation" wie harte Arbeit, Religion, gutes Benehmen, Tugendhaftigkeit und Analysieren von allem, um unsere Emotionen zu vermeiden, insbesondere Gefühle von Schuld und Versagen. Der Ausweg aus dieser Phase erfolgt über Vergebung und wahres Geben.

In der Schuldphase stellen Vergebung, wahre Güte und Mitgefühl die Verbundenheit wieder her, die durch Groll, Urteil, Schuld, Versagen und Aufopferung verloren gegangen sind.

Auf der abhängigen Ebene haben die Antworten mit Lernen, Einsetzen und wahrem Fleiß anstelle von Kompensation zu tun. Wir überwinden unsere Schuld, unser Versagen und unsere Aufopferung, sobald wir erkennen, dass wir nach Regeln und Idealismus gelebt haben, um Schuld und Versagen zu verbergen. Wir erkennen außerdem, dass wir Schuld und Versagen benutzen, um unsere Angst vor dem Vorwärtsschreiten zu verstecken. Sobald dies erkannt worden ist, bewegen wir uns in die Ebene der Unabhängigkeit. Wir lösen uns von Religion, Regierung, Kultur, Familie, Konzernen und sogar von Partnern. Erfolg erhält höchste Bedeutung. Wir werden sehr beschäftigt. Wir haben einen Grad von Erfolg erreicht, und jetzt treiben wir uns selbst und alle um uns herum an.

Die unabhängige Ebene

Hier findet eine abrupte Änderung der Ziele statt. Wir entfernen uns davon, zu lernen, für Zustimmung von den Standpunkten aller anderen Menschen abhängig zu sein, und finden unsere eigene Autorität. Wir werden jedoch reaktiv und dissoziiert an den Orten, wo wir die Wunden der abhängigen Ebene nicht geheilt haben. Wir tun, was *wir* wollen, und ignorieren die Bedürfnisse und Wünsche anderer. Wir lassen uns nur von wenigen Menschen sagen, was wir tun sollen und wie wir es tun sollen.

Die Erwartungsphase

Wenn wir die unabhängige Ebene erreichen, befinden wir uns zuerst in der Erwartungsphase. Wir müssen unsere Gefühle der Unzulänglichkeit durch das Streben nach Perfektion kompensieren. Im Allgemeinen gehen wir in zu viele Richtungen! 15 % der Menschen, die diese Phase erreichen, geben auf, weil sie das Gefühl haben, dass es zu viel ist und sie es nicht schaffen können. Dies ist die schlimmste „Stressphase", auch wenn die gesamte unabhängige Ebene von Stress erfüllt ist. Der Stress ist überall, denn in unserer Trennung und Dissoziation haben wir den Schmerz, den Verlust, die Bedürfnisse, die Angst, den Herzensbruch, die Schuld und das Versagen der abhängigen Ebene übertüncht. Wir halten uns an einer großen verlorenen Liebe und Qualitäten fest, die sie uns in der Vergangenheit gegeben hat. Wir haben vielleicht viele Beziehungen oder keine Beziehung, oder eine, die uns das Gefühl gibt, in der Wüste zu sein. Wir bewegen uns durch diese Phase, indem wir loslassen, Ziele setzen und uns auf das konzentrieren, was wahr ist.

In dieser Phase helfen uns Loslassen, Zielsetzung und Fokus dabei, die Verbundenheit wieder herzustellen. Dazu gehört es, die kontraproduktiven Gewohnheiten des Festhaltens, Fortsetzens unserer Erwartungen, Druck-auf-uns-selbst-Ausübens und Beschäftigtseins aufzugeben. Wenn wir die Verbundenheit wiederherstellen, geben wir die Tendenzen auf, in zu viele Richtungen zu gehen, in Fantasien zu schwelgen und uns streng zu beurteilen.

Die Kontrollphase

Dies erlaubt uns, die Erwartungsphase abzuschließen, in der wir Bedürfnisse und Verlust kompensieren, und in die Kontrollphase einzutreten, wo wir Kontrolle benutzen, um unseren Herzensbruch zu kompensieren. In dem Ausmaß, in dem wir in dieser Phase kompensieren, benutzen wir Kontrolle anstelle von Vertrauen. Statt Kommunikation, Frieden und Integration erleben wir Konflikt in uns und außerhalb von uns. Während wir die Schichten der Heilung unserer Kontrolle durchlaufen, lernen wir anderen im Allgemeinen, dann Gott, dann uns selbst und schließlich einem Partner zu vertrauen. In dieser Reihenfolge. Dies verleiht uns mehr Zuversicht und Ganzheit, während wir die alte Angst heilen, die Angst, die immer noch vorhanden ist, weil wir die alten Herzensbrüche und Niederlagen nicht vollständig überwunden haben. Wir befinden uns im übertriebenen Männlichen. Wir wollen, dass es nach uns geht, damit wir sicher sind. Unsere Kontrolle, die gemäß unserer Ansicht darüber, was am besten ist, gute Absichten hat, führt zu einem Machtkampf mit anderen, die glauben, die Antwort zu haben. Diese Angst, eine Folge unseres Leidens in der Vergangenheit, sorgt dafür, dass wir Dinge „auf unsere Weise" tun wollen.

Wir neigen in dieser Phase dazu, andere zu dämonisieren, auch wenn unsere Kämpfe typischerweise nicht so schlimm sind wie in der Herzensbruchphase. Wir sind gekommen, um in diesem Wachstumsbereich unsere Schatten zu konfrontieren und zu heilen. Dies sind Teile von uns selbst, die wir so stark verurteilt haben, dass wir sie abgespalten haben. Wir haben sie anschließend verdrängt und auf die Menschen um uns herum projiziert, wobei wir diese Eigenschaften von uns selbst in anderen weiterhin verurteilen und angreifen. Während Vergebung in jeder Phase hilft, ist Integration ebenfalls ein wichtiges Heilungsprinzip zwischen der Kontrollphase und der Phase der Toten Zone. Während wir lernen, uns hinzugeben, uns zu verbinden und zu integrieren, fällt das hinweg, was wir verurteilt haben, und wir lernen, die Person, auf die wir projiziert haben, auf einer ganz neuen Ebene zu sehen.

Was die Verbundenheit in dieser Phase wiederherstellt, ist Kommunikation ohne Anschuldigung, Kommunikation, die Vertrauen ist, Kommunikation, die Unterschiede überbrückt, Kommunikation, die Zuversicht, Frieden, Hingabe, Verbindung und Integration schenkt. Dies befreit uns von Angst, Kontrolle, Machtkampf, Durchsetzen und dem gespaltenen Bewusstsein, das aus altem Herzensbruch stammt.

Wir befinden uns typischerweise in drei Wachstumsphasen gleichzeitig. Manchmal sind wir in vier Wachstumsphasen, wenn wir kurz davor stehen, die letzte Phase als einen wichtigen Lernfokus loszulassen. Wir werden später auf diese Phasen zurückkommen, um die alten unerledigten Angelegenheiten anzusehen, die sich zur Heilung zeigen.

Die Tote Zone

Durch unsere Heilung in der Kontrollphase und die Heilung der Schatten betreten wir die Tote Zone. Nachdem wir in der Kontrollphase gelernt haben, uns zu verbinden, benutzt das Ego Fusion, also Verschmelzung, oder falsche Verbindung, um uns aufzuhalten. Diese ähnelt der Verbindung, ist jedoch eine Fälschung. Fusion ist eine Kompensation, die das Ego benutzt, um die Einsamkeit und die Isolation zu verbergen, die aus der Trennung entstanden sind. In der Toten Zone setzen wir uns mit unseren Rollen, Regeln und Pflichten auseinander. Diese sind ein Versuch, die Schuld, das Versagen, die Aufopferung und die Depression zu kompensieren, die wir in der Schuldphase auf der abhängigen Ebene nicht vollständig geheilt haben. Unter der Kompensation der Rollen, Regeln und Pflichten befindet sich die ödipale Verschwörung, die wir wahrscheinlich in der Schuldphase sowie in anderen Phasen ausagiert haben, die jedoch zum größten Teil immer noch in unserem Bewusstsein eingeschlossen ist. In der ödipalen Verschwörung, die unter unseren Rollen, Regeln und Pflichten liegt, befinden sich Leblosigkeit, Dreiecksbeziehungen, keine Beziehungen, ständiges Streiten und die Angst vor Erfolg und Intimität. Unter den Dilemmata, die durch die ödipale Verschwörung verursacht werden, befindet sich Konkurrenz, die wichtigste Dynamik der ödipalen Verschwörung. Sobald wir bereit sind, diese Konkurrenz aufzugeben, können wir uns ansehen, was an der Wurzel der Konkurrenz liegt: die Angst vor dem nächsten Schritt.

Die Tote Zone verbirgt Angst vor Partnerschaft, Angst vor Intimität und Angst vor Erfolg. Sie verbirgt auch unsere Ängste vor sowohl unserer Lebensaufgabe als auch unserer Bestimmung. Während die unabhängige Ebene im Wesentlichen aus „Gewinnen-Gewinnen, aber auf meine Art“ besteht, streben wir wirklich nach Ebenbürtigkeit, Gegenseitigkeit und nach Gewinnen für alle auf wahre Weise, wenn wir die Partnerschaftsphase erreichen. An einem bedeutungsvollen Punkt in der unabhängigen Ebene sind wir bereit, unsere Kontrolle aufzugeben, um wahre Partnerschaft zu erreichen.

Wahrheit, Leichtigkeit, Gleichgewicht, Authentizität, Wertschätzen des Weiblichen, ein ganzes Herz, Verpflichtung und Freiheit stellen die Verbundenheit in der Phase der Toten Zone wieder her. Dies heilt Leblosigkeit, Rollen, Regeln und Pflichten, gegenseitige Abhängigkeit, Fusion, Habgier, die ödipale Verschwörung, Konkurrenz, das übertriebene Männliche, Angst vor dem nächsten

Schritt und das Benutzen von Krankheit oder Problemen als Hilferuf. Schließlich lernen wir auf der unabhängigen Ebene, unser Herz wertzuschätzen, unsere Emotionen zu heilen und uns selbst aus ganzem Herzen zu geben. Dies ist der Ausweg aus der Phase der Toten Zone. Wir gleichen das Männliche und das Weibliche aus, erzeugen Leichtigkeit, Authentizität, Wahrheit, Freiheit und die Verbundenheit der Partnerschaft. Unser Herz hilft uns, die dissoziierende Habgier zu überwinden und das Glück und den Fluss der Ebene der wechselseitigen Abhängigkeit zu erreichen.

Die Ebene der wechselseitigen Abhängigkeit

Es bedeutet einen Riesenschritt für uns, uns auf das Ziel der Partnerschaft und die Ebene der wechselseitigen Abhängigkeit zu konzentrieren. Wir müssen immer noch den Machtkampf der Kontrollphase und die Leblosigkeit der Toten Zone überwinden. Wir sind endlich in die richtige Richtung zur wechselseitigen Abhängigkeit unterwegs, wo sich uns eine völlig neue Art eröffnet, das Leben zu betrachten. Sobald wir die Partnerschaft erreicht haben, möchten wir natürlicherweise so vielen Menschen wie möglich helfen, während wir uns in die Freundschaft bewegen. Hier möchten wir unseren Freunden der beste Freund sein und sogar allgemein allen Menschen ein Freund sein. Wir bewegen uns von Vergleichen und Konkurrenz zur Kooperation. Auf der Ebene der wechselseitigen Abhängigkeit gleichen wir das Männliche und das Weibliche auf immer höheren Stufen des Gebens und Empfangens aus, während wir uns durch die Phase der Führung in die Phase der Vision begeben. Dann ändert sich das Ziel ein weiteres Mal, auch wenn wir weiterhin in Partnerschaft wachsen. Unser Ziel besteht jetzt darin, unsere Bestimmung und den Zustand von *No-Mindedness* (jenseits des Verstands) in Meisterschaft und Erwachen anzunehmen.

Die Freundschafts- und Führungsphase

Was die Verbundenheit in dieser Phase wieder herstellt, ist, anderen zu helfen, auf andere zu reagieren, sich im Fluss zu befinden, Glück zu haben, Natürlichkeit und Talentiertheit.

Helfen ist die Essenz der Wachstumsphase von Freundschaft und Führung. Der Anfang der Führungsphase ist der Ort, an dem wir so vielen Menschen wie möglich helfen möchten. Hier heilen wir Selbstkonzepte, die sich zu Persönlichkeiten formen, die uns isolieren und den Fluss unterbrechen, als wenn wir uns in unseren eigenen kleinen Zellophanhüllen befinden würden. Wir haben Zehntausende von Persönlichkeiten mit jeweils ihrem eigenen Ziel und Logiksystem. Das sind unsere Spaltungen. Sie unterbrechen unsere Talentiertheit und verhindern, dass wir unser Licht erstrahlen lassen.

Auf dieser Ebene setzt das Ego Schüchternheit, Befangenheit, Peinlichkeit, Scham, Demütigung, Selbstangriff, Selbstfolter, Kasteiung und Versteinerung ein. Das Ego nutzt diese, um uns das Gefühl zu geben, dass wir „allein zusammen" sind. Während wir heilen, erkennen wir, dass wir das Ego, das aus unseren verschiedenen Persönlichkeiten besteht, die unseren vielen Selbstkonzepten entstammen, nicht mehr länger benötigen. Es ist diese Ansammlung aus allen unseren Egos, die die Gesellschaft und die Hauptpersönlichkeiten von Ausschweifung, Aufopferung, Unabhängigkeit und Opfer bilden.

Führung ist der Weg durch diese Phase. Es ist die Kunst, auf andere einzugehen. Dieser ganze Bereich aus Persönlichkeiten soll das Unbewusste verstecken, das die meisten Menschen bis zum Alter von vierzehn Jahren aufgrund ihrer Angst unter einer Zementdecke verborgen haben. Das Unbewusste steckt voller seltsamer und außerweltlicher Dinge. Es sind Aspekte unseres Seelenbewusstseins, die die Muster unserer Kindheit und später unseres Erwachsenenlebens begründet haben. Das Unbewusste enthält sowohl Ahnenmuster als auch Muster aus vergangenen Leben. Es umfasst all unser Karma, das sich zeigt, damit wir es heilen und die darin enthaltenen Lektionen lernen können. Unsere Liebe und Partnerschaft auf dieser Ebene der wechselseitigen Abhängigkeit geben uns den Mut, uns dem Unbewussten zu stellen, weil wir spüren können, dass uns jemand den Rücken deckt. Auf dieser Ebene lernen wir zu empfangen. Auf der Ebene der Unabhängigkeit gewinnen wir unser Herz zurück. Dies ist unsere weibliche Seite, die wir verurteilt und weggeworfen haben, weil wir sie damit assoziiert haben, ein Opfer zu sein, und Verlust, Angst, Bedürfnis, Herzensbruch, Schuld und Versagen zu erleiden.

Die Visionsphase

Anschließend treten wir in die Visionsphase ein, wo wir unsere Lebensaufgabe und eine Vision für unser Leben annehmen. Diese Phase ist erfüllt von künstlerischen und übernatürlichen Liebesgeschenken und Heilung. Vision, Kreativität, alles Einsetzen, wahres Heldentum, Annehmen unserer Größe, abschließende Integrationen des Männlichen und des Weiblichen und Verwirklichen unserer Lebensaufgabe stellen die Verbundenheit wieder her.

Hinsichtlich der Heilung beschäftigen wir uns mit unbewussten Themen und Seelenmustern. In der Visionsphase durchlaufen wir die großen Ängste, Abgründe, vergangene Leben und Große Kriege des Unbewussten, die uns in der Dualität halten. Während wir nach höheren Ebenen des Bewusstseins streben, beginnen wir, klarer zu sehen, worum es im Leben geht. Gleichzeitig nehmen wir mehr von unseren Geschenken und unserer Lebensaufgabe an, während wir wachsen, um dieser neuen Phase gerecht zu werden. In der Visionsphase leben wir heroisch und künstlerisch. Die abschließende Phase der Vision ist die spirituelle Vision, in der wir anfangen, alles aus einer spirituellen Perspektive zu betrachten. Hier brechen wir unseren Egovertrag, der uns im Tod einsperrt. Wir erkennen, dass wir einen Körper *haben,* jedoch nicht der Körper sind. Die zweite Schicht in der Visionsphase ist die schamanische Vision, in der wir über die „einvernehmliche" Realität der Welt hinausgehen, wie sie vom Kollektiv der Menschheit projiziert wird. Wir tun dies im Namen der Heilung, um einen besseren Weg für einzelne Personen, unsere Gemeinschaft und sogar die ganze Welt zu finden. Als Visionäre zeigen wir der Welt den Weg in eine positive Zukunft.

Schließlich beschäftigen wir uns mit den großen Zwiespälten des Verstands, welche die Dualität und die Trennung begründen, wie Leben und Tod, Licht und Dunkelheit, Gut und Böse sowie Geist und Materie. Während wir immer mehr dieser Großen Kriege hinter uns lassen, treten wir in die Meisterschaft ein, und unser Verstand besänftigt sich mehr und mehr in Frieden.

Die Meisterschaftsphase

In dieser Phase heilen wir Wertlosigkeit. Wir leben das Hier und Jetzt. Wir nehmen unsere Bestimmung, unseren Ertrag, Gnade und Zentriertheit an und sind eine Brücke zwischen Himmel und Erde. Wir verkörpern Effektivität, schätzen das Wahre und meiden das Wertlose. Außerdem graben wir große Anteile der verborgenen Toten Zone mit ihren Familien- und ödipalen Verschwörungen und ihren Gefühlen von Schuld und Wertlosigkeit aus und erlösen sie. Wenn wir beginnen, Probleme der Meisterschaftsphase zu bearbeiten, gehen wir außerdem mit dem Kollektiv der Menschheit um und heilen es. Während sich die ersten Probleme der Meisterschaft auf das Heilen von Hilflosigkeit, Wertlosigkeit und das Wiedererlangen unserer Liebenswürdigkeit konzentrieren, setzen wir uns gleichzeitig mit unserer Bestimmung auseinander. Wie heißen die Meisterschaft und das große Glück eines goldenen Lebens willkommen. Wir bewegen uns durch die großen Schattenfiguren des Versagers, des Waisenkindes, des Diebs, des Mörders und des Verräters. Wir öffnen uns mehr für die Gnade und den Himmel. In der Meisterschaft kommen wir mehr in das Hier und Jetzt. Wir sind das Zentrum einer Gemeinschaft, die Nabe des Rades. Dies ist unsere Bestimmung, es ist, wer wir zu sein gekommen sind. Wir sind ein lebender Schatz.

Alle Aspekte unserer Bestimmung oder dessen, was wir zu sein gekommen sind, schmelzen die meisten der Probleme hinweg, die in oder vor der Meisterschaftsphase auftauchen. Die zweite Ebene unserer Bestimmung in der Meisterschaftsphase besteht darin, eine Brücke zwischen Himmel und Erde zu werden. In der Meisterschaftsphase sinken wir vollständig in den Körper, damit wir beginnen können, alles zu transzendieren, was der Körper enthält. In der letzten Phase der Meisterschaft identifizieren wir uns selbst als Geist. Wir sind von unserer Menschheit in unsere Göttlichkeit übergegangen. In der Meisterschaftsphase fangen wir an, das „Tun“ aufzugeben, und tun nur das, wozu wir angeleitet werden. Deshalb werden wir präsenter und zentrierter. Wir lassen den Himmel alles *durch* uns tun und entscheiden uns, den Pfad des Friedens zu gehen.

Erleuchtung und die Ebene der radikalen Abhängigkeit

Das Ziel ändert sich erneut und wir machen uns auf, um das Ego auszulöschen, unser Selbst wiederherzustellen und den Himmel zurückzugewinnen. Jetzt lassen wir alle Idole, allen Groll und alle Selbstkonzepte los. Unsere einzige Lebensaufgabe besteht jetzt darin, zu vergeben, bis wir die Einheitsphase des Himmels auf Erden erreicht haben.

Nach der Meisterschaftsphase wartet die Erleuchtung auf uns. Dies ist die Erkenntnis des Buddha-Bewusstseins. Wir erkennen, dass alles ein Traum ist und dass *wir derjenige sind, der diesen Traum geträumt hat.* Wir sind nicht länger in den Versuchungen der Welt gefangen, sobald wir erkennen, dass wir derjenige sind, der sie erträumt hat. Deshalb sehen wir nur noch, was wir zu sehen wünschen. Daher ist die Welt eine Wahl projizierter Bilder, die wir erschaffen haben. Wir befinden uns in drei bis vier Phasen gleichzeitig. Während unsere Nase vielleicht in die höheren Bewusstseinsphasen hineinreicht, bearbeiten wir „weiter unten" vielleicht andere Themen auf der Stufe der wechselseitigen Abhängigkeit. Die Erleuchtung kennzeichnet den Anfang der Phase der radikalen Abhängigkeit.

Die Einheitsphase

Während wir den Abschluss zur Einheitsphase der Ebene der radikalen Abhängigkeit machen, nehmen wir eine weitere Wendung und erhalten eine neue Perspektive in Bezug darauf, worum es im Leben geht und was die Ziele sind. Wir liegen im Endspurt. Wir erkennen, dass wir in unserer Heilung angeleitet werden, die Einheit der Welt wieder herzustellen. Seltene und machtvolle Geschenke tauchen auf dem Weg auf, den wir den Berg herauf gewählt haben. Das Leben ist viel spiritueller und viel glücklicher geworden. Wir lernen, unsere Anhaftungen und unsere Identifikation mit unserem Körper und unseren Handlungen aufzugeben.

Unser Ziel besteht darin, das Ego als unsere Identität aufzugeben, da es das ist, was uns von anderen und vom reinen Geist trennt. Hier können unsere chronischsten Probleme und Krankheiten auftauchen. Darunter liegt unser

Groll gegen Gott. Unsere Wutanfälle, unsere Maschen, unsere schlechte Einstellung, unsere Widerspenstigkeit, unsere Unnachgiebigkeit, unsere Perversität, unsere Unverbesserlichkeit, unsere Angst vor Veränderung und unsere Rebellion. Wir werden mit unseren Idolen, Schmerzen, unserem Groll und unseren Selbstkonzepten konfrontiert – die alle eingesetzt werden, um immer noch zu versuchen, etwas zu erhaschen, von dem wir glauben, dass es uns glücklich machen wird. Diese Selbstkonzepte bauen unser Ego so auf wie die Schmerzen und der Groll, die daraus entstehen, dass wir versuchen, durch unsere Idole glücklich zu werden.

Je mehr Trennung wir erleben, umso mehr suchen wir außerhalb von uns selbst nach Glücklichsein, und dies ist es, was Idole sind. Sie sind falsche Götter, die wir verehren. Idole können alles sein, von dem wir glauben, dass es uns retten oder uns glücklich machen wird, wie Romantik, Beziehungen, Geld, Ruhm, Drogen, Sex, Essen, Shoppen, der Körper und das ursprünglichste aller Idole, die Selbstkonzepte. Unter den sogenannten positiven Idolen verbergen sich versecktere Idole wie die Idole von Schuld, Angst, Rache und Aufopferung. Es gibt außerdem Idole der Grausamkeit, Krankheit, des Leidens und der Kreuzigung. Jedes dieser Idole dient einem Zweck für uns, auch wenn es ein Irrtum ist, denn keines von ihnen könnte uns jemals wirklich glücklich machen. Idole treten gemeinsam mit Dunklen Geschichten und Verschwörungen auf, die wir gegen uns einrichten. Sie haben einen Gewinn, machen uns aber nicht wirklich sicher oder glücklich. Ganz im Gegenteil. Sie dienen dazu, den nächsten tiefsten Schritt zu verbergen, welcher der Autoritätskonflikt ist, und darunter liegt unser Kampf mit Gott. All unser Leiden und unsere chronischen Probleme und Emotionen wie chronische Schuld werden herausgeputzt, um das Versagen Gottes herauszustellen. Das Ego kalkuliert, dass deshalb *wir* diejenigen sein sollten, die das Universum beherrschen. Schließlich heilen wir hier unsere Rebellen-Schattenfigur, den tiefsten aller unserer Schatten. Dennoch gibt es zwei tiefere Schichten, die uns in chronischen Problemen gefangen halten. In unserem Versuch, Gott auszuweichen, geben wir uns mit unseren Autoritätskonflikten und unseren dunklen Nächten der Seele ab.

Dann gibt es eine Schicht unter dieser Ebene der Einheitsfallen, in der wir *Schadenfreude* finden und uns damit auseinandersetzen. Das bedeutet, dass wir frohlocken, wenn andere Unglück erleben. Darunter liegt eine weitere Schicht, die ebenfalls mit dem Konkurrenzdenken des Egos gefüllt ist. Diese Ebene besagt: „Ich bin Gott und du nicht!“ Wenn wir diese Ebene geheilt haben, haben wir auch die vielen Schichten der Verleugnung geheilt, aus denen das Unterbewusstsein und das Unbewusste unseres Egos bestehen.

In dieser Phase finden sich tiefe, vereinigende und seltene Seelengeschenke wie Wunder, Geschenke von Gott und die Erinnerung daran, wer mit uns geht. Das transformiert das chronische Problem und das Leiden, das wir als eine Anklage gegen Gott verwendet haben. Es heilt außerdem all die Schichten dieser Falle, die sich durch unsere Wutanfälle usw. gezeigt haben. Diese Transformation bringt eine tiefe Ebene der Verbundenheit und Integration mit unserer Seele und ihrer Einheit. Diese Phase kennzeichnet den Ort, an dem wir begonnen haben, in Körper zu kommen. Die Gesamtheit der Einheitsphase liegt unter Verleugnung, Kompensationen und anderen Abwehrmethoden begraben, natürlich deshalb, damit es schwierig zu erkennen ist, dass genau sie das Problem verursacht haben.

Die astrale Phase

Während wir die Einheitsphase heilen, müssen wir uns mit dem dunklen Übernatürlichen auseinandersetzen. Dies ist die astrale Phase und hier werden wir mit unserer Willkür, unserer Rebellion und unserer Abkehr vom Licht konfrontiert. Von hier aus geht es weiter in die Probleme zum Thema Himmel auf Erden, was die Pein unserer Trennung von Gott offenbart. In der astralen Phase vernichten wir unser Ego selbst, damit eine größere Liebe wiederhergestellt wird. Hier im Ozean der Liebe schmelzen wir den Eisberg der Identität, die wir geschaffen haben. Das war der Punkt, an dem wir uns vom Licht abgewendet haben. Das Astrale ist ein Reich der Dämonen, Teufel, bösartigen Außerirdischen und dunklen Herrscher. Es ist ein Ort der hinterhältigen Götter, die um Macht wetteifern, und der dunklen Götter, die die Erde um jeden Preis als Todesplaneten erhalten wollen, wo wir kollektiv an die Vorstellung des Todes glauben. Wenn die Erde sich aus dieser kollektiven Überzeugung erhebt, werden wir in das Reich der Himmlischen Welten aufsteigen. Die astrale Phase hat keine Macht, wenn wir diejenigen um Hilfe anrufen, die das Einssein erreicht haben. Diese helfen uns beim Umgang mit *diesem teuflischen* Teil unseres Verstands, der in Wirklichkeit nur unser uraltes Ego mit seiner sehr schlechten Einstellung ist, das sich vom Licht abgewendet hat. In Wirklichkeit gibt es nur Licht. Der Rest ist reine Illusion – also ist der Rest, alles andere, Teil des *Maya* unseres Verstands, der nach Trennung strebt.

Die astrale Phase wird an dem Ort zusammengeführt, wo wir durch Stornieren – Heilen – unserer Egoverträge und „Pakte mit dem Teufel“ Verbundenheit finden. Wir lösen dämonische Besetzungen auf und überwinden den Griff des Astralen mit seinen bösartigen Attacken auf uns und andere. Wir verbinden uns noch tiefer mit dem Himmel. Wir lassen Gnade und Erlösung für die Dämonen und Teufel im Inneren durch uns fließen, die einfach Metaphern für das uralte Ego und die Orte sind, an denen wir uns vom Licht abgewendet haben.

Wenn du emotionale und manchmal sogar körperliche Wunden hast, die einfach nicht zu heilen scheinen, ist ein Grund dafür häufig der toxische Einfluss des Astralen. Frage dich: Mit welchen Traumata (falls überhaupt) in deinem Leben war diese dunkle Energie assoziiert? Wie viel der astralen Energie ist über deine Ahnen zu dir gekommen? Wie viel stammt aus deinen vergangenen Leben? Besuche alle diese Situationen erneut und bitte diesmal den Erzengel Michael und eine Engelschar darum, dir beizustehen. Bitte außerdem Buddha, Jesus oder Kuan Yin, dich auf ähnliche Weise zu begleiten und alle toxischen Einflüsse einschließlich von Verträgen mit dem Ego, Pakten mit dem Teufel, alle Ego- oder Teufelspersönlichkeiten, die im Anschluss daran gebildet wurden, und allen Teufeln, die sich an oder in deiner Aura oder in dir selbst angehängt haben, zu beseitigen.

Bitte die von dem Erzengel Michael angeführte Engelschar, diese Teufel zurück ins Licht zu bringen. Heute können diese Teufel gerettet werden, worauf sie im Geheimen gehofft haben, als sie sich deiner Aura oder dir angehängt haben. Anschließend kannst du deine Freunde an höherer Stelle bitten, dein Bewusstsein und deine Aura mit Liebe und Licht zu verputzen, damit es keine Öffnung für diese Teile deines Bewusstseins gibt, die sich vom Licht abgewendet haben, um dich zu beeinflussen. Dies wird dir ermöglichen, diesen Teil des sehr tiefen Unbewussten erneut zu besuchen, wenn du bereit bist, sogar noch mehr dieser Dunkelheit aufzulösen, indem du Licht dort hineinbringst, statt dich von der Dunkelheit willkürlich angreifen zu lassen.

Die Vereinigungsphase

Während wir die astrale Phase abschließen, begeben wir uns in die Vereinigungsphase des Himmels auf Erden. In dieser Phase streben wir nach Kommunion in unserem Verbinden mit anderen und nach einem Leben des Himmels auf Erden, in dem wir der Welt vergeben, damit sich andere mit uns zusammentun. Hier stellen wir uns der Pein und Dunkelheit unserer Stürze, und den Orten, an denen jeder Sturz und Sündenfall eine dunkle Nacht der Seele war. Jedes Zentrum, das wir wieder beanspruchen, ist eine Selbstauslöschung des Egos, damit wir das Zentrum gebären, das wir vor so langer Zeit verloren haben, bevor wir mehr unserer Ganzheit und unseres Selbst wiedererlangen. Wir erkennen mehr von dem, was wir wirklich sind, als Geist und sehen, wie wir nach Gottes Ebenbild geschaffen wurden. Wenn wir das Vertrauen und den Glauben behalten und diese Dunklen Nächte der Seele als Teil der Wiederherstellung eines Zentrums erkennen, das wir vor so langer Zeit verloren haben, können wir unseren Mut und unseren Wunsch nach Heilung erkennen und wachrufen. Statt uns deprimiert zu fühlen, weil wir unsere Identität und die Anhaftung an die Welt verloren haben, ist dies ermutigend für uns. Diese dunkle Wolke des Nichtwissens loszulassen und darin ein- und hindurchzutauchen, ist so viel schneller und einfacher als das, was sich wie ein Weltuntergang anfühlt, wenn das Ego stirbt. Auf dieser Ebene gewinnen wir mehr unseres Gewahrseins unserer ursprünglichen Identität zurück, wie sie von Gott geschaffen wurde. Vom Himmel auf Erden ist es nur ein kurzer Schritt, bis wir in unserem Erwachen zum Christusbewusstsein in jedem Unschuld erblicken. Das Christusbewusstsein befindet sich bereits im Einssein. Im Einssein gewinnen wir den Himmel zurück, das Gewahrsein, das wir eine Ausdehnung von Gott sind, die in Seiner Liebe erschaffen wurde. Wir erkennen, dass wir das Bewusstsein Gottes niemals verlassen haben. Wir sind Geist, wir schlafen wirklich nur und träumen unseren Weg zurück zu dem sanften Erwachen und der Erinnerung an den Heiligen Geist.

Alles, was uns heilt, wie Akzeptanz, Vergebung, Loslassen, Vertrauen, Geben, Verpflichtung, Empfangen, Integration und Helfen, bringt uns unserem Ziel, über das Spiel des Lebens hinauszugehen und unseren Weg nach Hause zu finden, einen Schritt näher. Hier befinden sich die Höllen, die wir selbst geschaffen haben. Auf der positiven Seite ist es eine Phase der mystischen Liebe, wo alles, was wir anstreben, Einssein mit unserem Partner und mit Gott ist. Sobald wir diese Phase erreicht haben, wollen wir der Welt einfach nur vergeben, damit jeder in diese Phase erhoben wird. Hier suchen und finden wir die Augen Christi, mit denen wir über den Körper hinaus das Licht erblicken können. Wenn dies geschieht, fällt jeglicher Groll weg und es bleibt nur Unschuld zurück.

Wir wollen jetzt nur die Vereinigung mit Gott und allen – sowie die Erleuchtung des Herzens, was bedeutet, die Augen Christi zu erreichen und zu erlangen. Diese sehen alles vergeben und in Frieden und finden das Licht in uns selbst und in unserem Partner. Hier verbinden wir uns in mystischer Vereinigung mit Gott, nicht nur, um uns selbst zu retten, sondern um einer der Retter der Welt zu werden. Dies ist die Phase des Himmels auf Erden, der wirklichen Welt, anstelle von unserer illusorischen Traumwelt. Hier geben wir die letzten unserer Anhaftungen und alle letzten Überzeugungen auf, ein Körper zu sein. Hier heißen wir die Augen Christi willkommen, um eine Welt des Friedens zu sehen, der vergeben worden ist, und über den Körper hinaus zum Licht zu schauen. Hier heißen wir die Berührung Christi und die Geschenke Gottes willkommen, und verbringen unsere Zeit damit, alle Illusionen zu vergeben, um zu helfen, die Welt zu einem Ort des Himmels auf Erden zu erheben. Hier erkennen wir unser Einssein mit Gott, indem wir eins mit Christus werden. An diesem Punkt sehen wir über die Illusion der Welt hinweg und sind bereit, nur nach spiritueller Vision und Gnade zu leben. Von hier aus ist es ein einfacher Schritt ins Einssein.

Dies ist eine Landkarte, mit der wir unseren Ausweg aus dem Spiel des Lebens gewinnen können. Wir könnten jederzeit und von jedem Ort aus ins Einssein springen. Es ist jedoch nicht so wahrscheinlich, dass wir uns so viel Angst und Trennung einfach stellen und sie loslassen oder unsere Anhaftung an die Welt und das Ego loslassen. Es ist wahrscheinlicher, dass wir dieser evolutionären Landkarte folgen, bis wir mutig genug werden – mutig genug, um uns dem Nicht-Sein zu stellen, das in Wirklichkeit der Tod des Egos und unser Sprung in das *Sein* darstellt. Wir werden zum Ozean. Wir sehen unsere Identität nicht länger als den Eisberg unseres Egos oder als separaten Wassertropfen, sondern stattdessen als den ganzen Ozean der Liebe.

12

Abkürzungen

Wie bereits in vorherigen Kapiteln erwähnt wurde, gibt es Ebenen, die wir auf unserem Weg zum Einssein durchlaufen, um aus dem *Spiel* des Lebens auszubrechen und zum Leben selbst zu kommen. Andere Metaphern, um zu beschreiben, was es bedeutet, über das Spiel des Lebens hinauszugehen, sind: aus der Tretmühle der Zeit aussteigen, das Spiel des Lebens gewinnen, Zeit und Raum transzendieren, spirituelle Vision erlangen, den Himmel auf Erden erreichen usw. Typischerweise würde es Hunderte, wenn nicht Tausende diesem Ziel gewidmeter Leben bedürfen, um mit einer derartigen Errungenschaft erfolgreich zu sein. Damit hätten wir unser Karma geheilt, unsere Lebensaufgabe und unsere Bestimmung angenommen, unsere spirituelle Vision begrüßt, unsere versteckte schlechte Einstellung aufgegeben, uns wieder dem Licht zugewendet und die Vereinigungsphase auf der Ebene der radikalen Abhängigkeit erreicht. Wir hätten daher die wirkliche Welt erreicht, die *Ein Kurs in Wundern* den Himmel auf Erden nennt. So hätten wir das Christus-Bewusstsein willkommen geheißen. Durch dieses Bewusstsein ist es ein einfacher Übergang ins Einssein mit der Erfahrung der Verzückung. Dies ist nicht die Zerstörung der Erde, wie es fundamentalistische Christen glauben. Stattdessen bedeutet es die Transzendenz der Erde zum Himmel auf Erden, oder wie es *Ein Kurs in Wundern* beschreibt, zur wirklichen Welt.

Es kann unmöglich erscheinen, das Spiel des Lebens in einem Leben zu gewinnen, aber es gibt Abkürzungen, die uns helfen. Es gibt andere Einstellungen und Heilungsprinzipien, die uns zu ungeheuren Vorwärtssprüngen verhelfen. Was für uns wirklich den größten Unterschied macht und Zeit spart, ist, die spirituelle Hilfe, die wir erhalten, anzunehmen und zu empfangen.

Auf der abhängigen Ebene bringt es uns weiter, uns einzusetzen, zu geben, fleißig zu sein und zu lernen. Während wir auf höheren Ebenen lernen und verstehen, wächst unser *IQ*, unser Intelligenzquotient. Während wir lernen, uns selbst zu geben, ist unser Leben glücklich. Mit dem Vergeben lernen wir, Anschuldigung, Urteil und Schuld loszulassen, die Quelle all unseres Leidens und die Unschuld eines jeden zu finden. Dazu gehört auch unsere eigene Unschuld. Dies sind grundlegende Aspekte der Heilung, die uns zu einem großartigen Leben verhelfen. Während wir hart arbeiten und lernen, uns selbst zu geben, haben wir Erfolg. Während wir lieben und uns verbinden, wächst das Glücklichsein in unserem Leben exponentiell an. Dieses Glücklichsein wirkt den Fehlern entgegen, die wir als Folge der Ereignisse gemacht und erlitten haben, bei denen wir versucht haben, zu *nehmen* oder zu *bekommen*. Diese unterbewussten Einstellungen führen dennoch zu Verletzung, Herzensbruch, Aufopferung und dissoziierter Unabhängigkeit. All unser Lernen und unsere Heilung hier erhöht unsere Intelligenz. Diese abhängige Ebene war die Wiederholung vergangener Ahnen- und Seelenmuster, die wir für uns selbst zur Heilung in diesem Leben eingerichtet haben, um uns selbst wieder zur Ganzheit zurückzubringen.

Während wir die unabhängige Ebene erreichen, kann harte Arbeit, die uns durch die abhängige Phase geführt hat, tatsächlich kontraproduktiv sein. In der abhängigen Phase scheint es, dass wir einen Berg hinauflaufen. In der unabhängigen Phase sieht es jetzt so aus, als würden wir auf Skiern den Berg hinunter fahren. Harte Arbeit als solche funktioniert nicht. Harte Arbeit und Schwierigkeiten bedeuten, dass etwas nicht funktioniert. Wir haben eine paradoxe Ebene erreicht, in der Loslassen und Hingabe die Schlüssel sind. Wir lernen, uns zu verbinden, und erhalten unser Herz zurück. Das Ego versucht, uns zu entmutigen, und erklärt uns, dass es unmöglich ist, aus ganzem Herzen zu leben, wenn wir in der abhängigen Opferebene so sehr verletzt worden sind. Jetzt wächst unser EQ, unser emotionaler Intelligenzquotient. Wir lernen, uns hinzugeben und uns wieder zu verbinden und zu integrieren, was zu einem früheren Zeitpunkt verloren wurde. Abkürzungen auf der unabhängigen Ebene sind, uns selbst vollständig zu geben, Selbsteinbeziehung und unsere Geschenke, unsere Lebensaufgabe und unsere Bestimmung anzunehmen. Während wir die unabhängige Ebene erreichen, was durch eine Kombination aus Intelligenz und Einfallsreichtum geschieht, zeigt sich das, was wir nicht geheilt haben, als dissoziierte Unabhängigkeit.

Auf der unabhängigen Ebene lernen wir, uns in Partnerschaft wieder zu verbinden und unser gespaltenes Bewusstsein aufzugeben. Während wir dies erreichen, bringt es uns auf die Ebene der wechselseitigen Abhängigkeit, wo wir jetzt BQ, Beziehungsintelligenz lernen, und in gewissem Ausmaß auch SQ, spirituelle Intelligenz. Wir haben Partnerschaft mit unserem Partner erreicht. Dies ist ein großer Schritt. Jetzt, da wir lernen, wie wir unsere Partnerschaft sogar noch mehr vertiefen können, ist die größte Abkürzung, empfangen zu lernen. Was auch immer wir nicht in unserem Leben haben, empfangen wir nicht von uns selbst, von anderen oder vom Himmel. Unser Empfangen ermöglicht uns, mehr zu geben. Wir beginnen, Überzeugungen und Selbstkonzepte loszulassen, die unseren Partner, Erfolg und den Himmel auf Abstand gehalten haben. Es ist wichtig, uns mit unserem Partner zu verbinden, da alle Probleme durch das Empfangen der Fülle ausgesöhnt werden können, die durch unsere Beziehung entsteht. Dies wächst durch unsere Freundschaft, Führung, kreative Vision, Lebensaufgabe und schließlich Meisterschaftsführung oder Führung einer Gemeinschaft. Wenn wir uns so sehr mit unserem Partner verbunden haben, verbinden wir uns im gleichen Maß mit anderen und dem Himmel.

Hier treten wir in die radikale Abhängigkeit oder die spirituelle Ebene ein. Jetzt entwickeln wir unseren SQ, unseren spirituellen Intelligenzquotienten. Die Abkürzung besteht hier darin, das Urteilen und Aufgaben aufzugeben, zu deren Durchführung wir nicht angeleitet wurden, weil sie eine Abwehr darstellen, und alles von Gnade erledigen zu lassen. Hier lernen wir, unseren Egowillen und den Glauben an den Körper aufzugeben, äußere Anhaftungen, Süchte, Idole und alles, was uns an die illusorische Welt bindet, loszulassen. Dies wird durch die wirkliche Welt ersetzt, die perfekte Welt des Himmels auf Erden. Wir lassen das Ego los und ersetzen es durch Liebe und Freude. Wir lernen, dass wir keine Körper, sondern Geist sind. Wir lernen, Gott und den Himmel zu wählen, statt im Traum von dieser Welt gefangen zu werden. Wir richten unseren Willen mit dem Gottes aus und wir erwachen aus dieser Traumwelt in die perfekte Welt. Von dort aus ist es eine einfache Phase zum Himmel selbst, zum Einssein mit Gott und zu „Allem, Was Ist“.

13

Das Spiel des Lebens gewinnen

Im Spiel des Lebens erfolgt das Gewinnen in Stufen. Der erste Schritt besteht darin, glücklich zu sein. Liebe, Kreativität und Geben machen dich glücklich. Wenn du nicht glücklich bist, machen dich Vergebung und Heilung glücklich, da du aufgerufen bist, die Wände deines Egos durchlässiger zu machen, damit es dort Verbindung geben kann, wo Trennung geherrscht hat. Die Trennung zu beenden ist eine Voraussetzung für Glücklichsein. Ein weiterer Aspekt der Vergebung und der Verbindung ist, dass du die Welt und dich selbst als unschuldig siehst und Urteile und das Leiden meidest, das die Trennung bringt. Eine unschuldige Welt ist eine glückliche Welt, und deine Vergebung löst die Schmerzen und die projizierte Schuld auf, wo bereits ein Urteil erfolgt ist. Das dritte Element des Glücklichseins ist das Geben. Wenn du dich vollständig gibst, wirst du unwiderstehlich. Du bist im Fluss, und es ist nicht einfach nur Glück, sondern ein glückliches Schicksal. Du gibst die Geschenke aus dem Inneren, die hier sind, um dir zu helfen, jede Situation glücklich und ganz zu machen. Dies öffnet dich für das Vergnügen und die Erfüllung, die deiner Lebensaufgabe entsprechen, dem heiligen Versprechen, dass du deinen Beitrag zum Leben und den Menschen um dich herum gegeben hast, damit du andere vor sich selbst rettest und sie so glücklich machst. Deine Lebensaufgabe ist genau das, was du brauchst, damit deine Seele Fortschritte machen kann.

Dein Empfangen ist ein weiterer wesentlicher Aspekt, um das Spiel des Lebens zu gewinnen. Es ist die andere Seite der Münze des Gebens und beide verstärken einander und bringen mehr Liebe. Empfangen ist mit Selbstliebe verknüpft, die für Glücklichsein ebenfalls entscheidend ist. Es ist mit Gnade und mit Partnerschaft mit dem Himmel verbunden. Empfangen nimmt dein Leben aus den

Händen des Egos und legt es in Gottes Hände. Das macht das Leben einfach, erhöht die Partnerschaft und Liebe zu allen und bringt dich bei Bedarf über die Gesetze von Zeit und Raum hinaus. Diese Partnerschaft mit dem Himmel hilft dir, im Spiel des Lebens auf einer ganz neuen Ebene zu gewinnen. Das Ziel ist nicht mehr länger ein goldenes Leben, es geht darüber hinaus zu dem Ziel, erneut im Garten zu leben. Du kannst ein Leben des Himmels auf Erden erreichen, bei dem du so in Gott und alle verliebt bist, dass es zu einer alltäglichen Erfahrung wird, von der Liebe davongetragen zu werden. An diesem Punkt möchtest du über die Welt als einen Spiegel deines Bewusstseins hinausgehen und dorthin gelangen, wo die Welt den Himmel widerspiegelt.

Wenn du den Himmel auf Erden erreicht hast, ist alles, was du willst, zu lieben, zu vergeben und dabei zu helfen, die Welt zu erheben. Liebe und Beziehungen sind vereinigt worden und der Kampf des Egos mit der Liebe existiert einfach nicht. Du bist aus der letzten großen Schale der Trennung herausgeworfen worden. Und jetzt wird das, was vereinheitlicht worden ist, durch Liebe eins. Wir erkennen, dass wir das eine Kind Gottes sind, das mit allem im Selbst vereint ist, was Geist ist. Wir sind der Christus, und hier werden uns die abschließenden Schritte zum Einssein gezeigt. *Ein Kurs in Wundern* drückt das hervorragend aus: „Ich nehme Christi Schau von allen Dingen, vergeben und in Frieden, an.“[9]

Dies bringt uns darüber hinaus, den Dingen der Welt nachzueifern. Aus uns selbst bringen Vergebung und Frieden die Freude, die wir wirklich wollen. Unser Fehler war, dass wir ursprünglich gedacht haben, dass es etwas in der Außenwelt gibt, das uns das bringen würde. In dem Versuch, Erfüllung aus der Außenwelt zu ziehen, erleiden wir zerschlagene Träume und Desillusionierung. Deshalb brauchen wir Vergebung, um den Weg des Himmels wiederherzustellen und uns selbst und andere zu befreien. Dies entfernt unsere Fehler und unsere Investition in die Trennung des Egos. Es bringt Verbundenheit und Liebe.

Statt Konsum und Anregung als Ziel in unserem Leben zu haben, nehmen wir den Frieden als unser wahres Ziel für unser Leben an, in dem Wissen, dass es nur durch Frieden geschieht, dass wir die Wahrheit erfahren und so lernen können zu empfangen. Wir können unsere Gedanken durch die Gedanken Gottes ersetzen, die voller Frieden sind. Aus Frieden entstehen Liebe, Freude, Fülle und Gesundheit. Durch den ruhigen Geist erfahren wir Gott und gestehen

9 Nach *Ein Kurs in Wundern, Übungsbuch*, Lektion 291, 1-3

Ihm den zentralen Platz in unserem Leben zu. Anstelle der Ziele des Egos, sich selbst zu verherrlichen, eine Vergangenheit wettzumachen, die niemals gewesen ist, kommen wir wieder in Frieden, um hier und jetzt zu sein, wo Glücklichsein und der Himmel auf uns warten. Während wir auf dem Weg zu den höheren Gefilden des Bewusstseins sind, haben wir eine bessere Sicht darauf, wohin wir gehen und was wirklich wichtig ist.

Wir können unser Leben am Glücklichsein messen. Wenn es kein Glücklichsein gibt, gibt es keine Liebe, und ohne Liebe wird alles ziemlich leer. Gott hat keine sinnlose Welt geschaffen, und je weiter wir gehen, umso mehr finden wir Sinn im Innern, der nicht verloren werden kann. Wenn wir unseren Blick auf das höchste Ziel setzen, können wir es erreichen. Das wird uns helfen, die kleineren Ziele auf dem Weg zu diesem großen Ziel zu absolvieren. Das Spiel des Lebens zu gewinnen bedeutet, über das Spiel, wie wir es kennen, hinauszugehen und Leben jenseits von Spielverzögerungen und Tricks zu finden.

14

Die Ego-Welt ist eine Todeswelt

Wir leben in einer Todeswelt – nicht gerade die beste aller Welten, denn es gibt himmlische Welten. Es ist auch nicht die schlimmste aller Welten. Es gibt Höllenwelten, in denen keine wirkliche Veränderung zu geschehen scheint. Als wir aus dem Einssein und in den Traum gefallen sind, sind wir nicht umgekehrt oder aufgewacht, wie wir es hätten tun können. Wir sind auf die Versuchung des Egos hereingefallen, eine eigene Welt zu schaffen, in der wir Gott ausschließen und selbst Gott sein könnten. Wir haben uns vom Licht abgewendet und sind weiter gestürzt. Jeder Sturz war eine dunkle Nacht der Seele, in der wir uns von uns selbst, anderen und dem Himmel abgespalten haben, um unseren eigenen Weg zu gehen und unsere eigene Sache zu machen. Wir haben das Gewahrsein der grenzenlosen Macht unseres Selbst als Geist verloren. Wir haben angefangen, Materie zu schaffen, und dann Form für die Materie. Wir haben Körper geschaffen – alle Arten von Körpern, um darin zu spielen, aber hauptsächlich, um die Tatsache zu betonen, dass wir anders und besonders sind. Je mehr wir uns abgespalten haben, umso schwächer und umso vergesslicher wurden wir.

Schon bald haben wir vergessen, dass die verschiedenen Arten von Pflanzen-, Tier- und Menschenkörpern nur Unterhaltungsvehikel waren. Wir fingen an zu glauben, dass wir die Vehikel selbst waren, was dem Ego genau in den Plan passte, weil uns das in der Idee der Trennung einsperrte. Wie *Ein Kurs in Wundern* erklärt: „Das Ego ist das Prinzip der Trennung." Ungefähr zur gleichen Zeit haben wir die Tatsache aus den Augen verloren, dass wir in Körper hinein- und wieder herausgehen konnten. Wir wurden von der Geburt an darin eingeschlossen, bis wir diese Körper mit dem Tod verließen. Es war der Glaube an Körper und daran, sterblich zu sein, die zu unserem Glauben an den Tod und dessen Erfahrung geführt hat. Wir haben vergessen, dass wir ewiger Geist sind. Wir haben unser ursprüngliches Zuhause in der Ewigkeit vergessen. Wir haben unsere wirkliche Identität vergessen. Wir haben unser Einssein mit Gott vergessen. Wir haben geglaubt, ein Körper zu sein, und gedacht, dass wir sterblich wären und unser Erbe der Tod sei. Wir haben das Liebeslicht dissoziiert, das unsere Identität war, und wir haben den Himmel dissoziiert. Es hat Millionen und Millionen von Jahren der Trennung gedauert, um das zu tun. Manchmal mag unser Leben wie die Hölle selbst erscheinen, aber die Erde ist eine Ebene der Transformation und wir können lernen, Dinge zu ändern, bis wir unseren Weg zurück zu uns selbst als unveränderlicher Geist finden. Schließlich haben wir als ein Kollektiv aufgehört, weiter zu fallen, und haben dem Licht im Allgemeinen den Rücken zugekehrt. Aber wie es in Büchern erwähnt wird, die sich auf *Ein Kurs in Wundern* beziehen, hat es Millionen und Millionen von Jahren gedauert, um zu diesem Grad der Trennung zu kommen, und es könnte Millionen und Millionen und möglicherweise noch mehr Millionen von Jahren dauern, um wieder zum Himmel zurückzukehren – dem Gewahrsein unseres Einsseins, das unser wahrer unveränderlicher Zustand ist. Wir können nicht ändern, wie wir geschaffen worden sind – dass Gott uns als perfekten, grenzenlosen Geist geschaffen hat. Wir können Einssein nicht teilen oder Gott in unzählige Formen aufspalten.

Der Tod ist der große Fluch dieser Welt. Er besagt, dass alle Dinge zu Ende kommen werden. Daher ist es verständlich und zulässig, wenn es nicht sogar ermuntert wird, uns ausschweifend zu verhalten, weil wir nur eine Hinfahrkarte haben.

Während wir uns entwickeln, erreichen wir die Heiligkeit, die in uns allen liegt. Wir geben den Glauben an den Tod auf, dessen Angst eine der tiefsten Wurzeln bei allen unseren Problemen ist. Während wir mehr Vollständigkeit erlangen, graben wir unser tiefes spirituelles Erbe der Wunder aus, der großartigen Zeitersparnis und der Auslöschung der Illusion. Diese Wunder verkürzen die Zeit auf dem Weg zurück zum Einssein. Wir werden uns bis zu den Himmlischen Welten entwickeln. Alle Wunder, die wir bringen, die Heilung, die wir vornehmen, und der Frieden, den wir erlangen, sparen uns auf dem Weg Zeit.

Tod war ein Teil unserer Rebellion, als wie uns vom Licht und vom Leben abgewendet haben. Während wir sterben, soll der Tod Teil eines uralten Rituals sein, um zu beweisen, dass wir unsere eigenen Schöpfer waren und nicht von Gott erschaffen worden sind. Gott ist Leben, und es gibt kein Gegenteil davon, mit Ausnahme eines Glaubenssystems in unserer dualistischen Welt. Es war unsere Art, zu beweisen, dass wir mächtiger als Gott sind, der uns nicht davon abhalten konnte, Illusionen zu erschaffen, jedoch Grenzen gesetzt hat, damit nichts Wirkliches wirklich verändert werden kann.

Die Erde ist in Wirklichkeit der Rebellenplanet. Das könnte sich jedoch ändern, während wir uns weiterentwickeln. Die Erde ist der „Planet des Nachsitzens", weil wir Schwierigkeiten verursacht haben, auch wenn es sich in Wirklichkeit um Schwierigkeiten für uns selbst und diejenigen gehandelt hat, die uns nahestehen. Dies ist alles geschehen, um zu beweisen, dass Gott ein schlechter Gott war, weil uns diese Schwierigkeiten passiert sind. Unser Elend ist ein Aspekt unseres Kampfes mit Gott. Wir können uns für glücklichere Zeiten jedoch entscheiden, „uns selbst zu überwinden"! Wir können sogar vollständig aus diesem Traum erwachen. Der Zweck dieser Welt besteht darin, ihr zu vergeben, und als Ergebnis davon, aus ihr zu erwachen. So gewinnst und transzendierst du das Spiel des Lebens und kehrst natürlicherweise zum Leben zurück.

Wir haben die Welt als einen Ort der Trennung eingerichtet, um Gott auszuschließen. Als das Absolute konnte Er nicht in eine endliche Welt eintreten. Als Einssein konnte Er nicht in das eintreten, was wir uns als eine Welt der Trennung vorgestellt haben, weil das eine Illusion ist. Da Er zeitlos ist, konnte Er nicht in die Zeit eintreten. In dem Wissen, dass Sein Mitgefühl und Seine Weisheit ohne Ihn verloren wären, schickte er Seinen Tröster, den Heiligen Geist. Der Heilige Geist ist sowohl absolut als auch ewig und kann in der Welt der Illusion wirken – um uns von dem Leiden zu erretten, das wir ansonsten für uns selbst eingerichtet hätten.

Gott tat, was jeder liebevolle Vater mit einem mutwilligen Kind tun würde, und wir *haben* uns mutwillig verhalten. Dennoch ist dieser rebellische Wille der Wille des Egos, nicht unser eigener Wille. Jetzt ist die Zeit gekommen, um uns auf unseren wahren Willen zu berufen, der immer im Einklang mit Gottes Willen steht. Jetzt ist es an der Zeit, den Himmel zu bitten, Gnade und Wunder zu schicken, um uns dabei zu helfen, unseren Weg aus der Welt heraus zu graben, in der wir uns selbst begraben haben.

15

Die Welt birgt nichts, was ich will

Alles, was wir jemals in der Welt zu bekommen versucht haben, hat bestenfalls zu vorübergehendem Glücklichsein geführt. Wenn das Glücklichsein anhalten soll, muss eine radikale Änderung unserer Einstellung erfolgen. Wir müssen die erste Veränderung unserer Einstellung vornehmen, indem wir aufhören, etwas außerhalb von uns selbst für unser Glücklichsein bekommen zu wollen, und stattdessen Geben als Weg zur Erfüllung wählen. Nur so werden wir emotionale Reife erlangen und ein guter Partner für unseren Partner und für andere im Leben werden. Die zweite Veränderung ist sogar noch radikaler, weil wir aufgerufen sind, bereit zu sein, *Egotode* zu erleben, weil unser Ego so habgierig und hinderlich ist. Es ist zum Beispiel unser Ego, das überzeugt erklärt, dass unser Glücklichsein außerhalb von uns liegt. Die Schmerzen und der Herzensbruch aus dieser Haltung in der Welt bauen das Ego in einer bösartigen Abwärtsspirale weiter auf, die ständig immer neue Träume und zerschlagene Träume erschafft, bis wir aufgeben und in Richtung Tod gehen.

Wenn wir enttäuscht oder desillusioniert sind oder uns das Herz bricht, schiebt das Ego schnell anderen die Schuld für unsere Gefühle in die Schuhe. Das Ego gibt anderen Menschen die Schuld für die Niederlage und schlägt sogar noch bereitwilliger ein „geeigneteres Ziel für das Glück“ vor. Dies wird jedoch ebenfalls zur Desillusionierung, zum Herzensbruch und zu zerschlagenen Träumen führen. Das Ego schlägt weiterhin verschiedene Ziele vor, die jetzt zu Idolen gemacht werden. Idole sind falsche Götter, die Sicherheit und Glücklichsein versprechen, letztendlich jedoch immer enttäuschen. Glücklichsein kann aus dem kommen, was wir empfangen, jedoch nicht aus dem, was wir bekommen. Bekommen kann zur (Schaden-) Freude des Egos führen, jedoch nicht zu wirklicher Freude.

Wenn wir eine gierige Einstellung haben, ist nichts jemals genug für uns. Wir können aufgrund der Spaltungen in unserem Bewusstsein, bei denen wir uns getrennt und unsere Verbundenheit geopfert haben, um ein Opfer zu sein, nicht wirklich empfangen und uns zufrieden fühlen. Das Ego manövriert auf diese Weise, um die Unabhängigkeit zu erlangen, nach der es gelüstet. Diese Art von Trennung macht uns bedürftig und verursacht ein gespaltenes Bewusstsein. Auf der einen Seite *wollen* wir empfangen, was wir brauchen – auf der anderen Seite wollen wir es auch *nicht*, weil wir Angst haben, es zu empfangen. Wir haben einfach Angst, die Unabhängigkeit und Identität zu verlieren, die wir aufgebaut haben.

Unsere Egowünsche führen zu täuschenden Leidenschaften. Unsere täuschenden Leidenschaften verursachen Schmerz. Es gibt keinen Schmerz in unserem Leben, der nicht daraus entstanden ist, etwas von außerhalb unserer selbst zu bekommen. Es gibt einen Teufelskreis aus unseren Idolen, unserem Schmerz und unserem Groll, der durch den Schmerz entsteht. Dieser Teufelskreis verstärkt das Selbstkonzept und die Überzeugungen, die das Ego erschaffen und die wir natürlich als unsere Identität aufgebaut haben. Groll entsteht aus der Überzeugung, dass uns jemand in unserem Wunsch, etwas zu bekommen oder zu haben, von dem wir glauben, dass es uns zusteht, vereitelt hat. Dies war ein Bedürfnis, von dem wir glauben, dass es uns andere absichtlich vorenthalten haben. Deshalb fühlen wir uns berechtigt, es zu nehmen, weil wir ein Anrecht darauf haben.

Der Buddha hat von unseren drei grundlegenden Einstellungen zur Welt gesprochen: Lust, Angst oder Gleichgültigkeit. Lust entsteht aus unserem Bedürfnis. Insbesondere beim Sex sehen wir Aspekte, von denen wir angezogen werden und glauben, sie nicht zu haben. Angst entsteht dadurch, etwas in unserem Bewusstsein verurteilt und angegriffen zu haben. Dann sehen wir den Angriff auf uns zurückkommen und so entsteht Angst. Gleichgültigkeit ist eine Folge davon, das Gefühl zu haben, dass es hinsichtlich unserer Besonderheit von einer Person oder einer Sache nichts zu gewinnen gibt. Gleichgültigkeit ist eine Art der Leblosigkeit, bei der wir nichts sehen, was wir brauchen, und keine Bedrohung empfinden. Nur Liebe ist die Ausnahme für diese Egopositionen.

Der Buddha sagte, dass der Weg zur Erleuchtung einfach sei: Begehre nichts und wehre dich gegen nichts. Die meisten Menschen können kaum das erste

Prinzip umsetzen, das darin besteht, Idole und täuschende Wünsche aufzugeben, ganz zu schweigen vom zweiten Prinzip, dass die Angst verbannen würde.

Es gibt Bedürfnisse, die uns als normal erscheinen, wie eine glückliche Familie, eine friedvolle und liebevolle Beziehung zwischen unseren Eltern, Romantik, Sex, Ehrlichkeit und Treue von unserem Partner, unser eigener Erfolg und unser Glück. Wir glauben, dass wir Ehrlichkeit und Integrität von denjenigen verdienen, mit denen wir arbeiten oder Geschäfte machen. Dies sind normale, natürliche Dinge außerhalb von uns, die wir uns ganz natürlich wünschen würden. Wir wünschen uns wahre Liebe. Die Ironie liegt jedoch darin, dass wahre Liebe etwas ist, was *wir* in die Beziehung bringen. Frieden und Treue sind, was *wir* mitbringen, damit wir sie in unserer Beziehung nicht nur in der Form, sondern auch in unserem Bewusstsein haben.

All die schmerzlichen Erfahrungen, die durch den Verlust normaler Erwartungen entstehen, sind Lektionen. Wenn wir sie lernen, führen sie nicht zu kontraproduktiven Mustern, wesentlichem Rückzug oder großen Prüfungen. In unseren Leiden greifen wir typischerweise auf Dissoziation zurück und verwenden sie für das Idol der Unabhängigkeit. Dieses Idol stammt von dem größten und grundlegendsten der Idole, dem Idol der Selbstkonzepte, aus dem wir unsere Identität und unsere Besonderheit aufbauen. Dadurch bauen wir das Ego, das Prinzip der Trennung, auf. Je mehr wir uns trennen, umso mehr brauchen wir. Daher schlägt uns das Ego vor, dass wir etwas bekommen oder nehmen. Dieses Nehmen dient dazu, den Verlust unserer Unabhängigkeit zu vermeiden, der geschehen würde, wenn wir *empfingen*, wenn wir geliebt würden und uns daher erneut verbinden würden. Diese Einstellung des Bekommens, Nehmens und „Gebens, um zu bekommen" führt zu Herzensbruch und Niederlagen.

Unser Ego braucht unseren Schmerz und unseren Groll, dass es diese als Wände zwischen uns und anderen einsetzt. Es benutzt sie als einen Keil in den Spalten, die die Teile unseres Bewusstseins in uns trennen. Während wir Schmerz und Verlust loslassen, lassen wir auch die Trennung in unserem Innern los. Dies ermöglicht uns zu heilen, vorwärtszuschreiten und etwas in unserem Leben zu haben, das nachhaltiger ist, da wir weniger Anhaftung und mehr Verbundenheit haben. Die Alternative dazu besteht darin, unabhängiger, desillusionierter, rachsüchtiger, zynischer und bitterer zu werden. Wenn das passiert, hören wir auf zu lernen. Wir geben anderen die Schuld. Wir wachsen nicht. Wir verlieren das Vertrauen. Wir bleiben selbstgerecht und wollen, dass es nach uns geht. Das Ego wirft weiter mit Idolen nach uns, und wir bleiben desillusioniert und untröstlich bis zu dem Punkt zerschlagener Träume. Wenn wir diese Ereignisse jedoch als Wasser auf der Mühle der Heilung benutzen und Desillusionierung einsetzen, um uns von Illusionen zu befreien, weil die Illusionen uns niemals erhalten könnten, dann bewegen wir uns vorwärts.

Unsere Illusionen entstehen aus unserem eigenen Bewusstsein. Sie sind Träume, die wir haben und die wir zu einer Welt gemacht haben. Deshalb birgt die Welt in Wirklichkeit nichts, was wir wollen – die Welt besteht nur aus Träumen, Wünschen und projizierten Urteilen. In einer Welt der Träume entsteht wahrer Erfolg, wenn wir vergeben und der Welt geben, damit die Träume und Illusionen sich auflösen. Es ist die Liebe, die wir teilen, die uns glücklich macht, und dies unterstützt das Hirngespinst der Welt nicht. Vergebung und andere Formen der Heilung lassen alle Seifenblasen der Illusion zerplatzen, die uns durch ihre schillernde Anziehungskraft verlocken wollen, in dieser vom Ego erschaffenen Welt zu verbleiben. Was wir geben, macht die Welt wesentlicher, indem sie vereint wird, näher zusammenkommt und intimer wird. Je mehr wir uns entwickeln, umso mehr erkennen wir, dass die Welt nichts ist, von dem wir bekommen wollen, sondern etwas, dem wir geben wollten. Dadurch vergeben wir der Welt und lösen die in uns verborgene Schuld darüber auf, dass wir uns vom Licht abgewendet haben.

Das Ego will nach Dingen außerhalb von uns streben. Es ersetzt ein Idol nach dem anderen, die uns enttäuscht haben, durch weitere Idole, die uns weiter desillusionieren werden, bis wir einen Platz von Verlust, Angst und Enttäuschung erreichen. Hier erklärt das Ego, dass dort draußen nichts mehr übrig ist, das irgendeinen Sinn hat, also können wir genauso gut aufgeben und sterben. Das ist die Lösung des Egos für alle unsere Probleme. Das Ego, das du auf Angriff und Selbstangriff aufgebaut hast, ist ein Teufelskreis, der als letzte Abwehr gegen Liebe, Freude und Gott gedacht ist. Das Ego jagt uns in seinem Hass auf uns in die Hölle selbst, um uns zu quälen. Es will, dass wir sterben. Es wird klar, dass das Ego verrückt ist, wenn wir erkennen, dass es glaubt, den Tod seines Wirts überstehen zu können.

Zur Heilung der Angst, was immer die Angst davor ist, etwas zu verlieren, eine Fantasie über die Zukunft, in der Verlust stattfindet, müssen wir Liebe, Vergebung und Vertrauen schenken oder Gnade einladen. Angst verbirgt immer eine Anhaftung. Während wir die Anhaftung loslassen, verschwindet die Angst. Akzeptanz, Integration und Verpflichtung heilen ebenfalls Angst. Die Einstellung, die Lust, Angst und Gleichgültigkeit verwandelt, ist eine Einstellung der

Liebe, des Mitgefühls und der Vergebung. Liebe teilt stattdessen. Sie versucht nicht, etwas zu bekommen oder zu nehmen. Mitgefühl sieht den Hilferuf in allem, was nicht Liebe ist, und dehnt sich aus, um zu helfen. Vergebung entfernt die Illusion der Lust sowie die Angst, die aus Widerstand und dem Mangel an Verbundenheit entsteht, der zu Stumpfheit, Leblosigkeit und Gleichgültigkeit führt.

Wenn wir der Welt vollkommen vergeben würden, wenn wir unsere Angst vor Liebe aufgeben würden, dann würden wir eine andere Welt, eine perfekte Welt, eine Welt des Himmels auf Erden finden. Das ist es, was *Ein Kurs in Wundern* die wirkliche Welt nennt. Sie ist so anders als diese Welt, weil sie ein Ort des Erwachens jenseits von Leiden jeglicher Art ist. Jeder Mensch, der es dorthin schafft, erkennt, dass sie vollkommen unschuldig und heilig ist. Alles, was er dann mit anderen tun möchte, ist, alle in diesen Ort mit einzubeziehen. Die Trennung, die die Welt des Egos ist, fängt an, sich hier aufzulösen. Die so sehr anziehenden Seifenblasen der Illusion, die in sich Leiden und Schrecken verborgen haben, werden für andere aufgelöst. Alles, was jeder in der wirklichen Welt tun will, ist, sich diesem Prozess zu widmen. Zuerst vergeben sie also, um die Dunkelheit aufzulösen, und anschließend, um die Welt selbst aufzulösen. Lektion 129 in *Ein Kurs in Wundern* erklärt: „Jenseits dieser Welt ist eine Welt, die ich will."

16

Das Beziehungsspiel

Im Spiel des Lebens ist der Beziehungsteil des Spiels ein Teil, der am meisten Freude oder am meisten Elend bringen könnte. Es ist außerdem der Teil, der unsere Probleme aufwirft, was schmerzhaft sein kann – oder hilfreich, wenn du eine Einstellung hast, bei der du nach Heilung strebst. Es ist wichtig zu wissen, dass jedes Problem im Unterbewusstsein ein Beziehungsproblem in sich birgt. Unsere Probleme sind typischerweise Probleme mit den Menschen, die uns jetzt umgeben, aber haben immer auch mit einem Menschen aus der Vergangenheit zu tun. Jedes Problem hat seine Wurzeln in der Vergangenheit. Jedes Problem ist eine nicht erledigte Angelegenheit aus der Vergangenheit, die in die Gegenwart übertragen wird. Die Wurzel wandert von unserem Seelenbewusstsein oder von unseren Ahnenmustern, die aus dem Unbewussten entstehen, durch unser Leben. Wir haben versprochen, diese Ahnen von ihrem Karma zu befreien. Indem wir sie befreien, befreien wir auch uns selbst vom Karma unserer „vergangenen Leben" oder uralten Egomuster.

Auf einer noch tieferen Ebene spiegeln die Welt und alle Menschen darin uns selbst. Die Welt spiegelt unser Bewusstsein. Was wir sehen, ist, was wir über uns selbst denken. Daher steht jeder als Teil unseres Bewusstseins auf einer gewissen Ebene mit uns in Beziehung. Dies macht ein weiteres Prinzip deutlich: Was auch immer wir einem anderen Menschen antun, tun wir uns selbst an. Was auch immer wir über einen anderen Menschen denken, denken wir über uns selbst. Was auch immer wir jemand anderem wünschen, wünschen wir uns selbst. Wie ich in *Die Spiegel deiner Seele* erklärt habe, sollten „Menschen, die in einem Spiegelkabinett leben, nicht mit Steinen werfen."

Probleme in unseren Beziehungen stammen jetzt von Problemen mit wichtigen Menschen in unseren vergangenen Beziehungen. Und diese spiegeln unsere Beziehung zu uns selbst und wie wir in der Vergangenheit ebenfalls waren. Wie wir über jemanden denken und mit diesem Menschen umgehen sowie wie dieser Mensch mit uns umgeht, spiegelt auch, was wir in Bezug auf Gott denken und fühlen. Daher zeigt jede Beziehung mit einer beliebigen Person sowohl unsere Beziehung zu uns selbst in der Gegenwart oder wie wir uns in der Vergangenheit verhalten haben sowie unsere Beziehung mit Gott. Alles ist miteinander verbunden.

Wir machen uns auf, um durch unsere Blockaden zu höherem Bewusstsein zu gelangen, und an diesem Punkt fangen wir an, unsere Blockaden für das Einssein zu heilen. Glücklichsein ist, was das Spiel das Lebens sein soll, und andauerndes Glücklichsein entsteht, wenn wir den Himmel auf Erden erreichen. Das ist das Tor zum Himmel, dem Gewahrsein des Einsseins. Während wir auf die Welt schauen, sehen wir also sieben Milliarden Stücke des Puzzles vom Einssein. Damit die ganze Welt Einssein erreicht, müssen viele Integrationen stattfinden. Während wir immer höhere Ebenen erreichen, beschleunigt dies den Prozess aller anderen. Den Himmel auf Erden zu erreichen, bedeutet, ein Retter der Welt zu werden. Glücklicherweise müssen wir nicht alle sieben Milliarden Puzzleteile zusammensetzen. Wir brauchen es nur mit unserem Partner zu erreichen oder mit einer anderen Person, mit der wir uns auf dieser tiefen Ebene in Partnerschaft befinden. Wenn wir Einssein mit unserem Partner erreichen, eröffnet dies Einssein mit allen Wesen – und mit Gott.

Es gibt andere Abkürzungen, die an späterer Stelle erwähnt werden. Während es einige unter uns gibt, die eine eher einsame Bestimmung im Leben haben, tragen wir dennoch alle Beziehungen in uns. Einssein zu erreichen bedeutet, perfekte Liebe mit *jemand* – und daher mit allen zu erreichen. Perfekte Liebe bedeutet, über den Körper hinauszugehen und nur das Licht in einem anderen zu erblicken. Dies wird in *Ein Kurs in Wundern* als die „Augen Christi" oder die Vision Christi bezeichnet. Dies ist die spirituelle Vision, die erforderlich ist, um im Spiel des Lebens erfolgreich zu sein, indem es transzendiert wird.

Beziehungen können der schnellste Weg des Wachstums sein, wenn wir jede Verstimmung zur Heilung verwenden, statt sie zu benutzen, um weiter verstimmt zu bleiben. Das macht unser Ego nur stärker, indem es ein bereits vorhandenes Muster festigt. Stell dir das so vor: Nichts ist *nur* unser Problem bei der Arbeit oder *nur* in der Familie oder *nur* unser Streit mit Freunden. Alles stellt eine Gelegenheit zur Vergebung dar. Wenn du dich dem Pfad der Liebe und der Heilung nicht engagiert verpflichtest, wirst du dem Himmel auf Erden selten nahekommen, wo dein Glücklichsein zu einer Lebensart wird.

Das Beziehungsspiel zu spielen, bedeutet, nach Gelegenheiten zur Heilung Ausschau zu halten. Ausschau halten bedeutet, dass du wahrscheinlich erkennen wirst, dass, wenn du aus einem beliebigen Grund verstimmt bist, einfach etwas zur Heilung an die Oberfläche gestiegen ist. Dies kann eine Schicht der Heilung oder Schicht um Schicht der Heilung darstellen. Häufige Heilungsprinzipien sind Liebe, Verbundenheit, Akzeptanz, Vergebung, Geben/Empfangen, Loslassen, Vertrauen, Kommunikation, Frieden, Hingabe, Brücken bauen, Integration, Joining, engagierte Verpflichtung, Wahrheit, Helfen, Gnade willkommen heißen, Kreativität und Zentrieren, um nur einige der wichtigsten zu nennen.

Das Ziel besteht darin, Liebe zu entdecken. Um dorthin zu gelangen, schmelzen wir das Ego vollständig in Liebe dahin, erreichen Partnerschaft, Ebenbürtigkeit und Gegenseitigkeit. Während wir jede Hülle der Selbstkonzepte unseres Egos zusammen mit der Rüstung unserer Rollen und den Schalen der Persönlichkeit ablegen, sind wir immer mehr im Fluss und werden immer glücklicher. Wenn wir alle Ausstaffierung des Egos abgelegt haben und nackt im Licht der Liebe für eine andere Person dastehen, dann finden wir uns in unserer Bezogenheit. Auf diese Weise erkennen wir, dass wir miteinander eins sind. Dies ist ein Weg, um das Spiel des Lebens zu gewinnen und darüber hinauszugehen, um festzustellen, dass wir mit allem eins sind.

17

Alle Probleme sind Teil unseres ursprünglichen Problems

In der Psychiatrie ist seit langem bekannt, dass alle Probleme der Vergangenheit entspringen. Ich habe das gleiche Prinzip entdeckt, als ich anfing, mit dem Unterbewusstsein zu arbeiten. Ich hatte bereits eine erste Ahnung dieses Konzepts der Übertragung durch meinen Lesestoff zur Hypnotherapie. Und als ich begann, meine intuitive Methode anzuwenden, die viel schneller und einfacher als Hypnose war, stellte ich immer wieder fest, dass dies wahr war. Das Gleiche las ich in der Gestalttherapie: „Alle Probleme sind vergangene Probleme", und dies wurde wiederum durch *Ein Kurs in Wundern* bestätigt: Alle Probleme stammen aus der Vergangenheit.

Wenn alle Probleme aus der Vergangenheit stammen, wo hat alles angefangen? Was war das erste Problem, das zu den anderen Problemen geführt hat? *Ein Kurs in Wundern* beantwortet diese Frage schon ganz zu Anfang. Er erklärt, dass es die erste Trennung war, die zum Sturz aus dem Himmel geführt hat. Weiterhin sagt er, dass Einssein nicht geteilt werden konnte. Unsere Welt der Dualität, die aus dieser ersten Trennung entstanden ist, ist daher eine illusorische Welt. *Ein Kurs in Wundern* erklärt außerdem, dass eine Idee ihre Quelle nicht verlässt. Da wir Gottes Idee sind und Er unsere Quelle ist, haben wir weder Gott noch den Himmel verlassen, und das Gewahrsein des Einsseins ist immer noch in uns als wir.

Die Buddhisten sprechen davon, wie wir in einen Traum gefallen sind, und diese Welt trägt alle Kennzeichen eines Traums, in den wir investiert haben. Unsere Investition in diesen Traum lässt ihn so wirklich erscheinen, wie unsere Träume in der Nacht wirklich erscheinen. Sogar in der Bibel heißt es im ersten

Buch Mose, in der Genesis, dass Adam in einen tiefen Schlaf fiel, bevor Gott aus Adams Rippe Eva schuf. Anschließend wird an keiner Stelle erwähnt, dass Adam wieder aufwachte.[10] Einssein (Gott) konnte keine Dualität (Adam und Eva) erschaffen haben. Das erscheint offenkundig unmöglich. Liebe trennt nicht, noch verlässt Gott in seiner Liebe Seine Kinder oder trennt sich von Seinen Kindern. Gott tut das nicht, aber in unserer imaginären Trennung haben wir projiziert, dass Gott das getan hat. Es passt zu dem, was *Ein Kurs in Wundern* sagt: Dass alle Schöpfungsmythen Mythen über die Anfänge des Egos sind.

Wir existieren also in einer Welt, die eine Traumwelt ist, eine Welt unserer Hirngespinste, auf die gleiche Weise, wie wir uns unsere Träume in der Nacht ausdenken. Freud zufolge sind alle Träume Wunscherfüllung, und *Ein Kurs in Wundern* bestätigt das. Diese Tatsache wurde für mich Anfang der 80er Jahre untermauert. Ich fing an, die Traumtherapien, die ich in den 70er Jahren erlernt hatte, im Rahmen meines Repertoires an Heilungsmethoden für alltägliche Problemsituationen einzusetzen.

Eine Erklärung dazu, wie die Welt erschaffen worden ist, stammt aus *Ein Kurs in Wundern* und entspricht meiner eigenen Erfahrung. Wenn wir einen Teil von uns selbst verurteilen, spalten wir diesen Teil ab. Wir tun so, als wäre er nicht wirklich wir, weil wir unser unberührtes Bild von uns selbst erhalten möchten. Anschließend verdrängen wir das, was wir verurteilt haben. Verdrängung ist eine Abwehr, bei der wir etwas vergessen, und anschließend vergessen, dass wir es vergessen haben. An diesem Punkt haben wir keine Ahnung, dass das Stück, das wir abgespalten haben, tatsächlich ein Teil von uns ist. Der einzige Beweis, den wir sehen mögen, sind die Probleme, die durch diesen abgespaltenen Teil entstehen. Unser Ego schlägt vor, dass eine ausgezeichnete Methode, um die Schuld über diese „schlechten" Teile loszuwerden, darin besteht, sie auf die Welt zu projizieren. Das Ego weiß natürlich als „Vater der Lügen", dass dies die Schuld nur scheinbar beseitigt. In Wahrheit behalten wir die Schuld und projizieren sie einfach auf andere, die wir für das verurteilen, was *wir* ihnen angehängt haben. Während wir also uns selbst und andere bestrafen, erschaffen wir den perfekten Teufelskreis des Egos von Angriff und Selbstangriff, der genau die Grundlage des Egos darstellt. Man kann sich vorstellen, dass bei einem bestimmten Grad an Druck all die Schuld aus der Trennung, die sich im Innern angesammelt hat (und Schuld ist eine der Emotionen, die als Folge der Trennung aufkommen), ir-

10 Anm. d. Ü.: Amerikanische King James-Bibel, erstes Buch Mose, Kapitel 2, Vers 21 und 22.

gendwann als „Urknall“ nach außen explodiert ist. So wurde das, was im Innern vorhanden war, zum Äußeren. Es bedeutet auch, dass es keinen Weg gibt, um das Spiel des Lebens zu gewinnen, wenn es nur auf der äußeren Ebene gespielt wird. Während der Erfolg in den äußeren Aspekten des Spiels des Lebens uns eine gewisse Befriedigung verschaffen kann, ist es das, was wir im Innern erreichen, das zu Liebe, Erfüllung, schließlich zur Transzendenz führt.

Abgesehen von der Schuld, die während der Trennung entsteht, gibt es Verlust und Angst, Gefühle des Verlassenseins und der Unzulänglichkeit, Widerstand, Widerwillen, Willkür und schließlich den Schmerz der Trennung. Das Ego verspricht, all dies durch Dissoziation zu beschwichtigen. Dissoziation funktioniert zum Teil dabei, den Schmerz zu verbergen, ist jedoch auf lange Sicht niemals erfolgreich. Alle sogenannten Geschenke oder Abwehrmethoden des Egos resultieren letztendlich in genau dem, was sie verhindern sollten. Durch die Dissoziation des Egos wird auch unser Herz dissoziiert, Anleitung blockiert, unsere Geschenke werden verborgen und es werden Blockaden für unsere Fähigkeit zum Empfangen aufgebaut.

Trennung unterbricht Verbundenheit, bringt Schwierigkeiten und löst die Dissoziation aus, die das Problem verbirgt und den Fluss anhält. Unsere Dissoziation verbirgt das Leiden und das Urteil, den Egomechanismus der Trennung. Dadurch entsteht ein Teufelskreis aus Urteilen, Trennung und Leiden. *Ein Kurs in Wundern* erklärt: „Alles Leiden in der Welt entsteht durch Urteilen.“

Jeder Sturz, den wir erlebt haben, wurde, beginnend mit dem ersten Sturz, zu einer dunklen Nacht der Seele. Wir haben durch die Trennung von der Quelle Schrecken und Schmerz erlebt. Es gab Angst, Kälte und Dunkelheit. Während dies in Wirklichkeit nicht geschehen ist, erscheint es im Traum sehr real, bis ein Erwachen stattfindet. Diese Emotionen und Erfahrungen sind immer noch in uns, bis wir sie heilen. Wenn wir erwachen, glauben wir abhängig von dem Grad des Erwachsens immer weniger an die Wirklichkeit des Traums.

Ein Kurs in Wundern besagt, dass Trennung in die Wirklichkeit des Einsseins eingebracht wurde, wir jedoch vergessen haben, darüber zu lachen. Daher haben wir in die scheinbare Realität der Trennung investiert und *ipso facto* „geschah“ der Sturz und der Traum begann. Wir haben unser Bewusstsein als gespalten erlebt. Wir sind in Dualität, Zeit, Raum und Dunkelheit usw. gefallen. Dies schien eine Spaltung in unserem Bewusstsein zu erzeugen. Dies hat Illusionen produziert, die wir nach außen projiziert haben, um unsere illusorische Welt zu erschaffen. Jetzt haben wir ein Ego und das Prinzip der Trennung. Wir haben auch das Gegenteil davon, den Heiligen Geist, das unendliche Absolute, das dennoch im Traum von Dualität, Zeit und Raum operieren kann. Der Heilige Geist wurde ausgesandt, damit wir nicht vollständig verloren sein würden.

Nach dem ersten „Sturz“ hätten wir einfach wieder aufwachen können, aber das Ego schlug vor, dass wir uns erneut trennen, damit wir unsere eigene Welt erschaffen konnten, in die Gott nicht eintreten konnte, und so selbst Gott sein konnten. Und so wurden die Trennungen und die Stürze fortgesetzt. Wir haben die direkte Verbindung mit dem Heiligen Geist verloren und sind jetzt durch ein Höheres Bewusstsein verbunden. Es gab Hunderte von Stürzen und in einigen Fällen Tausende. Das Leben wurde so schmerzhaft, als wir aus unserem Zentrum gefallen sind, dass wir normalerweise in dieser schlimmen Zeit sterben und anschließend auf eine niedrigere Bewusstseinsebene fallen würden.

Diese Vorliebe für die Trennung haben wir auch heute noch. Jede Niederlage oder schmerzliche Erfahrung in der Gegenwart ist altes Karma, das zu uns zurückkommt. Und während es zurückkommt, entscheiden wir uns entweder für Trennung und verstärken erneut unsere ursprüngliche Trennung, oder wir können das schmerzhafte Erlebnis durch Vergebung, Verbundenheit oder erneutes Einladen von Gott und Liebe in unserem Leben heilen. Wenn wir Gott und Liebe in das Ereignis einladen, heilt es. Ich habe festgestellt, dass sich in jedem Trauma oder anderem schmerzhaften Ereignis ein verstecktes Element der Trennung und des Wunsches nach Unabhängigkeit befindet. Dies ist die rollen-dissoziierte Unabhängigkeit und nicht die Freiheit, die das Ego versprochen hat. Dies ist die unabhängige Rolle, die immer mit einer Opferrolle sowie einer Aufopferungsrolle verbunden ist.

Trennung ist die Hauptfalle des Egos. Es ist die ursprüngliche Dynamik, auf der alle anderen Probleme aufbauen. Aus der Trennung sind die vier Eckpfeiler aller Probleme entstanden: Autoritätskonflikte, Angst, Schuld und Groll. Diese vier Dynamiken sind Teil jedes Problems oder Traumas. Alle sind Wege, um sich noch mehr zu trennen und die Trennung zu schützen, die bereits vorhanden ist.

Alle emotionalen Schmerzen werden, wenn sie nicht zur Heilung eingesetzt werden, zu einer Ausrede für die Trennung. Unsere Emotionen verkünden, dass jemand anderes etwas falsch gemacht hat! Es ist der Fehler der anderen Person, dass wir uns so fühlen, wie wir uns fühlen. In Wirklichkeit ist jede Emotion oder Verstimmung eine beeindruckende Gelegenheit, unseren Kurs durch Verbinden und daher Heilen ein weiteres Mal zu korrigieren. Emotionen zeigen uns unsere verborgene Trennung und geben uns daher die Chance, zu Frieden und Verbundenheit zurückzukehren.

Die Welt ist weit genug gestürzt. Bewusste Menschen sind auf ihrem Weg zurück zum Einssein, sammeln andere in ihrer Heilung, und während sich ihr Bewusstsein vereinigt, vereinigt es die Welt. Es geht jetzt eine himmlische Beschleunigung in Richtung Einheit und Vereinigung vor sich, aber die Welt muss zuerst Partnerschaft und das Gleichgewicht zwischen Männlichem und Weiblichem ausgleichen. Dies hebt das Bewusstsein über die Habgier, Dissoziation, Arroganz und Leblosigkeit des übertriebenen Männlichen hinaus. Wir befinden uns in einer Zeit der großen Gelegenheiten für Heilung und Wachstum. Wenn wir Partnerschaft in der Welt erreichen, erreichen wir den Anfang der Ebene der wechselseitigen Abhängigkeit. Dies eröffnet eine Welt der Freundschaft und der Fülle. Von dort aus ist unser nächstes Ziel, zu heilen und unseren Weg zur Ebene der radikalen Abhängigkeit von Glücklichsein und Macht durch Verbundenheit zu finden. Von dort aus verbinden wir uns weiter und empfangen Gnade auf unserem Weg zum Einssein, während wir über diese Welt hinaus zu einer perfekten Welt des Himmels auf Erden gehen. Hier werden wir zu einem Retter der Erde durch unsere Heilung und unser Verweilen in Göttlicher Gegenwart. Dadurch lassen wir einen Pfad zurück, dem andere in dieser Welt folgen können, um aus ihr herauszukommen.

18

Es sind alles Roboter

Es gibt ein Spiel, das wir als Seelenspiel bezeichnen wollen. Es kann dir helfen, sowohl Verantwortlichkeit als auch Einssein zu erkennen. Du kannst dieses Spiel von jedem Ort aus im Spiel des Lebens spielen, an dem du dich befindest. Stell dir vor, dass alle Menschen in der Welt Roboter sind und dass sie nie etwas anderes als Roboter waren. Eines Nachts sind, während du geschlafen hast, Außerirdische oder Engel gekommen (je nachdem, was dir lieber ist), und haben eine Software in deinem Kopf installiert, damit jeder Roboter sich genau nach deinen Anweisungen verhält. Sie haben sich so bewegt, wie du es haben wolltest. Sie haben sich so verhalten, wie du es haben wolltest. Sie haben nur deine innersten Wünsche befolgt, nicht das, was du in deinem bewussten Verstand zu wollen geglaubt hast. Sie sind deinem tieferen Bewusstsein und deinen tieferen Gedanken gefolgt. Einige von ihnen haben sich unverschämt und kränkend verhalten – sicherlich nicht dass, was du aus irgendeinem Grund wolltest. Du darfst die List aufrechterhalten, nach der sie alle aus eigenem Antrieb handeln. Die Roboter sind jedoch über diese Idee, dass sie das Sagen haben, während du sie dirigierst, so amüsiert, dass sie gar nicht anders können, als dir zuzublinzeln, wenn du gerade außer Sicht geraten bist. Sie freuen sich über die ganze Farce. Natürlich bist du derjenige, der will, dass sie sich freuen.

Es gibt noch einen weiteren Aspekt, der mit der Szenerie und der Situation zu tun hat. Es stellt sich heraus, dass du auch der Bühnenmanager bist, der entscheidet, welcher Hintergrund, welches Wetter und welches Ambiente jede Szene hat. Die Geschichte ist ein weiterer wichtiger Teil des Theaterstücks und natürlich wirst du feststellen, dass du ebenfalls der Verfasser bist. Wenn du das Büro des Verfassers besuchst, entdeckst du, dass es sich in einen Flugzeughangar öffnet. Dort findest du deine Selbste in unterschiedlichem Alter, welche die möglichen Skripte schreiben, aus denen dein Leben besteht. Einige sind Kinder, sogar Babys, mit Wachsmalkreiden in den Händen. Einige der Selbste, die Autoren sind, scheinen in verbalem oder körperlichem Konflikt mit anderen Selbsten zu sein und alle von ihnen wollen ihre Geschichte ausgespielt sehen. Jedes Selbst folgt entschlossen seiner Handlung und drängt darauf, dass sich das Skript so entfalten soll, weil es glaubt, dass es dann belohnt und seine Bedürfnisse erfüllt bekommen wird.

Und dort bist du in deinem jetzigen Alter an einem Podium mit einer Schlange der Autoren, die vor dir stehen. Du scheinst einige Skripte anzunehmen, während du andere zu Boden wirfst und deren Verfasser verloren und entmutigt zurücklässt, während sie zurück an ihre Schreibtische gehen, jedoch immer noch die Hoffnung hegen, dass ihre Teile eines Tages in das Theaterstück aufgenommen werden. Die Skripte, die du als Regisseur auswählst, scheinen einem großartigen Plan deinerseits zu folgen, oder zumindest versuchst du, diesen Eindruck aufrechtzuerhalten, weil du die Autoren nicht entmutigen willst und vermeiden möchtest, dass sie bemerken, dass du dich manchmal so verloren und verängstigt wie sie fühlst.

Das Seelenspiel ist ein gutes Spiel, um es gemeinsam mit einer anderen Person zu spielen. Dann könnt ihr abwechselnd über verschiedene Szenen in deinem Leben sprechen und wie du alle Beteiligten gespielt hast und wie du die Geschichte zu einem bestimmten Zweck geschrieben hast. Welche Wirkung hat diese Szene auf dich gehabt? Wofür hast du das benutzt? Wie hat dir das gedient? Was hast du zu lernen versucht? Hast du es gelernt? Wie alt war derjenige, der dieses Skript geschrieben hat? Ein Kind, ein Uralter oder jemand im gleichen Alter, das du hattest, als diese Szene in dein Leben gekommen ist?

Denke daran, dass alle Beteiligten in jeder Szene Roboter sind, die nur tun, wozu sie angewiesen werden und nur die Skripten befolgen, die du für sie geschrieben hast. Diese Roboter stellen deine Selbstkonzepte dar, die du verurteilt hast. Wenn du niemand hast, um das Seelenspiel zu spielen, kannst du dir ein wenig Zeit nehmen, um über die Lektionen und Herausforderungen nachzudenken, die du für dich eingerichtet hast. Wenn eine bestimmte Szene schmerzvoll war, bedeutet das, dass du die Prüfung zur damaligen Zeit nicht bestanden hast. Wenn du die Herausforderung bestanden hast, hast du einen Aufschwung gespürt, der durch deine Entscheidung entstanden ist und erfüllt von Geschenken und der Gnade des Himmels für alle Beteiligten in der Szene war. Ansonsten hast du die Situation für einen bestimmten Egogewinn sowie versteckte Vorteile benutzt, insbesondere, um die Trennung zu verstärken und Egoidentität, Besonderheit und Unabhängigkeit zu erlangen.

19

Entmutigung oder Mangel an Anhaftung

Wir haben in unserem Leben die Wahl, entmutigt zu werden oder keine Anhaftungen zu hegen. Es ist die gleiche Entscheidung wie diejenige, entweder deinem Ego oder deinem Höheren Bewusstsein zuzuhören. Jedes Mal, wenn wir uns getrennt haben, haben wir ein neues Selbstkonzept erhalten, und dieses Selbstkonzept hat auf ein Ziel hingewiesen, das uns glücklich machen sollte. Stattdessen hat das Selbstkonzept jedoch wie eine Hülle um uns herum gewirkt, die verhinderte, dass wir etwas empfangen oder genießen konnten, sogar dann, wenn wir unser Ziel erreicht haben. Unser Selbstkonzept war eine Überzeugung, die ein Muster der Niederlage und Unfähigkeit zum Empfangen aufgebaut hat. Sie hat ein Muster weiterer Trennung eingerichtet, das ein gespaltenes Bewusstsein mit dem Bedürfnis unseres Ziels und dem Bedürfnis der Unabhängigkeit erzeugt hat, welches wir vor uns selbst verbergen.

Wenn wir unser Ziel erreichen und das Bedürfnis erfüllen würden, wären wir offensichtlich verbunden und glücklich. Unser Egobedürfnis nach Trennung und dissoziierter Unabhängigkeit verleiht uns jedoch ein gespaltenes Bewusstsein. Die Dissoziation soll die Schmerzen verhindern, die angefangen haben, als wir uns abtrennten. Außerdem soll sie den Schmerz der Enttäuschung und Desillusionierung darüber verdecken, dass wir unser Ziel nicht erreichen. Und doch hat die Dissoziation wie jeder Abwehrmechanismus ihre Grenzen. Letztendlich bricht sie einfach zusammen und setzt den Schmerz und die Enttäuschung auf einmal frei, was zu Entmutigung führt.

Paradoxerweise öffnen wir uns, wenn wir das Anhaften aufgeben, sodass das Bedürfnis erfüllt werden kann. Sobald wir unser Anhaften aufgeben, ist es keine große Sache, weil wir es nicht mehr als ein Bedürfnis fühlen, sondern einfach als etwas, was wir haben möchten. Es muss nicht passieren. Sobald wir nicht mehr anhaften (Anhaftung blockiert das Empfangen), sind wir frei und verlassen uns nicht mehr länger auf eine externe Quelle für unser Glücklichsein, sondern auf die Quelle im Innern. Das Ego hängt immer von Menschen oder Dingen außerhalb von uns ab, und Entmutigung ist die Folge davon. Stattdessen können wir uns auf die Quelle in uns verlassen, weil Gott in unserem Herzen wohnt. Außerdem haben wir das Buddha-Bewusstsein der Erleuchtung und das Christus-Bewusstsein, das zu Gott und Einssein führt. All dies ist in uns. Während wir das Anhaften loslassen, lassen wir die Trennung los. Anhaften verbirgt Trennung und ist eine Kompensation dafür. Nur Anhaften schmerzt oder erzeugt Eifersucht, jedoch nicht die Liebe.

Das Spiel des Lebens bewegt sich durch das Loslassen von Anhaften auf den Erfolg zu. Manchmal treiben sich Menschen zum Erfolg an. Das ist jedoch eine Kompensation, die zu Entmutigung und Depression führt, wenn sie zusammenbricht. Wenn dein Glücklichsein von etwas außerhalb von dir abhängt, wird es dich früher oder später im Stich lassen und du wirst dich traurig fühlen. Doch jedes Mal wenn du anderen das gibst, von dem *du* geglaubt hast, es zu brauchen, wird das, was du bereits in dir gefunden hast, dich auf natürliche Weise erfüllen, und ebenso andere Menschen, während du das mit den Menschen in einem Umfeld teilst. Dies wird euch beiden größeren Erfolg bescheren. Wir haben natürlich alle Anhaftungen, aber es wird uns befreien, uns immer wieder dafür zu entscheiden, unsere Anhaftungen loszulassen.

Früher oder später werden wir einen Groll als eine der Wurzeln aller Probleme finden, der aus unserer vereitelten Anhaftung entsteht. Wir können keinen Schmerz erleiden, wenn wir keine Anhaftungen haben. Jeder körperliche Schmerz kann auf emotionale Schmerzen zurückgeführt werden, die mit dem Verlust einer Anhaftung zusammenhängen, die zu einer Ausrede für Urteilen, Anschuldigen und Trennung wurde. Das hat unsere Schmerzen sowie unsere Bedürfnisse, unsere Dissoziation und unsere Unabhängigkeit dann vergrößert.

Im Spiel des Lebens erzeugen kontinuierliche Entscheidungen eine Einstellung. Nicht-Anhaften ist eine Einstellung des Erfolgs, der Fähigkeit, auf andere einzugehen, und des Entgegenkommens, während Dissoziation nicht auf uns und andere eingeht. Die Fähigkeit, auf andere einzugehen, verbindet uns mit uns selbst und anderen. Dissoziation macht uns habgierig und selbstsüchtig, weil wir nicht empfangen und genießen können. Es gibt keine Befriedigung durch Trennung, weil Trennung uns bedürftig macht. Weil wir nicht empfangen können, ist es nie genug.

Wenn wir eine Einstellung des Nicht-Anhaftens wählen und jeden Schmerz und jede Verstimmung als Ort ansehen, an dem wir aufgerufen sind, eine neue Lektion zu lernen – die Abhängigkeit von dem, was außerhalb von uns ist, aufzugeben – können wir lernen, uns auf das zu verlassen, was in uns ist. Wenn dies geschieht, stellen wir unsere Vollständigkeit und unsere Zuversicht wieder her.

Unser größtes Anhaften bezieht sich auf das Ego, das wir gemacht und für das wir gelitten haben, aber während wir jedes einzelne Selbstkonzept des Egos aufgeben, erkennen wir immer mehr unsere Identität, wie wir von Gott geschaffen worden sind. Es gibt weniger von unserem Ego und unserer selbstgemachten Identität und mehr vom Himmel in uns, das nach außen strahlen und andere befreien kann.

Wenn wir zu entmutigt werden, sterben wir. Diese Entmutigung loszulassen, gibt uns den Mut, vorwärts zu gehen und erfolgreich zu sein. Wenn du dir bewusst bist, dass du dich festgefahren und desillusioniert fühlst, zeigt dir das, dass es Zeit ist, loszulassen, dich selbst zu befreien und den Fluss in deinem Leben wieder herzustellen. Mit Anhaftungen weigerst du dich, vorwärtszugehen, bis ein bestimmtes Bedürfnis erfüllt worden ist. Dein Festhalten garantiert, dass es nicht erfüllt werden wird oder dass es niemals genügen wird, um dich zufrieden zu stellen. Wenn du loslässt, bist du frei, und das Loslassen verbindet dich wieder, um dir ein Stück deines Herzens zurückzugeben.

20

So sein, wie sie dich haben wollten

Wer solltest du der Meinung deiner Eltern nach sein? Was schienen sie von dir zu benötigen? Hast du dein Leben für die Familie geopfert, oder brauchten sie ein schwarzes Schaf, jemand, dem sie die Schuld geben konnten, um ihre eigene Schuld und ihre Unzulänglichkeit zu verbergen? Brauchten sie einen Helden, um ihre Schlachten für sie zu gewinnen und ihnen ein gutes Gefühl zu vermitteln? Brauchten sie einen Unterhalter, jemand, der sie zum Lachen brachte und reizend zu ihnen war? Musstest du aufgrund der Bedürfnisse der Familie verschwinden, unsichtbar sein und durftest keine eigenen Bedürfnisse haben?

Wir haben all diese Familienrollen gespielt, auch wenn du und die anderen Familienmitglieder gewisse Lieblingsrollen hatten. Durch das Spielen dieser Rollen hast du dich selbst betrogen. Durch das Spielen dieser Rollen hast du dich selbst aufgegeben und vorgegeben, jemand anders zu sein. Um dies zu erreichen, hast du große Verluste erlitten und wurdest zu einem Opfer. Wenn du auf die Zeiten in deinem Leben zurückblickst, in denen du zum Opfer wurdest, ist dir das vermutlich einige Male passiert.

Erinnere dich daran, als du dich selbst zum ersten Mal verraten hast. Wenn du es wüsstest, wie alt warst du damals? Und wer war dabei? Was ist passiert? Du hättest eine andere Entscheidung treffen können, als dich selbst zu verlieren. Du hättest dich für deine Bestimmung entscheiden können, dafür, derjenige zu sein, der du sein wolltest. Das ist ein wahrerer Aspekt deines Selbst, wie ein Archetyp: Held, König, Heiler oder Mystiker. Wenn du deine Bestimmung annimmst, machst du dir eine neue Ebene deiner Macht, deiner Geschenke und deiner Zentriertheit zu eigen. Du rückst einige Felder im Spiel des Lebens vor und das Leben wird einfacher. Es gibt mehr Fluss, Leichtigkeit und Glücklichsein. Du befindest dich mehr an der Nabe des Rades statt auf den Speichen oder der Felge.

Indem du deine Bestimmung annimmst, wirst du das, was deine Eltern und deine Familie von dir brauchen, und nicht das, was sie deiner Ansicht nach von dir wollten. Deine Eltern und deine Familie wurden zu deiner Ausrede, um zu erklären: „Ich kann in dieser Familie, dieser Kultur oder dieser Welt nicht ich selbst sein." Du hast dich selbst in dem Versuch aufgegeben, dich anzupassen. Du hast dich in Form einer unwahren Loyalität an diese Welt und deine Familie angepasst, statt einfach du selbst zu sein und sie mit deinem *Sein* und deinen Geschenken emporzuheben. Welche Energie solltest du in die Welt bringen? Paladin, Fee, Engel, Kaiserin, Hohepriester oder Hohepriesterin, Künstler, Musikerin, Schamanin oder Heiler?

Durch das Aufgeben deiner Bestimmung in diesem Umfang hast du ein Bedürfnis nach Aufmerksamkeit sowie schmerzhafte Emotionen und Besonderheit angenommen. Deine Bestimmung hätte den Schmerz geheilt und diese Bedürfnisse durch eine tiefere Beziehung zu dir selbst, anderen und dem Himmel erfüllt. Du würdest mehr Integrität, mehr Geschenke und größere Macht haben. Stell dir vor, du wärst wieder in der damaligen Zeit. Entscheide dich neu. Nimm deine Bestimmung an. Sie ist voller Selbstliebe. Sie ist voller Liebe des Himmels. Du bist mehr verfügbar, was für umfassendere Heilung sorgt.

Wenn du dich selbst auf dieser neuen Ebene der Bewusstheit und der Macht annimmst, kannst du das Kind, das du dort im Leiden zurückgelassen hast, retten und ihm seine wahre Bestimmung schenken. Von dort aus kannst du sie denjenigen schenken, die in dieser Szene mit dir gelitten haben. Du kannst erkennen, dass sie sich ebenfalls in sehr frühem Alter verraten und verlassen haben, um sich ihrer Familie und der Welt anzupassen.

Pass dich nicht an. Bleib dir selbst treu. Du bist gekommen, um die Welt zu retten. Du wirst diese Bestimmung und höchstwahrscheinlich noch ein paar höhere Bestimmungen benötigen, während du dich im Spiel des Lebens weiterentwickelst. Wenn du dir selbst nicht treu bist, wirst du es niemals aus dem Spiel des Lebens in den Himmel auf Erden schaffen. Der Himmel wartet darauf, dass du den Weg aus dieser illusorischen Welt anführst. *Ein Kurs in Wundern* stellt im Handbuch für Lehrer die Frage, wie viele Lehrer Gottes nötig sind, um die Welt zu erlösen. Anschließend gibt er die Antwort: „Einer."

Bist du dieser Eine? Wirst du deinen Brüdern und Schwestern den Weg nach Hause zeigen?

21

Deine Menschlichkeit aufgeben

Deine Menschlichkeit aufzugeben bedeutet nicht, unmenschlich zu werden. Um deine Menschlichkeit loszulassen, musst du zuerst vollkommen menschlich werden. Sobald das geschieht, fängst du an, sie loszulassen, entweder Stück für Stück oder auf einmal im Austausch gegen etwas Besseres. Sie wird immer noch in dir sein, so wie die Grundschule immer noch in dir ist, wenn du zur weiterführenden Schule gehst. Was besser als unsere Menschlichkeit ist, ist unsere Göttlichkeit. Zuerst beginnen wir, unsere Unmenschlichkeit und unsere negativen Selbstkonzepte zu entfernen, und nachdem das erreicht ist, lassen wir unsere *positiven* Selbstkonzepte ebenfalls los. Wir beginnen anschließend eine Selbstvernichtung und lassen das Ego und seine Trennung im Austausch für Heilung, Verbundenheit und immer größere Ganzheit los.

Das Leben enthebt uns auf natürliche Weise von verschiedenen Anhaftungen. Während dies geschieht, durchlaufen wir den Prozess des Loslassens, statt uns durch verschiedene Ersatzbefriedigungen abzustützen, die weitere Anhaftungen bedeuten würden. So lassen wir die Anhaftung *und* das Ego, das sich davon ernährt hat, sterben. Wir hören einfach auf, in die Anhaftungen zu investieren, und die Selbstkonzepte, die dadurch genährt worden sind, fangen an, wegzufallen. Diese aufgegebenen Selbstkonzepte trennen uns dann nicht mehr länger von einer wahreren Version unserer selbst, anderer, des Lebens, unseres Selbst und der Liebe.

Wir lernen, die Idole der Identität und der Selbstkonzepte zu entfernen. Diese sind unter allen Idolen diejenigen, an denen wir am meisten hängen. Wir haben unsere Identität geschaffen und wir sind stolz darauf, auch wenn wir so viel Schmerz und Ungerechtigkeit erleiden mussten, um sie zu verwirklichen.

Oder vielleicht hängen wir daran, *weil* wir so viel leiden mussten, um sie zu erschaffen. Wir geben unsere Menschlichkeit auf, und dennoch scheinen wir immer gerade genug davon zu behalten, damit andere leicht mit uns in Beziehung treten können.

Jetzt wird die Suche der Weg zum Himmel auf Erden und dann zum Himmel selbst, dem Gewahrsein des Einsseins. Wir können dies erreichen, indem wir das Licht in unserem Innern oder in einem anderen finden. Dieses Licht ist unser Geist, der uns für die Großen Strahlen öffnet. Während wir unsere eigene wahre Identität als ein Sohn Gottes in Besitz nehmen, werden wir eins mit Gott im Himmel.

Wir finden unseren Weg. Wir sind gekommen, um uns selbst so zu „entdecken" (zu offenbaren), wie wir geschaffen wurden. Dies bringt uns auf die Ebene des radikalen Weiblichen, in der wir unser Leben dem Himmel überlassen. Wir lassen uns vom Himmel den Weg zeigen. Wir folgen der Führung, was uns erlaubt, durch Gnade zu leben. Die Welt und ihre Interessen beginnen zu verblassen, während wir unsere spirituelle Bestimmung annehmen, die über unsere menschliche Bestimmung hinausgeht.

Wir verlieren unser Herz in Abhängigkeit und Herzensbruch. Wir gewinnen es in Partnerschaft zurück und dehnen es anschließend aus. Während diese Liebe wächst, verblasst die Identität, die wir erschaffen haben, und unser Bedürfnis nach Besonderheit. Als eine Folge davon wächst das Gewahrsein unseres Geistes. Je mehr sich dieses Gewahrsein entwickelt, umso mehr entfalten sich unser Frieden, unsere Ganzheit und unsere Freude. Während unsere Hilfsbereitschaft wächst, zeigt dies, dass wir zuerst unsere menschliche Bestimmung und anschließend unsere spirituelle Bestimmung angenommen haben. Wir werden glücklicher und sogar noch großzügiger. Unsere Liebe, unser Glücklichsein und unsere Großzügigkeit zeigen, dass wir in die richtige Richtung gegangen sind.

22

Verlust im Spiel

Verluste und Herzensbruch im Spiel des Lebens können deprimierend sein. Mit der richtigen Einstellung und Perspektive können wir die Verluste und den Herzensbruch jedoch loslassen und große Sprünge nach vorn machen. Denk daran, dass jeder Verlust, Herzensbruch und jede Niederlage auf eine Anhaftung hinweisen. Sie zeigen uns einen Ort, an dem wir unser Ego aufgebaut haben. Es ist ganz gleich, auf was wir unser Ego gebaut haben, du kannst sichergehen, dass es an etwas Falschem verankert ist. Anhaftungen vergrößern unser Ego. Der Schmerz unter den Anhaftungen wird schließlich an die Oberfläche steigen, wie zum Beispiel Elemente der Aufopferung, Fusion, Unabhängigkeit und Opfermuster, die in unserer Identität verborgen liegen. Jeder Ort, an dem wir eine Anhaftung haben, weist auf eine Beziehung hin, in der wir zu bekommen oder zu nehmen versuchen. Dies zeigt, wie das Ego versucht, sich selbst zu erhalten, seine Bedürfnisse erfüllt zu bekommen und Menschen oder Dinge als einen Weg zu benutzen, um den *gegenwärtigen Zustand* zu bewahren. Dies ist das Gegenteil des Gebens-Empfangens der Liebe und der wahren Bezogenheit. Es ist nicht ungewöhnlich, dass wir in jeder Beziehung mit einem Menschen oder einer Sache Elemente der Wahrheit und Elemente der Anhaftung finden werden. Die Elemente der Anhaftung gehören nicht zu wahrer Bezogenheit und Verbundenheit, sondern stellen eine Form des Nehmens dar, bei der wir von etwas abhängen, was sich außerhalb von uns befindet.

Die beste Lösung für den Verlust einer Anhaftung, eine Niederlage oder den Zusammenbruch eines Teils unserer Welt ist das Loslassen der Anhaftung. Liebe tut nicht weh. Nur Anhaften schmerzt. Wir sind aufgerufen loszulassen, um uns vorwärts und in wahre Beziehung mit anderen Menschen, uns selbst und dem Leben zu begeben. Ein Verlust soll eine Geburt sein. Ein großer Verlust kann zu einer Renaissance werden, wenn Loslassen erfolgt.

Auf den höchsten Ebenen des Spiels *wissen wir*, dass wir von der Liebe Gottes erhalten werden. Der Rest kann verloren gehen. Beim Prinzip des Loslassens ist es wichtig, sich daran zu erinnern, dass *wenn wir loslassen, etwas Besseres kommt, um diesen Platz einzunehmen.* Akzeptiere deine Verluste, dann entstehen keine Verletzungen und kein Herzensbruch. Wenn du die Situation nicht verurteilst und einfach beobachtest, was geschieht, dann kann der Himmel seine Gnade bringen, damit sich die Situation zu etwas Besserem entfaltet. Lasse los, und etwas Glücklicheres kommt auf einer höheren Ebene, um den Platz dessen einzunehmen, was verloren wurde, oder das, was verloren wurde, kann möglicherweise auf einer höheren Ebene zurückkehren.

Gehe zu dem Ort tief in dir selbst, wo du in Frieden und eins mit Gott bist. Lasse dich dort halten, nähren und lieben. Lasse dich von der Liebe Gottes umgeben. Du wirst dich weniger auf das verlassen, was außerhalb von dir ist, und dein Vertrauen zurück in die Quelle legen. Dies sollte dich schon immer erhalten: von der Liebe Gottes bei allen Dingen umgeben zu sein. Daraus erwächst deine wahre Macht. Wenn du sie hast, bist du bereit, jeden Verlust durch dein Loslassen zum Vorwärtsgehen im Spiel des Lebens zu nutzen. Je mehr du dich auf dein Selbst und deine Quelle verlässt, umso mehr Glücklichsein kommt aus deinem Inneren, und das kann nicht verloren gehen. Wenn du das, was dir geschehen ist, nicht als schlecht verurteilst, kannst du das gegenwärtige und vergangene Geschehen einfach beobachten und den Himmel durch Wunder und Fluss intervenieren lassen. Das ist es, was der Himmel tut, wenn wir uns nicht in den Weg stellen.

23

Eine wichtige Lektion

Dein Erfolg liegt in deinem Geben und Empfangen. Deine Großzügigkeit ist dein Glücklichsein. Geben und Empfangen sind das Gleiche. Wenn du das lernst, hast du den Schlüssel erhalten, um allen Dualismus und alle Polarität zu heilen und hast daher die Fähigkeit, alle Trennung zu überwinden. Je mehr du gibst, umso mehr wirst du empfangen. Wenn du nicht empfängst, weißt du, dass du nicht gibst und insbesondere dich selbst nicht gibst. Wenn du zu geben, jedoch nicht zu empfangen scheinst, ist das vermutlich eine Rolle oder eine andere Form der Aufopferung, die dich keinen Erfolg haben lässt.

Dein Geben hat die Fähigkeit, deine Bedürfnisse zu heilen, weil du dich, während du gibst, was eine Form der Liebe ist, gleichzeitig verbindest. Verbundenheit bringt Liebe und Erfolg mit Leichtigkeit. Wenn du bedürftig bist, versuchst du, zu bekommen oder zu nehmen, und sogar dann, wenn du bekommst, was du brauchst, wird es nie genügen. Jede ausgesprochene oder unausgesprochene Beschwerde, die du hast, rührt von deinen Bedürfnissen her. Du beschwerst dich, dass dein Partner oder wer auch immer deine Bedürfnisse nicht erfüllt, als wenn das seine Aufgabe wäre.

Jedes Problem ist eine Beschwerde, und ein großes Problem ist ein Wutanfall. Wenn wir eine Beschwerde haben, ist das eine Forderung. In dem Umfang, wie wir diese Forderung stellen, haben wir keinen Erfolg. Unsere Beschwerden bedeuten, dass wir das, was wir von anderen fordern, nicht geben, entweder anderen oder uns selbst nicht geben. Das stellt sicherlich einen Mangel an Integrität dar. Es hat einen Beigeschmack der Unehrlichkeit und ist auf jeden Fall erfolglos. Wenn wir eine Knappheit oder eine Dürre irgendeiner Art erleben, dann geben *wir* nicht.

Unsere Emotionen sind ebenfalls eine Beschwerde und weisen auf etwas hin, was wir nicht geben. Natürlich verbergen wir vor uns selbst, was wir nicht geben, während wir leiden, und beschweren uns mächtig, wenn es den Anschein hat, dass ein anderer Mensch uns etwas nicht gibt. Wenn wir Erfolg und eine liebevolle Beziehung haben und unseren Ausweg aus dem Spiel des Lebens gewinnen möchten, dann sind unser Geben und Empfangen eine entscheidende Lektion. Wenn wir einem anderen Menschen oder uns selbst geben, erfüllen wir uns – und die Welt überstürzt sich dabei natürlicherweise, uns ebenfalls zu geben.

24

Der Teufelskreis aus Müßiggang und Sichantreiben

Als wir Kinder waren, hat es eine Zeit gegeben, in der wir entschieden haben, dass wir faul waren. Dies ist vielleicht mit sechs, sieben oder acht Jahren passiert, und manchmal haben wir durch unsere Familiensituation sogar in noch jüngerem Alter entschieden, dass wir besser geschäftig würden. Wir haben dieses „faule" Selbst, das wir verurteilt haben, zurückgewiesen. Manchmal geschah dies angesichts eines Familientraumas oder eines Streits der Eltern. In diesem Augenblick haben wir versucht, das, was wir als diese Faulheit verurteilt haben, zu verdrängen und zu einem harten Arbeiter zu werden. Während dies an der Oberfläche vielleicht nicht sichtbar war, ist unser Verstand immer geschäftiger geworden. Vielleicht hat etwas zu Hause dazu geführt, dass wir zu einem harten Arbeiter geworden sind oder uns in der Schule abgequält haben, statt ein Schüler zu sein, der mit Leichtigkeit lernt und im Fluss und mit Raffinesse arbeitet.

Unser Verstand ist immer geschäftiger geworden. Wir haben uns unter Druck gesetzt. Wir haben angefangen, uns anzutreiben. Später haben wir gelernt, die Menschen um uns herum anzutreiben und es noch nicht einmal bemerkt, weil wir uns so selbst so unter Druck gesetzt haben. Wenn wir uns in Aufopferung befinden, nehmen wir es übel, wenn die Menschen um uns herum sich nicht in ebenso viel Aufopferung befinden. Was vielleicht zu einer Anstrengung geworden ist, um unserer Familie zu helfen, blieb als eine Anstrengung um Erfolg, oder um anderen und der Welt zu helfen. Wenn wir jedoch irgendjemandem helfen möchten, müssen wir unseren Verstand verlangsamen. Zuerst müssen wir Inspiration und dann Vision und Kreativität zulassen, auch wenn die Vision die Geschäftigkeit unseres Verstands vielleicht nur erhöht, während wir daran arbeiten, die Vision zu gebären.

In der nächsten Phase nach der Vision, der Meisterschaft, nehmen wir unsere Bestimmung an und haben sowohl die Gelegenheit als auch die Notwendigkeit, langsamer zu werden. Dies findet in dem gleichen Umfang statt, in dem wir uns selbst wertschätzen. Wenn wir so sehr in unserem Verstand beschäftigt sind, macht es wenig Unterschied, ob wir im Äußeren beschäftigt sind oder nicht, weil unser Verstand so beschäftigt und gestresst ist. So bleibt unser Verstand dann auch im Ruhestand so beschäftigt und wir suchen nach Dingen von Wert, die uns beschäftigt halten. Wir suchen immer um uns herum nach Arbeit, um die ursprüngliche Wertlosigkeit auszugleichen, die mit dem Urteil über uns selbst begonnen hat, weil wir nicht in der Lage waren, unserer Familie zu helfen. Wir haben die Situation und uns selbst verurteilt und einen Grad unseres *Seins* für Wertlosigkeit aufgegeben, und wir haben das mit dem *Tun von Dingen* kompensiert. Dies blockiert die Führung und als Folge davon ging eine Schicht des Friedens verloren. Dieses Beschäftigtsein, das aus Urteilen entstanden ist, hat tatsächlich die Gnade abgewehrt, welche die Situation verwandelt hätte. Wir sind jedoch hereingesprungen und haben versucht, es besser zu machen. Dabei haben wir unser Zentrum verloren, unsere Bestimmung verschleiert und die Stimme für Gott ausgeblendet, die uns an unsere Unschuld, Unbegrenztheit und Freiheit als Geist erinnert. Wir haben das Wissen verloren, dass uns Gott als Liebe in seinem Ebenbild erschaffen hat.

Jetzt stört unser Tun unser *Sein*. Und unser geschäftiger Verstand und unser Beschäftigtsein machen uns für einen bestimmten Grad an Verbundenheit und Intimität nicht verfügbar. Daher kann es sein, dass wir zwar viel erreichen, jedoch für unseren Partner und unsere Kinder nicht erreichbar sind. Dies führt später, wenn wir älter sind und uns im Ruhestand Zeit nehmen, über unser Leben nachzudenken, zu Schuldgefühlen.

Dieses Beschäftigtsein ist keine gute Arbeitsmoral. Es handelt sich um eine Kompensation auf der Grundlage alter Schuldgefühle, die uns auf einer festgelegten Ebene des Erfolgs und der Fülle gefangen hält, ganz gleich, wie hart wir arbeiten. Es ist die Kombination aus Schuld-Versagen-Unwürdigkeit, die uns auf einer bestimmten Ebene des Glücks festhält und verhindert, dass wir mehr empfangen. Jedes Mal, wenn wir Fortschritte zu machen scheinen, geschieht etwas, was uns anhält oder nach unten zieht. Dies aufzulösen bedeutet nicht nur, ein Problem zu heilen, sondern heilt ein ganzes Muster von Problemen. Es heilt eine

Verschwörung gegen uns selbst. Es bedeutet, nicht nur eine Gräte aus einem Fisch zu ziehen, sondern den ganzen Fisch zu filetieren. Es entfernt das Urteil, die Schuld und das Versagen aus der ursprünglichen Szene, bringt uns in unsere Mitte zurück und lässt den Himmel die Gnade und die Wunder bringen, die die Familie benötigt. Gleichzeitig können wir den Himmel bitten, die Gnade zu bringen, die uns zurück in unser Zentrum bringt, und den gesamten Kompensationskomplex aus Beschäftigtsein und Versagen zu entfernen. Es ist das Beschäftigtsein, das uns unwirksam macht und der Gnade nicht erlaubt, Erfolg in unser Leben zu bringen. Es ist ein Bereich, in dem wir Gott nicht vollkommen vertrauen. Dieses Vertrauen ist jedoch wichtig für die Meisterschaft. Es erlaubt uns, den Himmel so viel mehr in unseren Verstand und unser Leben einzulassen. Auf die gleiche Weise lassen wir auch Verbundenheit und Intimität viel mehr in unser Leben ein. Es bringt uns den ruhigen Verstand, in dem wir Frieden genießen und in den wir Gott einladen können. Dies stellt das zentrale Thema der Ebene der radikalen Abhängigkeit dar. Es ist unser Aufsteigen in höheres Bewusstsein und den Mystiker, bei dem wir immer häufiger einfach nur Zeit mit Gott verbringen möchten. Dies öffnet uns für wirkliche Effizienz und Effektivität und ist ein entscheidender Schritt auf dem Weg zurück in Einssein.

25

Rutschen und Leitern

Im Spiel des Lebens gibt es Rutschen und Leitern, genau wie im Leiter-Brettspiel, oder, wie es manchmal auf Sanskrit genannt wird, im „Leela". Wenn du auf einem Feld mit einer Leiter landest, darfst du aufsteigen, indem du eines der Prinzipien des Vorwärtskommens im Spiel des Lebens findest. Wenn du auf einer Rutsche landest, gleitest du auf ihr hinunter und landest auf einer niedrigeren Ebene, nachdem du einen recht großen Fehler im Spiel des Lebens gemacht hast. Unsere Herzensbrüche und unsere Traumata zeigen einen Ort, an dem wir auf einer Rutsche abgeglitten sind. Es ist nicht ungewöhnlich, eine Rutsche hinunterzufallen, noch ist es ungewöhnlich, dass wir anschließend schmollen oder auf andere Weise in der Hoffnung, die Prinzipien des Spiels des Lebens dadurch zu verändern, in einem Wutanfall verharren. Wir geben anderen die Schuld für unseren Absturz. Ein Teil von uns versteht, dass es unsere zugrundeliegenden Schuldgefühle waren, die dazu geführt haben. Dann fühlen wir uns schuldig, weil wir die Lektion nicht gelernt haben und weil wir unser Versprechen gebrochen und der Person nicht geholfen haben, *die der Täter zu sein schien.*

Was das Unterbewusstsein zeigt, ist, dass wir bei einem bestimmten Seelentest durchgefallen sind und als Folge Schmerz und dunkle Überzeugungen davongetragen haben. Statt bei dem Test durchzufallen, hätten wir die Lektion auch lernen können, den Test bestehen, uns zeigen und bereit sein können, unser Licht erstrahlen zu lassen. Wir hätten Seelengeschenke öffnen und das Geschenk der Gnade und der Wunder vom Himmel empfangen können. Stattdessen haben wir das Ereignis als eine Ausrede *benutzt,* nicht weiterzugehen. Wir haben uns dafür entschieden, zum Opfer zu werden, und als Ergebnis davon in Angriff, Angst, Selbstangriff und das Aufbauen unseres Egos investiert, statt einen Schritt in Richtung unserer Lebensaufgabe und unserer Bestimmung zu gehen. Und ab ging es nach unten auf der Rutsche! Die Geschichte, die wir erzählen, lautet natürlich ganz anders: Jemand hat uns etwas angetan, das wir nicht wollten, oder hat etwas nicht getan, das wir wollten, oder uns ist etwas aus dem Blauen heraus und gegen unseren Wunsch geschehen. Viele Rutschen sind Teufelskreise, in denen wir in einer Spirale immer weiter abwärtsgleiten, wie bei Schuldgefühlen und Selbstbestrafung. Jeder Bereich, in dem wir einen anderen Menschen direkt angegriffen haben, einschließlich durch Urteilen, ist eine Rutsche. Die Orte, an denen wir zum Opfer geworden sind, enthielten auf heimtückische Weise auch Angriffs- und Racheenergie, so dass wir auf der Rutsche hinabgeglitten sind. *An jedem* Ort, an dem wir uns selbst angegriffen haben, haben wir andere angegriffen, denn, wie *Ein Kurs in Wundern* erklärt: „Angriff ist nie vereinzelt."

Versagen, Krankheit und Unfälle enthalten verborgene Angriffe unsererseits, und so sind wir wiederum auf der Rutsche abwärtsgeglitten und müssen uns wieder heraufarbeiten.

Leitern sind Spiralen nach oben, wie Geben und Empfangen. Vergebung, Liebe, Teilen und Heilung bringen uns alle weiter nach oben. Diese als einen Lebensweg anzuwenden und diese Eigenschaften als eine Einstellung zu leben, bedeutet, dass wir kontinuierlich Fortschritte machen, indem wir den Abstand zum Ziel verringern. Zuerst durch das Verwirklichen unserer Lebensaufgabe und anschließend durch die Verwirklichung unserer Bestimmung und das Goldene Leben, das dies mit sich bringt, und schließlich durch das Weitergehen und Aufsteigen, um Erwachen, den Himmel auf Erden und schließlich den Himmel selbst zu erreichen.

Wir können auf unser Leben zurückblicken und erkennen, wo wir eine Rutsche herabgerutscht sind, und auch, wo wir auf einer Leiter aufgestiegen sind. Eine Leiter, die ich hinaufgeklettert bin, als ich vierundzwanzig Jahre alt war, veranschaulicht das. Es geschah, indem ich mich bei allem, was ich tat, zu 100 % einsetzte. So gelangte ich aus der abhängigen Ebene bis in die Visionsphase. Dies gelang mir in weniger als sechs Monaten, und ich entwickelte heilende und psychische Fähigkeiten und Vision. Nach einer Gehirnerschütterung und einem Nahtoderlebnis wurde ich nach oben in eine Meisterschaftsphase geworfen, trat jedoch sechs Tage später auf eine Rutsche. Ich hatte den Wert des Ortes, an dem ich mich befand, nicht erkannt, und versuchte, mein Gedächtnis und meinen kognitiven Verstand zurückzubekommen. Dies war einer der größten Fehler in meinem Leben. Daraus entstanden jedoch auch positive Dinge, wie meine Entscheidung, das Gelände des Bewusstseins durch psychologische und spirituelle Metaphern zu kartographieren. Ich hätte mir jede Menge Zeit sparen können, wenn ich damals mehr über die Phasen im Spiel des Lebens gewusst und den No-Mind-Zustand der Meisterschaft erkannt und ihm vertraut hätte.

26

Der Teufelskreis aus Angriff und Angst

Wenn wir auf irgendeine Weise angreifen, sehen wir, wie der Angriff zu uns zurückkehrt, und werden verängstigt. Erstens ist es wichtig zu erkennen, dass die Angst sowie der Angriff in unserem eigenen Bewusstsein angefangen haben. Wie *Ein Kurs in Wundern* erklärt: „Ideen verlassen ihre Quelle nicht, ...“[11] Daher war der Angriff als solcher immer noch in uns und hat uns auf diese Weise Angst gemacht. Wenn wir glauben, dass unser Angriff jemandem schaden wird, und natürlich ist das der Fall, sonst hätten wir ja gar nicht angegriffen, dann sehen wir außerdem, wie die andere Person uns angreift, und haben Angst, dass der Angriff uns schaden wird.

Selbstangriff ist auch ein Angriff auf andere um uns herum. Erinnere dich daran, dass *Ein Kurs in Wundern* (wie oben erwähnt) erklärt, dass „... Angriff nie vereinzelt ist ...“.[12] Wenn wir also uns selbst angreifen, greifen wir alle an und insbesondere die Menschen, die wir lieben. Zwischen Angriff und Angst entsteht ein Teufelskreis wie auch zwischen Selbstangriff-Angriff und Angst. Das gefällt dem Ego sehr, da dies drei der wichtigsten Bestandteile des Egos sind. Es kostet uns Energie, wie jede andere Form von Urteilen, Beschwerde, Gewalt, Begierde oder andere Formen des *Nehmens.*

Wenn wir Angst haben, schaffen wir mehr Abwehrmethoden und diese Abwehrmethoden verbergen den Angriff und laden ihn ein. Angst nährt Angriff, und Angriff nährt Angst, und dies erzeugt einen sich selbst aufrechterhaltenden Angriff, der uns in eine Abwärtsspirale wirft.

---

11 *Ein Kurs in Wundern, Textbuch,* T-26.VII.4:7

12 *Ein Kurs in Wundern, Textbuch,* T-7.VI.1:3

Liebe ist nicht grausam. Gott ist nicht grausam. Wir sind nicht grausam, aber unser Ego kann in seinem Angriff gegen andere und uns selbst grausam sein. Das Ego ist am boshaftesten, wenn wir kurz davor stehen, seinen grundlegendsten Vertrag mit uns aufzulösen: unseren Todesvertrag. Das Ego trennt uns und bringt uns zum Tod, während unser Höheres Bewusstsein uns auf eine vereinheitlichende Reise vom Leben zum LEBEN führen möchte.

27

Leben und Tod

Der Krieg von Leben und Tod ist einer der Großen Kriege. Er findet tief im Unbewussten statt, damit wir nicht erkennen, dass wir eine Wahl haben und dass nur eine Entscheidung wahr ist, während die andere Entscheidung eine Illusion ist. Gott ist Leben und alles, was er nicht geschaffen hat, ist eine Illusion. Gott als Prinzip des Lebens könnte nicht gegen seine eigene Natur gehandelt und eine gottunähnliche Sache wie die Schöpfung des Todes getan haben. Also ist Tod die große Illusion. Er ist der geheime Handel, den das Ego mit uns abschließt. Er ist das natürliche Ergebnis davon, in die Überzeugung zu investieren, dass wir ein Körper und nicht ewiger Geist sind, wie Gott uns geschaffen hat.

Die Angst vor dem Tod ist eine der Wurzeln aller Probleme. Angst schrumpft und lähmt uns auf der einen Seite und zieht uns auf der anderen Seite an. Wie groß würdest du deine Angst vor dem Tod als Prozentsatz einschätzen? Das entspricht auch deiner Angst vor dem Leben und deiner Angst davor, dein Licht erstrahlen zu lassen. Es ist auch deine Angst vor deinem Leben, die Aspekte deiner Lebensaufgabe und deiner Bestimmung erzeugt. Die große Falle im Leben besteht darin, sich zu verstecken und sich der Herde anzupassen, also kulturell konform zu werden in der Hoffnung, den Tod abzuwehren, damit er uns nicht vom Rest der Herde abtrennt und mit uns tut, was er will.

Wir haben unsere Identität aufgegeben, um uns anzupassen. Wir hatten das Gefühl, die Zustimmung aller zu brauchen, wenn wir dazugehören wollten. Eine wahre Führungskraft geht über das Bedürfnis nach Zustimmung hinaus, um das zu tun, was für die Gruppe am besten ist. Ein Visionär tut das Gleiche, weil er durch einen besseren Weg inspiriert worden ist. Ein Künstler ist Jung zufolge ein Mensch, der am Rand der Gesellschaft lebt. Er muss dies tun, um die heilenden Bilder zu schaffen, die die Gesellschaft braucht, um sich auszugleichen. Ein Visionär geht einen kleinen Schritt weiter und zeigt einen besseren Weg. Ein visionärer Anführer ist jemand, der die Vision empfängt und diese Vision irgendwie anderen kommunizieren muss.

Ein Visionär weiß instinktiv, dass die lateinische Wurzel des deutschen Worts „kommunizieren" „teilen" bedeutet. Eine Vision muss also empfangen und vom Zuhörer in sich aufgenommen werden, um wirklich mitgeteilt und kommuniziert werden zu können. Daher gibt ein Visionär seine Botschaft auf eine derart attraktive Weise, dass der Zuhörer seine Angst vor der Veränderung überwindet und über sein Anhaften zu dem kommt, was der Visionär gesammelt hat, um einen besseren Weg zu finden.

Das Ego baut als Prinzip der Trennung Urteil, Selbsthass und Selbstabscheu auf. Das Ego mag uns nicht wirklich. Es will uns für unsere Investition in sich benutzen, aber es *mag* uns nicht wirklich, wie die Menge an Selbstangriff beweist. Das Ego will, dass wir denken, dass wir das Ego sind, statt dass wir ewiger Geist, voller grenzenloser Liebe und unbegrenzter Macht sind.

Der Zweck des Spiels des Lebens besteht darin, über das Leben hinauszugehen, in das wir hineingeboren worden sind, und zu erkennen, dass ein größeres Spiel im Gange ist als das Spiel, das wir zu sehen glauben. Wir werden in eine bestimmte Familie in einem bestimmten Land in dieser menschlichen Welt geboren. Wir sind aufgerufen, Teil von allem diesem zu sein, weil es das Spiel des Lebens ist. Aber wir sind aufgerufen, das Spiel des Lebens zu gewinnen, indem wir darüber hinaus zum Leben selbst gehen. Dies bedeutet, dass wir den Glauben an den Tod und die Angst vor dem Tod auf natürliche Weise transzendieren, während wir im Leben fortschreiten.

Unsere Angst vor dem Tod entsteht aus der Überzeugung, dass wir ein Körper sind. Die Alternative besteht darin, uns selbst als Geist zu kennen, also so, wie Gott uns geschaffen hat. Während wir anfangen, uns vom Glaubenssystem des Todes zu lösen, was einen großen Teil des Egos ausmacht, werden wir machtvoller. Überzeugungen sind Selbstkonzepte und umgekehrt. Das Ego, das dies wahrnimmt, wird angegriffen, während wir beginnen, über den Glauben an den Tod hinauszugehen. Das Ego schickt uns an diesem Punkt seine bösartigsten Angriffe.

Über das kollektive Glaubenssystem der einvernehmlichen Realität hinauszugehen, ist ein Riesenschritt nach vorn. Während wir uns befreien, befreien wir andere. Wenn wir das Spiel des Lebens gewinnen, indem wir es transzendieren, werden wir zu einem Retter für die Welt. Wir schaffen einen Pfad, auf dem uns andere folgen können. Die Angst und den Glauben an den Tod aufzugeben, bedeutet, das Leben anzunehmen und zu wissen, dass es nur Leben gibt und keinen Tod. Es gibt nur Gott. Es gibt kein Ego, noch gibt es die Welt des Egos. Du kannst die Schwierigkeiten bei dieser Herausforderung sehen und verstehen, warum bisher so wenige über das Spiel des Lebens hinausgegangen sind. Das Ego gewinnt seit Äonen an Macht. Die Illusionen, die aus der Trennung entstehen, sind unzählig und verführerisch. Wir glauben, dass es sich im Leben nur um die Welt dreht, und wir versuchen, durch sie Erlösung zu erhalten. Der Versuch, *irgendetwas* außerhalb von uns zu bekommen, führt zu Schmerz, Herzensbruch, Desillusionierung und Rückzug. Der einzige Ausweg liegt in uns. Dort gewinnen wir das Spiel des Lebens. Wir hören auf, zu bekommen, und fangen an, zu geben und zu empfangen. Wir geben den Schmerz und die Beschwerden auf, die durch den Versuch entstanden sind, etwas von außerhalb unserer selbst zu bekommen, und üben stattdessen Vergebung, um uns selbst wiederzugewinnen und wiederherzustellen.

28

Trennung – die älteste Vorliebe

Wir waren im Einssein und haben von Trennung geträumt. Einssein kann nicht geteilt werden. Ebenso wenig ist Gott teilbar. Im Himmel kann es keine Trennung geben, aber wir können träumen, dass sie geschehen ist. Aus der ersten Illusion der Trennung, als das Ego begann, haben wir uns weiter getrennt und sind der Verlockung des Egos gefolgt. Die Trennung hatte jedoch ihren Preis. Wir haben unser Bewusstsein gespalten und Konflikt erzeugt. Wir sind aus dem Gewahrsein, das in Einssein existiert, in Bewusstsein gefallen und bei jeder Trennung tiefer im Bewusstsein abgestürzt. Wir haben uns weiterhin vom Licht abgewendet, während wir weiter gelitten und immer weniger wir selbst geworden sind. Wir sind dem Versprechen des Egos gefolgt, ein Gott in unserer eigenen Welt zu werden. Die Dunkelheit und der Schmerz sind gewachsen. Wir haben Körper angenommen, um unsere Trennung zu betonen. Das Ego hat uns überzeugt, dass wir unsere Körper *waren*, und der Tod ist in die Welt gekommen.

Wir haben weiter geschlafen, um den Traum der Trennung aufrechtzuerhalten. Dieser Schlaf, der der Tod war, wurde zur Wurzel einer großen Angst. Der Himmel, die Erfahrung vom Einssein, wurde vergessen. Gott wurde zu einer blassen Erinnerung, einer Idee, die wenige in unsere konfliktbehafteten, getrennten Zuständen erlebten.

Wir glauben jetzt, dass Trennung das ist, wie die Dinge sind, und vermuten nie, dass wir eins sind oder was das auch nur bedeutet. Wir haben unser Selbst und die Liebe aus den Augen verloren, die dort mit der Freude herrscht. Jetzt ist endlich eine Bewegung im *Zeitgeist* gekommen, in welcher der gegenwärtige Entfaltungsprozess umgekehrt und unser Absturz in die Dunkelheit angehalten werden kann.

Wir leben in einer Todeswelt, einer Welt, die kollektiv an den Tod glaubt. Wir können aufsteigen und uns bis zu dem Punkt vereinigen, an dem wir wieder zu einer himmlischen Welt werden, einer Welt, in der wir im Himmel auf Erden leben. Das ist der Siegerkreis im Spiel des Lebens. Der nächste Schritt ist der Himmel selbst. Während wir individuell im Bewusstsein wachsen, vereinheitlicht sich unser Verstand. Dies geschieht am besten durch Liebe, Verbinden und Vergebung. Das Urteil, das wir benutzt haben, um uns zu trennen, wird aufgehoben, und die Trennung aufgelöst. Unsere Geschenke nehmen sowohl in der Zahl als auch an Macht zu. Während wir unsere Probleme heilen und Angst aufgelöst wird, entwickeln wir uns erneut im Bewusstsein weiter.

Jedes Mal, wenn wir leiden, zeigt dies, dass wir uns getrennt haben. Es kann sich um eine alte oder sogar uralte Trennung handeln, die sich in einer modernen Verkleidung zeigt, aber es ist auch eine Lektion, die über das Heilen von Trennung gelernt werden muss. Wir vereinheitlichen unseren Verstand, während wir ein Problem in unserem Leben heilen. Was so aussieht, als würden wir zum Opfer und würden leiden, wird entweder zu einer Entscheidung zur Heilung oder zu einer Ausrede zur Trennung. Wir trennen uns in Dissoziation und Unabhängigkeit und erkennen nicht, wie wir als eine Folge davon leiden. Angriff und Selbstangriff nehmen uns mit auf eine Abwärtsspirale der Trennung. Gewalt oder Missbrauch beliebiger Art lassen uns nach unten gleiten, ganz gleich, ob wir der Empfänger oder der Täter des Missbrauchs sind. Das Gleiche gilt für Menschen, die sich selbst missbrauchen. Was immer wir ohne Liebe tun oder ohne den Gedanken der Gegenseitigkeit, trennt uns von anderen und spaltet unser Bewusstsein. Jedes Mal, wenn wir urteilen, tun wir dies, um unsere Schuldgefühle zu verstecken und unsere Überlegenheit zu zeigen und damit den Wettbewerb in unseren eigenen Augen zu gewinnen. Vergleichen, Nehmen und Gier entfernen uns von anderen und bauen unser Ego, das Prinzip der Trennung, auf. Vergleichen führt außerdem zu Hass und Selbsthass.

Unsere Emotionen zeigen uns, wo wir uns getrennt haben, da Schmerz das Ergebnis der Trennung ist. Alles, was uns in unserem eigenen Bewusstsein oder mit einem anderen Menschen verbindet, heilt unseren Schmerz. Unser lebenslanges Trauma spielt die Stürze unserer Seele. Das, was wir in diesem Leben erlitten haben, ist unser Seelenmuster der Stürze aus dem Einssein. Während wir heilen, korrigieren wir diese Stürze und gewinnen an Macht, Bewusstsein und Selbstliebe. Wir kehren die Talfahrt des Egos um. Wir beanspruchen erneut das, was wir verloren haben.

Es ist ungewöhnlich, aus dem Traum in einem Leben aufzuwachen, und ebenso ist es ungewöhnlich, durch das Spiel des Lebens in einem Leben zum Leben selbst zu gelangen. Normalerweise sind ganze Lebenszeiten erforderlich, in denen wir in die gleiche Richtung von Vergebung, Verbinden, Partnerschaft und Liebe gehen. Dies vereinigt uns, bis wir die Vereinigung erneut erfahren und das Selbst und den Himmel erleben. Unsere Liebe wird in LIEBE transformiert, und wir kennen erneut Gott und den Himmel. Den Weg zum Licht in uns selbst oder in einem anderen zu finden, bedeutet, das Spiel des Lebens zu transzendieren.

Lass uns also Schuldgefühle und Urteile aufgeben. Lasse uns Angriff und Angst aufgeben. Lasse uns wählen, Anhaftungen und alle Arten des Festhaltens aufzugeben. Lasse uns Wahrheit in die Beschwerden bringen und die Lüge unserer Beschwerden erkennen. Schließlich sehen wir andere nicht mehr als „anders", als unterschiedlich von uns an, sondern sehen „den anderen" als unseren Partner und Freund.

Als Nächstes fangen wir an, andere als unseren Spiegel zu erkennen. Dann erkennen wir sie als unsere Geliebten und schließlich als Teil unserer selbst und letztendlich als unser Selbst. Wir reisen den Weg zurück, den wir gekommen sind. Wir löschen unsere lange Reise in die Nacht aus. Wir kehren die Zeit um, während wir unseren Weg zurück in die uralte Zukunft finden. Wir schwächen den Griff des Egos auf uns und gewinnen unser Leben zurück. Wir schubsen niemanden mehr auf Geheiß des Egos „vor einen Bus", weder uns noch andere. Es ist immer weniger von uns und mehr von einem Ganzen mit allen und allem da. Wir folgen nicht mehr länger der Führung des Egos, sondern der des Himmels. Wir setzen nicht mehr länger unsere eigene persönliche Energie und unsere Strategien ein, sondern hängen von Gnade ab und werden radikal vom Himmel abhängig. Wir gewinnen unseren Weg zurück zu Staunen und zur Erfahrung der Freude, die aus der Liebe kommt. Wir geben Ungleichheit, Beherrschung und Unterwerfung für die Macht des Verbindens, der Partnerschaft und der Ebenbürtigkeit auf. Wir haben Wahrheit, Freiheit und Liebe gefunden. Wir genießen die Seligkeit darin, unsere Bestimmung wieder anzunehmen und ihr zu folgen, bis wir uns wieder als Geist kennen, als Teil von „Allem, Was Ist".

29

Emotionen und Trennung

Im Spiel des Lebens sind Emotionen wichtig. Sie sind großartige Hinweise dafür, wo wir den richtigen Weg verloren haben. Jedes Mal, wenn wir eine Emotion haben oder einfach nicht glücklich sind, weist dies auf einen Ort hin, an dem wir uns und andere angreifen oder alte Angriffe im Gange sind, während diese wenig angenehmen Gefühle in einer neuen Situation an die Oberfläche steigen. Wenn wir daher Emotion und Schmerz als eine Art Alarm benutzen, die uns signalisieren, wo wir Fehlschöpfungen begehen, dann können wir uns dafür entscheiden, den Fehler zu korrigieren, den wir gemacht haben. Wenn wir die Trennung heilen, die wir, wie es unsere Emotion zeigt, erschaffen haben, wird die Emotion ebenfalls geheilt, und es entsteht ein neuer Grad an Frieden und Verbundenheit. Es ist also unwesentlich, ob die Emotion aus einer alten oder uralten Wunde stammt. Der Schlüssel besteht darin, unsere Emotion jetzt nicht dafür zu benutzen, andere anzuklagen. Emotionen deuten anscheinend darauf hin, dass jemand anders schuldig ist, dass jemand mir ein Unrecht angetan hat. Dies ist die verborgene Dynamik jeder Opfersituation und Krankheit. Der wahre Zweck einer Emotion besteht darin, aufzuzeigen, was wir heilen müssen.

Jede Emotion als Anklage dessen, was uns ein anderer angetan hat, ist sowohl ein Angriff als auch ein Selbstangriff. Dies ist eine Fehlschöpfung der Egotrennung, die weitere Illusionen und Probleme schafft. Emotionen sind wichtig, weil sie uns zeigen, was in uns geheilt werden muss, damit wir im Spiel des Lebens vorwärtsschreiten können. Wenn wir nicht vorwärtsgehen, werden wir unsere Krankheiten, Emotionen und Opfersituationen für Unabhängigkeit benutzen. Das versetzt uns in einen Teufelskreis und eine Abwärtsspirale von Ausschweifung, Urteilen und Aufopferung. Jedes Mal, wenn das passiert, bleiben wir stecken. Auf der anderen Seite können wir Emotionen als Zeichen dafür einsetzen, was geheilt werden muss, und uns dazu verpflichten, dies zu tun. Wir heilen es, damit unsere Emotionen nicht unangemessen und selbstgerecht als Angriff gegen andere verwendet werden. Emotionen sind, wenn sie nicht zur Heilung freigesetzt werden, immer ein Zeichen dafür, dass wir feststecken und uns im Spiel des Lebens nicht vorwärtsbewegen. Wenn wir sie jedoch als Anzeichen dafür verwenden, was der Heilung bedarf, können wir emotionale Reife und Integrität erreichen. Während wir uns selbst heilen, lädt dies Verbundenheit, Erfolg und Intimität ein.

30

Der Teufelskreis der Angst vor Versagen und evolutionären Rückfällen

Was auch immer wir fürchten, erleben wir in einer imaginären Fantasie, als wenn es *gerade jetzt* statt später passieren würde. Wenn wir den Tod fürchten, erleben wir unseren Tod viele Male, bevor wir wirklich sterben. Es gibt ein altes Sprichwort, das besagt: „Ein Held stirbt nur einmal, ein Feigling viele Male." Unsere Angst vor dem Versagen zieht sogar noch mehr Versagen an, während wir diese Angst erleben. Wenn wir uns wie ein Versager fühlen, führt das dazu, dass wir so handeln, als wären wir ein Versager. Dies bringt unsere Evolution zum Stillstand, und dann gehen wir in Regression. Das verstärkt den Gedanken, dass wir ein Versager sind, was anschließend dazu führt, dass wir vermehrt so handeln, als wären wir ein Versager. Diese Kettenreaktion resultiert in einem weiteren evolutionären Rückfall und so geht es immer weiter abwärts. Dabei geht alles verloren, wofür wir gearbeitet haben. Im Spiel des Lebens entspricht dies einer der Rutschen, die uns auf eine immer tiefere Ebene des Bewusstseins abgleiten lassen, bis wir lernen, uns aus diesem Trudeln selbst herauszuziehen.

Eine Möglichkeit, den Teufelskreis zu beenden und aus dem Trudeln herauszukommen, besteht darin, deine Intuition einzusetzen. Gehe dorthin zurück, wo die Überzeugungen und die Angst begonnen haben, das Gefühl, dass du ein Versager wärst. Im tieferen Bewusstsein wird alles, was uns Angst macht, anziehend für uns. Es ist attraktiv für den Teil unseres Egoverstands, der tatsächlich Unabhängigkeit *will*. Dieser Teil will das Problem also verstärken. Unser höheres Bewusstsein möchte das Problem an die Oberfläche bringen, um es als die Illusion, die es ist, aufzulösen. Wenn wir in die Vergangenheit dorthin zurückgehen, wo das Muster begonnen hat, wo wir mit dem Glauben an Versagen in unser Ego investiert haben, können wir diese Überzeugungen und das Muster aufgeben und loslassen. Bitte um die Lektion des Himmels und lade die Liebe, die Göttliche Liebe und die Göttliche Gegenwart ein.

Versagen und Rache gehen einher, genau wie Rache und Herzensbruch zusammen auftreten und Versagen und Schuldgefühle miteinander verknüpft sind. Wir könnten unsere Intuition einsetzen und dorthin zurückgehen, wo der Herzensbruch und die Schuldgefühle angefangen haben und gleichermaßen beide heilen und allen Beteiligten vergeben und sie segnen, einschließlich uns selbst, bis Frieden, Zuversicht und Erfolg herrschen.

31

Alles liegt im Innern

Wir werden in eine Welt geboren und haben keinen Zweifel daran, dass die Dinge so sind, wie sie zu sein scheinen. Wir bemühen uns, unseren Weg zu finden, erfolgreich zu sein und Liebe zu finden. Wir folgen dem Strom der meisten Menschen, bis wir erkennen, dass es vielleicht eine Alternative zu der Welt geben könnte, die wir sehen, die Welt, die wir für real halten, die Welt, die wir kennen. Wir erfahren vielleicht aus einem Buch, von einer Person oder durch eine Lehre von dieser Alternative. Wir werden uns bewusst, dass es eine Möglichkeit gibt, mehr zu haben, dass es einen anderen Weg jenseits der Dinge dieser Welt gibt, jenseits der Dinge, die im Tod enden. Wie auch immer wir auf den neuen Weg stoßen, er findet Anklang in uns. Wir stellen fest, dass es einen Weg geben könnte, um diese Welt zu transzendieren, einen Weg zum ewigen Licht, einen Weg, den Himmel nicht als einen Mythos, sondern als Realität zu erfahren. Wir erfahren, dass es einen anderen Weg gibt, die Welt zu sehen, der nicht der Weg der Welt ist, der nicht immer außerhalb von uns liegt.

Dennoch ist die Außenwelt eine Welt, die durchquert werden muss, während wir unseren Weg nach Hause finden. Wir lernen, die Außenwelt leicht zu durchreisen und machen sie immer gutartiger, während wir das Ego auslöschen, das wir erschaffen haben, um in der Welt zu leben. Es ist ein Ego voller Angriff und Selbstangriff. Daher wird die Welt immer gutartiger, während wir lernen, anstelle von Urteilen zu vergeben und zu segnen. Während wir erkennen, dass die Welt nichts birgt, was wir wirklich möchten, lernen wir, wie Jesus vorgeschlagen hat, „in der Welt, aber nicht von der Welt" zu sein. Wir wenden uns immer mehr nach innen und bringen die Liebe und das Licht, die wir dort finden, nach außen in die Welt.

Wir lernen, in Gott zu ruhen, und erinnern uns daran, dass Er immer mit uns geht, zusammen mit einem ganzen Kader älterer Brüder und Schwestern, die es ins Einssein geschafft haben und die zu den Rettern der Welt gehören. Wir lernen, es ihnen nachzutun, und zu ihnen zu beten, um sie auf der Reise nach Hause um Hilfe zu bitten. Wir lernen, dass die scheinbaren Aspekte der Welt, die wirklich erscheinen, wie der Tod, die kollektiven Überzeugungen und Fallen der Welt darstellen. Wir lernen, dass die Welt selbst eine kollektive Projektion unseres Bewusstseins und des Bewusstseins der Menschheit aus Vergangenheit und Gegenwart ist. Wir lernen, dass das Leben, das wir haben, aus unseren projizierten Überzeugungen besteht – unsere projizierten Selbstkonzepte werden als Film verwendet, und die Welt ist eine Leinwand. Wir lernen, das, was wir auf der Leinwand sehen, zu verändern, indem wir unser Bewusstsein ändern. Wir lernen, Überzeugungen, Festhalten, Ausschweifungen, Beschwerden, Rollen, Schuldgefühle, Traumata, Angst und die anderen Emotionen loszulassen, die dafür sorgen, dass Trennung bestehen bleibt.

Während wir lernen, dass Geben und Empfangen eins sind, fängt die Polarität an, wegzufallen. Alle anderen Dualitäten sind gleichermaßen falsch. So beginnt sich die Welt, in Partnerschaft, Freundschaft, Teamarbeit und Einheit auf dem Weg zur Vereinigung und zum Himmel zusammenzufinden. Der einzige Ausweg aus dieser Welt liegt in uns selbst. Nichts anderes stellt uns mehr zufrieden, nachdem wir erkannt haben, dass alles ein Traum ist, den wir selbst geschaffen haben. Dann verpflichten wir uns engagiert, das Spiel des Lebens wirklich zu gewinnen, indem wir den Weg zur Ewigen Liebe finden.

Wir durchlaufen typischerweise viele Phasen, bis wir unsere Meinung über die äußeren und inneren Welten ändern. Es kann Strecken geben, auf denen wir uns wie religiöse Gläubige, Agnostiker oder Atheisten, Skeptiker, Sucher oder Finder verhalten, wenn wir endlich anfangen, die Wahrheit zu erfahren, die daraus entsteht, den Weg nach Hause in uns selbst zu finden, während wir immer noch in der äußeren Welt leben.

32

Die meisten Menschen

> „Die meisten Menschen sind andere Menschen. Ihre Gedanken sind die Meinungen anderer, ihre Leben Nachahmungen, ihre Leidenschaften nur Zitate."
>
> Oscar Wilde, *De Profundis,* 1905.

Es ist so einfach, sich zu verstecken. Die meisten Menschen zeigen sich in ihrem eigenen Leben nie, sondern bleiben kulturell konform und an der Herde angebunden, von der ihre Sicherheit abhängt. Zu viele verstecken sich vor ihrer Lebensaufgabe, wenn die Welt sie braucht. Zu viele vermeiden die Raffinesse sowohl ihrer menschlichen als auch ihrer spirituellen Bestimmung und haben Angst, dass sie mit dem, was von ihnen verlangt wird, nicht umgehen können. Sogar die alten Griechen sprachen von *hoi polloi,* den Menschen, die sich wie Schafe verhielten und zu ihrem Schutz versuchten, beieinander zu bleiben, jedoch in jedem Augenblick von einem Raubtier von der Herde getrennt und zum Opfer gemacht werden konnten. Sie leben die Überzeugung des alten japanischen Sprichworts, das besagt: „Der Nagel, der heraussteht, wird eingeschlagen." Diese Menschen wollen alles so machen, wie es ihre Familie getan hat. Sie wollen den Vorgaben ihrer Rasse folgen hinsichtlich von Kultur, Nachbarschaft, Religion, Regierung und Land. Sie haben nicht gelernt, selbstständig zu denken oder zu erkennen, wo Lügen und Verschleierungen herrschen. Sie gehen auf Nummer sicher. Sie werden zu Otto Normalverbraucher. Sie versuchen, den herrschenden Mächten zu gefallen.

Wir vermeiden schwere Entscheidungen und wir geben unsere Macht zur Wahl auf. Wir leben ein moralisches Leben, statt der Wahrheit unseres Herz-Verstands zu folgen. Wir wollen keine Aufmerksamkeit erregen und nicht für

Unruhe sorgen, sondern leben eine ruhige kleine Existenz mit unserem ruhigen kleinen Partner und unseren ruhigen kleinen Kindern. Wir haben Angst, den Weg nach vorn zu finden und ein Pionier zu sein, wir haben Angst, Grenzen zu überschreiten. Wir sind von Angst gefangen und bereit, beinahe alles zu tun, um Zustimmung zu erhalten und dazuzugehören. Wir geben unsere Selbstwerdung und Einzigartigkeit für Gleichheit und Normalität auf, und tun beinahe alles, um Teil der Herde zu bleiben. Wir arbeiten hart. Wir versuchen, gut zu sein, erkennen jedoch nicht, dass diese Rollen wie jede Rolle uns nicht erlauben zu empfangen und dass sie früher oder später zu Leblosigkeit führen.

Wenn wir nicht wir selbst sind, wie können wir dann glücklich sein? Es ist einfach, das aufzugeben, wozu wir uns berufen fühlen. Unsere Träume und unsere Berufung werden durch Leblosigkeit ersetzt, während wir uns davon entfernen. Wir lernen auf diese Weise nie unseren Einfallsreichtum und unsere wahre Unabhängigkeit kennen. Wir bleiben abhängig und suchen außerhalb von uns nach unserem Glücklichsein. Wir erkennen jedoch nicht, dass unser Glücklichsein aus unserem Inneren kommt. Wir erkennen nicht, dass wir das Skript unseres Lebens schreiben. Wir nehmen Lasten auf uns, haben jedoch in Wirklichkeit Angst davor, auf andere einzugehen und Verantwortung zu übernehmen. Wir werden zu einem Kamel, einem Lasttier, bis wir nicht mehr weitergehen können. Wir feilschen und handeln, um unsere Bedürfnisse erfüllt zu bekommen, oder kompensieren Schuldgefühle dadurch, härter zu arbeiten und uns aufzuopfern, und setzen unsere Schuld ein, um unsere Angst davor zu verbergen, vorwärtszugehen.

Abhängigkeit ist eine Anfangsebene, auf der wir aufgerufen sind, zu lernen und uns vollständig zu geben, wenn wir Erfolg haben möchten. Erst, wenn wir vollständig und ohne Manipulation für unsere Bedürfnisse geben, oder geben, ohne zu versuchen, etwas zu nehmen, empfangen wir und haben Erfolg. Je abhängiger wir sind, umso mehr bricht uns das Herz. Wir dissoziieren den Schmerz und werfen uns in unwahre Unabhängigkeit. Wir verfehlen das geschätzte Ziel authentischer Unabhängigkeit und ihre wahre Stärke, ihre Flexibilität und ihren Einfallsreichtum. Ohne die Heilung dieses Grads an Abhängigkeit können wir leicht als Opfer oder kultureller Konformist steckenbleiben. Entweder das oder wir bewegen uns in eine Ebene der unwahren, dissoziierten Unabhängigkeit.

33

Jede Minute genießen

Eine der Methoden, um im Spiel des Lebens auf einfache Weise vorzurücken, besteht darin, jede Minute zu genießen. Wenn du arbeitest, dann genieße jede einzelne Minute deiner Arbeit. Wenn du dich selbst bei allem, was du tust, zu 100 % gibst, wirst du es ganz natürlich genießen. Wenn du damit aufhörst, wirst du in die drei großen Egorollen von Unabhängigkeit, Opfer und Aufopferung fallen, und das Leben wird dir überhaupt keinen Spaß machen. Unabhängigkeit ist das Beste, was du in diesen drei Rollen erreichen kannst. Dann hast du typischerweise ein gutes Leben, aber da du dissoziiert bist, kannst du es nicht wirklich genießen. Wenn du nicht empfangen kannst, beginnst du zu schwelgen und auszuschweifen.

Mit Unabhängigkeit haben wir ein gespaltenes Bewusstsein und befinden uns so in Konflikten. Ein Teil von uns möchte das Ziel, Erfolg, Intimität und Wohlstand erreichen, aber ein anderer Teil von uns will Unabhängigkeit. Einige Menschen genießen das Leben zu ihren Bedingungen in vollen Zügen, aber wo sie ausschweifen und Rollen spielen, gibt es auch Dissoziation, und Dissoziation bedeutet, ohne den größten Teil unseres Herzens zu leben. Die Kontrolle zu behalten und gleichzeitig unser Herz zu haben ist unmöglich. Ohne unser Herz gibt es kein Empfangen und Genießen. Es gibt kein Verwirklichen unserer Lebensaufgabe, also auch keine wahre Größe. Genießen ist ein Maß dafür, wie gut es uns geht. Wenn wir freie Zeit haben, ist es wichtig, dass wir sie genießen.

Es ist wichtig, dass wir die Menschen um uns herum genießen. Wenn wir sie nicht verurteilen, sondern erkennen, dass ihre Probleme einen Hilferuf darstellen, dann können wir alle Menschen so genießen, wie sie sind. Je mehr wir uns selbst anderen geben, umso mehr sehen wir in ihr Inneres und umso mehr werden wir sie so verstehen und erkennen, wie sie sind. Wir können die

Schönheit jedes Menschen sehen und genießen. Oder wie das Pferdchen dem Samtkaninchen in *Das Samtkaninchen oder Das Wunder der Verwandlung* erzählt: Du kannst gar nicht mehr hässlich sein, höchstens für Leute, die keine Ahnung haben.[13]

Genießen geschieht nur in einem Zustand ohne Urteil. Genießen geschieht nur in einem Zustand des Friedens. Wenn wir friedvoll sind, können wir alles genießen. Wenn wir nicht friedvoll sind, ist es sogar schwierig, das Beste, was das Leben sein kann, zu genießen, und die besten Geschenke sind schwer zu fühlen. Das Ego benutzt den Teufelskreis aus Ausschweifung und Aufopferung, um viele Menschen einzusperren. Es benutzt den noch größeren Köder der Unabhängigkeit, als wenn das die Antwort und nicht einfach eine Egorolle wäre, die Freiheit nachahmt. Wenn wir nicht erkennen, dass Segnen das Gegenteil von Urteilen ist, dann schlägt das Ego vor, dass Projektion, Urteil und Anschuldigung der beste Weg sind, um Schuldgefühle loszuwerden. Diese sorgen jedoch dafür, dass wir uns weiterhin unwürdig fühlen und lösen die Schuld nicht auf, sondern verbergen sie, indem wir andere in Frage stellen. Alle diese Egoabwehrmethoden blockieren Vergnügen und Genießen – und keine davon ist wahr.

Ein Opfer zu sein, was vom Unterbewusstsein einfach als ein anderer Weg aufgezeigt wird, um Bedürfnisse erfüllt zu bekommen, Rache zu nehmen und unabhängig zu werden, bedeutet, dass wir Traumata und Herzensbruch als Ausreden sammeln. In dem Ausmaß, in dem wir das Leben als Opfer leben, leben wir auch ein Leben voller Hass, Rachsucht und Selbsthass. Wie können wir glücklich sein, wenn wir so leben? Stattdessen können wir ein Leben der Liebe, der Vergebung und des Segens leben. Wenn wir alles geben und alles empfangen können, steigen wir im Spiel des Lebens schnell auf. Deshalb werden wir immer unschuldiger, immer liebevoller und immer glücklicher.

---

13 *Das Samtkaninchen oder Das Wunder der Verwandlung*, Margery Williams und Donna Green, Lentz-Verlag 1997.

34

Diese Reise

Wenn wir bewusst werden, finden wir uns bereits auf dieser Reise wieder. Typischerweise finden wir uns mit Eltern und einer Familie wieder, und wir übernehmen viele der Ziele, die sie für uns bereithalten: hinsichtlich der Schule und unserer Ausbildung, was unsere Eltern interessiert und womit sie mit uns Zeit verbringen. Dann entwickeln wir Interesse daran, welche Talente und Geschenke in der Familie weitergegeben worden sind, und entwickeln diese weiter. Dann werden wir von Freunden und Lehrern und den Interessen, die wir annehmen und denen wir folgen, beeinflusst. Während wir weitergehen, müssen wir herausfinden, wer wir wirklich sind und was wir wirklich wollen. Sonst werden wir in den Todesanzeigen unter dem Namen von jemand anders enden.

Um wirklich im Spiel des Lebens Fortschritte zu machen, brauchen wir Liebe, Liebenswürdigkeit und Selbstliebe. Je mehr wir unsere Verbundenheit intakt halten, umso weniger Verletzungen und Zum-Opfer-Werden geschehen. Diese Verbundenheit sorgt für Erfolg in Beziehungen und bei der Arbeit. Das Ausmaß, in dem wir als Kinder Wunden angenommen haben, hat Muster verursacht, die jetzt unsere Intelligenz zurückhalten, uns emotional bremsen und uns spirituell blockieren. Es ist hilfreich zu wissen, dass sich die meisten Kinder in *Religion* anstelle von Spiritualität verfangen. Spiritualität jedoch kann wachsen. Wir müssen nur wirklich unser wahres Selbst geben, statt einfach in der Kultur der Religion gefangen zu werden.

Zum-Opfer-Werden schafft Muster der Niederlage und der Aufopferung. Aufopferung entsteht aus Urteilen und Rückzug und ist unwirksam und Energieverschwendung. Sie ist unnötig und führt nicht zu dem Ergebnis des Erfolgs oder der Intimität, das wir uns erhofft haben. Mit Aufopferung nehmen wir eine Einstellung an, Dinge auf die schwierige Weise zu erledigen, ohne dafür viel

Belohnung zu erhalten, und das, was wir empfangen, müssen wir nutzen, um den Stress abzubauen. Aufopferung verlangt immer mehr und immer härtere Arbeit als notwendig ist.

Wenn Viktimisierung geschieht, erzeugen diese Muster und Rollen der Viktimisierung Aufopferung und dissoziierten Unabhängigkeit, die uns belasten. Und wenn wir viele dieser Rollen ansammeln, machen sie es besonders schwierig für uns, Partnerschaft zu erreichen. Abgesehen von diesen wichtigen Rollenmustern schafft Aufopferung ein weiteres Muster mit ernsthaften Folgen: das unterbewusste Muster der ödipalen Verschwörung.

Während wir uns entwickeln, vereint sich unser Verstand. Es gibt weniger Trennung. Wo Trennung herrscht, finden sich auch Dunkelheit, Illusion und Beschwerden, und wir sehen viel klarer, sobald diese reduziert worden sind. Unser Wunsch nach und unsere Vorliebe für Trennung warten dennoch immer noch still auf der tiefsten Ebene, da sie dort seit dem Anfang der Zeit ausgeharrt haben. In *Ein Kurs in Wundern* heißt es: „Wir hatten einen Wunsch, dass Gott den Sohn nicht haben sollte, den Er für Sich erschaffen hat. Wir wollten, dass Gott Sich ändere und das sei, was wir aus Ihm machen möchten."[14] Der Sohn, den Gott wollte, würde Sein Einssein teilen.

Ein Kurs in Wundern bezieht sich auf uns alle als der Sohn Gottes, und dennoch wollten wir uns von Ihm trennen. Wir haben versucht, Gott zu ändern, damit er sich unserem Bild und unseren Überzeugung anpasse. Das ist unser Autoritätskonflikt mit Gott. Wir haben unsere Illusionen über Ihn für wahr gehalten.

All unser Schmerz ist der Wunsch und der Versuch, die Situation und Umstände anderer Menschen zu kontrollieren und zu ändern, damit es nach uns geht. Wir leiden, wenn sich unser Wunsch nicht erfüllt, auch wenn wir einfach unsere Meinung und uns selbst hätten ändern können, und wir dadurch die Seelenlektion gelernt hätten, die wir für unser Weiterkommen brauchten. Wir hätten die Situation verbessern können, statt sie dazu zu benutzen, uns zu verstecken. Auf einer Ebene sind unsere Schmerzen und unser Leiden eine Beschwerde, und wenn sie groß genug ist, ist es ein Wutanfall darüber, dass es nicht nach uns geht.

Durch die Trennung zerstören wir die Verbundenheit mit dem Himmel. Wir haben einen anderen Menschen, der unsere Hilfe brauchte, als Sündenbock be-

---

14 *Ein Kurs in Wundern*, Übungsbuch, Teil II, Einleitung, 9:1, 2

nutzt, als wenn er der „Bösewicht“ und derjenige wäre, der für unseren Schmerz verantwortlich ist. Wir könnten dieser Person geholfen haben, entscheiden uns jedoch stattdessen, ein Opfer seiner Hände zu werden. Wir hätten den Tag retten können, sind jedoch stattdessen in Richtung Unabhängigkeit marschiert und haben damit eine Identität für uns geschaffen. Wir erzählen uns selbst Lügen darüber, was passiert ist und wer die Schuld daran trägt. Wir reden uns ein, dass wir hilflos waren. Das Unterbewusstsein zeigt jedoch, dass das nicht stimmt. Jedes Mal, wenn wir gelitten haben, waren *wir* diejenigen, die das getan haben, was wir anderen vorwerfen.

Unsere Wahrnehmung ist rückwärts gerichtet und auf den Kopf gestellt. Das ist die erste Überlagerung von Fallen in der Kindheit. Sie ist mit der Familienverschwörung verknüpft, der größten Falle, die das Ego hat, um eine Ausrede zu haben, sich nicht zu zeigen und nicht zu helfen. Eine Verschwörung ist eine Fehlschöpfung des Egos, das etwas einrichtet, was wie eine Falle ohne Ausweg aussieht.

Dies ist der Wunsch unseres Egos, sich selbst aufzubauen. Dies zeigt sich für uns persönlich so, dass wir unsere eigene Identität schaffen und uns vor unserer Lebensaufgabe verstecken. Statt die Geschenke zu enthüllen, die unsere Familie gerettet hätten, haben wir unsere Familie als unsere beste Ausrede benutzt, um uns zu verstecken. Wir haben andere und uns selbst angeklagt Wir haben die Rollen des Opfers, der Aufopferung und der Unabhängigkeit angenommen, als ob sie uns retten würden. Unter dieser Schicht aus Herzensbruch und Rebellion befindet sich eine weitere Schicht, eine weitere große Verschwörung, die uns aufhalten soll. Sie ist sowohl unterbewusst als auch unbewusst. Seine Schuld reicht den ganzen Weg zurück ins Unbewusste mit Ahnen- und Seelenmustern. Es ist die ödipale Verschwörung. Sie ist eng mit der Familienverschwörung verbunden, und gemeinsam stellen sie den doppelten Schlag dar, den das Ego benutzt, um die meisten Menschen aufzuhalten. Daher werden wir mit ihren Schuldgefühlen und den scheinbaren Katastrophen von Versagen und Konkurrenz konfrontiert. Es ist die zweitgrößte Quelle des Herzensbruchs und damit auch der Rache. Herzensbruch in Beziehungen entsteht aus Herzensbruch in der Familie. Sie führen zu Familien- und Beziehungsverschwörungen, damit wir vom Ego gefangen bleiben und den Himmel vermeiden.

Nachdem wir Herzensbruch in der Kindheit als Ausrede dazu benutzt haben, um unabhängig zu werden, ist die zweitwichtigste Ursache für Herzensbruch in der Kindheit die ödipale Verschwörung. Auf einer Ebene entsteht sie aus der

Konkurrenz und dem Mangel an Verbundenheit, der von Generation zu Generation weitergegeben worden ist. Ohne Verbundenheit konkurrieren unsere Eltern miteinander, und wir konkurrieren mit unserem gleichgeschlechtlichen Elternteil, um zu zeigen, dass es kein guter Partner war. Das gleichgeschlechtliche Elternteil ist schlecht und *wir* sind der liebenswerteste Partner für unser gegengeschlechtliches Elternteil. Oder wir erzeugen Herzensbruch mit dem Elternteil, auf das sich die ödipale Anziehung bezieht, um Abstand zu schaffen. Wir empfinden die Notwendigkeit für diesen Abstand, weil wir fürchten, dass es, wenn wir näher kommen würden, zu Sex oder überwältigenden Schuldgefühlen darüber kommen würde, dass wir dieses Elternteil „gestohlen" haben.

Das ödipale Muster stammt aus der verlorenen Verbundenheit und der daraus resultierenden Konkurrenz, die beide dem Ego dienen. Es wird von unseren Ahnen weitergegeben. Im ödipalen Muster ist die sexuelle Energie nicht *in* der Liebe enthalten, sondern Sex und Liebe werden getrennt und gespalten. Daraus entstehen Umstände, in denen wir uns zu Familienmitgliedern sexuell hingezogen fühlen. Durch den Mangel an Verbundenheit gehen sexuelle Unschuld und Intimität verloren.

Die ödipale Verschwörung führt zu Angst und der Verdrängung sexueller Gefühle, Schuldgefühlen, Fusion, Befangenheit und Scham. Sie kann sogar zur Übertreibung von Sex und Besessenheit mit Sex führen. Das ödipale Muster läuft durch unser Unterbewusstsein. Muster aus der ödipalen Verschwörung verursachen sexuelle Leblosigkeit aufgrund des Rückzugs und der Verdrängung. Sie wird auch durch Affären oder Dreiecksbeziehungen ausgelebt oder durch keine Beziehungen oder durch das vollständige Aufgeben von Sex oder Intimität. Dies sind die Gebirgszüge der Trennung, die das Ego einsetzt, um uns abzulenken, hinauszuzögern und aufzuhalten. Wir sind gekommen, um die Fallen und Hindernisse zu entfernen.

Keiner erklärt uns, dass es im Spiel des Lebens wirklich nur darum geht, wie viel Liebe wir geben und empfangen. Es braucht Heilung, um mehr Liebe zu geben und zu empfangen. Es braucht Heilung, um im Spiel des Lebens vorzurücken. Wir müssen unsere Fehler, Illusionen und Trennungen überwinden. Wir müssen uns erneut dort verbinden, wo wir uns getrennt haben. Sonst haben wir alle möglichen kontraproduktiven Muster und Hindernisse für unseren Erfolg eingerichtet.

Unsere Beschwerden weisen auf nicht gelernte Lektionen hin. Sie werden zu den Wurzeln selbstschädigender Muster des Mangels. Beschwerden zeigen, wo das Ego sich aufgebaut und eingegraben hat. Beschwerden demonstrieren, wo wir unwillig geworden sind und uns widersetzt haben. Wenn wir das Unterbewusstsein zu Rate ziehen, zeigt es uns, dass Beschwerden aus schmerzlichen Erlebnissen stammen, die wir im Geheimen herbeigewünscht und geplant haben, um unabhängig zu werden. In der Tat ist die Person, gegen die wir die Beschwerde führen, die Person, der wir helfen sollten! Wir haben sie schlecht genutzt! Unsere Projektion und die Geschichte, die wir erzählen, sehen jedoch so aus, dass *wir* das unschuldige Opfer waren.

Im Unterbewusstsein zeigt uns das, dass wir dieses Ereignis benutzt haben, um uns zu trennen, um unseren Kopf durchzusetzen und dadurch an Kontrolle zu gewinnen. Dennoch haben wir die ganze Zeit das Opfermuster in uns beibehalten, um uns weiter zu trennen und das Ego aufzubauen. Seelenversprechen gegenüber bestimmten Menschen einzuhalten, gehört zu unserer Lebensaufgabe und lässt uns im Spiel des Lebens vorrücken. Wenn wir beginnen, Beschwerden zu sammeln, sammeln wir auch Angst, Schuld und Probleme. Das ist der Plan des Egos, um sich selbst aufzublasen und sich zu retten. Als Folge davon trennen wir uns und wenden uns erneut vom Licht ab. Wir beginnen, uns immer mehr zurückzuziehen, statt uns vollständig zu geben. Wenn das geschieht, wird das Leben lebloser, weil Rückzug alles schwierig und zu einer Aufopferung macht.

Wir vergessen unsere Lebensaufgabe und unsere Bestimmung. Wir vergessen, dass wir ewiger Geist sind, und wir vergessen Gott und all die Hilfe und Liebe, die uns zur Verfügung stehen, wenn wir uns einfach an die Göttliche Gegenwart erinnern. Der Himmel wartet am Ende des Spiels auf uns. Wenn wir jedoch schon jetzt die Göttliche Gegenwart anrufen, können wir die Liebe des Himmels spüren und schneller und einfacher vorrücken. Werden wir es schaffen? Werden wir den Himmel auf Erden erreichen? Wir werden es schaffen. Es ist nur eine Frage der Zeit, was bedeutet, dass es nur darum geht, wie viel Leiden wir durchmachen, während wir auf dieser Reise von der Zeit zum Zeitlosen reisen. Lasse uns sowohl effizient als auch effektiv sein, während wir Zeit sparen. Lasse uns die Lektionen lernen, damit Leiden aufgelöst werden kann, noch bevor es eintritt. Lasse uns lieben und uns verbinden und heilen und uns daran erinnern, dass der Himmel selbst uns kennt und liebt.

35

Die Rückreise

Das Spiel des Lebens ist eine Reise zurück ganz an den Anfang der Zeit und dann über die Zeit hinaus. Wenn du diese Orte erreichst, wirst du immer noch einen Körper haben, aber du wirst wissen, dass du nicht dein Körper bist. Du wirst schließlich erkennen, dass sogar dein Körper eine Illusion ist, ein Hirngespinst, um vorzugeben, dass du in der Welt lebst. Wenn das geschieht, kommst du dem Ende des Spiels des Lebens nahe, und zwar sehr nahe.

Es gibt einen Aspekt an diesem Spiel, der faszinierend ist. Es ist bereits vorüber und du hast gewonnen. Hurra! Die Zeit ist bereits vorüber, und das gilt auch für das Spiel. Du hast *bereits* gewonnen. Das Spiel ist vollendet.

Sogar hier und jetzt können wir diesen Punkt jenseits der Zeit erreichen. Auch wenn wir immer noch *in* der Zeit zu sein scheinen und versuchen, das Spiel zu gewinnen, und auch wenn unser sorgfältiges Spielen und unsere feste Absicht entscheidend sind, ist es wichtig zu wissen, dass wir bereits erfolgreich waren. Alle waren erfolgreich. Hier in der Zeit kann es Millionen und Millionen von Jahren und möglicherweise noch mehr Millionen Jahre dauern, bis alle aufhören, „Zeit abzusitzen“. Zeit absitzen ist auch ein umgangssprachlicher Ausdruck für Gefangene, die im Gefängnis sitzen.

In gewisser Weise reisen wir in die uralte Zukunft zurück. Während wir uns dem Ende des Spiels des Lebens nähern, kommen wir wieder zum Anfang zurück. Wir nehmen die Geschenke wieder in Besitz, die wir auf dem Weg weggeworfen hatten. Wir hatten die Geschenke aufgegeben, um uns wie jeder andere hier zu verstecken und in Kleinheit zu investieren, weil wir zu verängstigt waren, um uns abzuheben, und zu stolz auf unsere Kleinheit. Wir würden alles tun, um dazuzugehören, sogar auf Kosten unseres göttlichen Geburtsrechts und des Glücklichseins, das aus unserem spirituellen Erbe entsteht. Abgesehen von unserer allgemeinen Trägheit, davon, dass wir im Verborgenen bleiben und zur Menge gehören möchten, gibt es Tausende von Fallen auf dem Weg, die uns fangen und aufhalten können. Alle zusammen scheinen es unmöglich zu machen, am Endpunkt anzugelangen, der auch der Anfang ist. Dennoch können wir das Spiel des Lebens genau in diesem Augenblick gewinnen.

Und dies sind einige der siegreichen Spielzüge: Lasse alle Ängste los, die du hast, gib all deine Schuldgefühle auf, vergib einem anderen Menschen vollständig, finde das Licht in dir selbst oder in einem anderen. Heiße Gott vollkommen willkommen. Gib dich vollständig der Liebe hin. Nimm deine Lebensaufgabe und deine Bestimmung des Glücklichseins, der Heilung und des Helfens vollkommen an und nimm deinen Platz als ein Retter der Welt ein. Du kannst dich so erfahren, wie Gott dich erschaffen hat, oder du kannst dich selbst als Geist annehmen, was das Gleiche ist.

Es gibt Wege, deine Heimat so vollständig zu erinnern, dass alles andere außer dem Himmel wegfällt. Du könntest in diesem Moment ins Einssein springen, wenn du den Mut, das Herz dafür hättest. Die meisten von uns widmen sich dem Spiel des Lebens, indem wir so schnell, wie wir können, so langsam wie möglich vorwärtsgehen, weil wir in Wirklichkeit Angst davor haben, schneller vorzurücken. Diejenigen von uns, die sich nicht dafür engagieren, aus dem Spiel des Lebens auszubrechen, gehen gleichzeitig vorwärts und rückwärts und erkennen manchmal nicht den Unterschied dazwischen. Dann gibt es noch diejenigen unter uns, die kaum irgendwohin unterwegs sind und kaum Vorwärtsbewegung haben.

Wir beginnen unser Leben mit dem Grad an Verbundenheit, der in unserer Familie vorhanden ist und der den Grad der Verbundenheit unserer Seele spiegelt. Wir gehen durchs Leben, indem wir uns weiter trennen und unabhängig werden. Hoffentlich lernen wir, in Partnerschaft und wechselseitige Abhängigkeit zu gehen. Während wir im Leben vorwärtsgehen, lernen wir idealerweise Teamarbeit, während wir Eltern oder Führungskräfte werden. Von dort aus ist es möglich, zu einem Star für unser Team und diejenigen zu werden, die wir repräsentieren. Schließlich können wir für die ganze Erde als ein Visionär spielen.

Als Visionär können wir zuerst für unsere Gruppe und Gemeinschaft und dann für das Kollektiv der Menschheit und die ganze Welt Meisterschaft annehmen. Während wir aufwachsen, spielen wir für uns selbst, unsere Mannschaften, unsere Religion, unsere Schulen, unseren Partner und unser Land.

Aber wir machen den Abschluss, um für alle Religionen, alle Länder und alle Rassen zu spielen. Wir beginnen, uns zu vereinen und über alle Unterschiede in unserem Bewusstsein hinauszugehen. Während wir zuerst für uns selbst und anschließend für unseren Partner volle Verantwortung übernehmen, zeigen sich tiefere Ebenen der Partnerschaft und Verbundenheit. Diese dehnen sich aus, während wir für die Menschen um uns herum vollständige Verantwortung übernehmen, weil wir wissen, dass sie Teile unseres eigenen Bewusstseins repräsentieren. Während wir diese Teile in Besitz nehmen, vereinen wir schließlich unser Bewusstsein und die Welt. Dann fangen wir an, die Welt als eine Illusion aufzugeben und uns in einen tieferen, ursprünglicheren Teil unseres Bewusstseins zu begeben.

Während wir im Spiel des Lebens vorrücken, werden wir auf vielen Ebenen machtvoller und erfolgreicher. Das Spiel des Lebens erstreckt sich typischerweise über viele, *viele* Lebenszeiten. Es gibt einen Punkt, an dem wir genug aufgewacht sind, um zu wissen, dass nichts, was wir von der Welt *bekommen*, uns mehr als momentan glücklich machen wird. Es ist das, was wir allem *geben*, was zu wirklichem Erfolg im Spiel des Lebens führt. Dies beinhaltet alles, was wir an Liebe, Erfolg und Gnade wollen. Es wird auch in Bezug auf unsere Entwicklung im Bewusstsein und unser Wachstum in Liebe, Integrität und Glücklichsein gemessen werden. Es wird durch unsere Fähigkeit zum Empfangen sowie zum Geben charakterisiert. Es zeigt sich darin, wie erfolgreich wir die Seelenlektionen, die wir für uns selbst eingerichtet haben, lernen, und in der Liebe, die wir teilen.

36

Wo kein Sonnenstrahl hinfällt

„Wo kein Sonnenstrahl hinfällt" bezieht sich nicht auf den Körper – es geht um das Bewusstsein und zwar den tiefsten Teil unseres Unbewussten. Wir sind nicht nur aus dem Himmel gestürzt (oder haben geglaubt, das getan zu haben), denn wenn es der Himmel ist, kannst du ihn nicht verlieren oder herausgeworfen werden. Wenn es der Himmel ist, ist es unvorstellbar, dass Gott sich nach der Psychologie eines vierzehnjährigen Jungen verhält, der dich für einen Fehler bestraft. Hör genau zu: Wenn Gott dir sagen würde, du solltest etwas nicht tun, dann wäre es nicht einmal *möglich*, es zu tun. Also ist der Sündenfall ein Traum, eine Wahnvorstellung, ein Spiegel unseres so spektakulär gespaltenen Bewusstseins. Frage nicht, warum wir aus dem Himmel gefallen sind. Frage, warum wir in dem Glauben gefangen bleiben wollten, dass wir gestürzt und so weit von unserem Geliebten entfernt sind. Warum wollen wir immer noch träumen? Weil wir glauben, dass es etwas gibt, was die Welt uns geben kann, etwas, das uns befriedigen und glücklich machen wird. *Im Gegenteil!*

Lass uns über das Unbewusste reden, das so voller Mythen, Zeichen und Symbole ist, dass wir in Metaphern sprechen müssen. Wenn du also das hier Geschriebene als eine Metapher betrachtest, kann es dir helfen, diese Schichten des Bewusstseins zu verstehen.

Nachdem wir die Trennung erforschen wollten, sind wir in den Traum der Trennung gefallen. Unser frisch geschlüpftes Ego, das Prinzip der Trennung, hat uns überzeugt auszuprobieren, Gott in einer eigenen Welt zu sein. Wir würden dann frei von Gott sein und frei, allein in unserer eigenen Welt zu herrschen. Und wenn du dir die Welt ansiehst, kannst du sehen, was wir alle dabei für gute Arbeit geleistet haben!

Der Sündenfall war ein Sturz in Dunkelheit, Schmerz und Kälte. Es war die erste „Dunkle Nacht der Seele". Wir sind niemals davon erwacht, sondern haben uns weiter vom Licht in das Reich abgewandt, in das kein Licht fällt. Hier haben wir uns willentlich vom Licht abgewendet, weil das Ego versprochen hat, dass wir Gott sein und die Erde beherrschen könnten. Wir haben angefangen, rückwärts und auf dem Kopf zu leben.

In der englischen Sprache ergibt das Wort „lived" (gelebt) umgekehrt buchstabiert „devil" (der Teufel). Das Wort „live" (leben) umgekehrt buchstabiert ergibt „evil" (böse, das Böse). Wir sind weiter in einen Zustand der Ignoranz gefallen, der auch als das Astrale bezeichnet wird. Er bedeutet, dass wir anfingen rückwärts zu leben, als wir uns vom Licht abgewendet haben. Dämonen, Teufel, bösartige Außerirdische und dunkle Herrscher sind alles Metaphern für das uralte Ego, den Ort, wo wir uns vom Licht abgewendet haben und in sturer Willkür in immer niedrigere Zustände der Illusion gefallen sind. Hier haben wir begonnen, Körper anzunehmen, um zu betonen, dass wir wirklich getrennt und nicht eins waren. Körper wurden vor Äonen von Jahren durch unsere irregeleiteten Wünsche und unsere Rebellion erzeugt. Wir sind vom Gewahrsein im Einssein des Himmels in Bewusstsein gefallen und anschließend im Bewusstsein weiter abgestürzt. Jeder Aufstieg im Spiel des Lebens ist ein Aufstieg im Bewusstsein, aber unser letzter Schritt wird einer sein, bei dem wir durch die Gnade zurück in das Gewahrsein des Einsseins getragen werden. Im endgültigen Einssein werden wir Gott als unseren Geliebten, als unser Selbst erfahren.

Astralangriffe können auf verschiedene Weisen betrachtet werden. Du kannst sie als Karma ansehen. Alle Trennung ist eine Form des Angriffs. Diese Dunkelheit, die uns anzugreifen scheint, ist auf gewisser Ebene *unsere* Dunkelheit und unser Angriff aus der Vergangenheit. Dieser Angriff ist Karma, das jetzt zu uns zurückkehrt, um verwandelt zu werden. Die Dämonen, Teufel, bösartigen Außerirdischen und dunklen Herrscher, die uns anzugreifen scheinen, sind in Wirklichkeit wir, wenn auch tief versteckt und lang vergessen, wir greifen uns selbst an. Gleichermaßen fällt alle Hilfe, die wir anderen geben, auch uns zu. Alle Selbste, die wir retten, sind unsere Selbste. Alle erlösten Seelen sind unsere Seelen, die sich zuvor hartnäckig geweigert hatten, im Rahmen des Aufstiegs zum Geist zur Ganzheit zurückzukehren und wieder beim einen Geist, dem einen Selbst anzukommen.

Manchmal greift uns das Astrale auf der abhängigen oder unabhängigen Ebene an, weil wir so viel Licht ausstrahlen und das Ego uns aufhalten oder zurückhalten möchte. Menschen, die tiefe Heilungen durchlaufen, erleben manchmal, dass diese dunkle Schicht im Angriff zu ihnen zurückkehrt, und wir können diese Gelegenheiten nutzen, um diese Dunkelheit endlich zu heilen. Jeder inspiriert andere Seelen, vorzutreten, um geheilt zu werden, während er in wechselseitiger Abhängigkeit wächst und das Unbewusste heilt. Je höher wir steigen, umso mehr kann die astrale Dunkelheit zu einem täglichen oder wöchentlichen Thema werden.

Probleme, die auf dieser Ebene des Bewusstseins geheilt werden, können in unserem Leben einen großen Unterschied machen, während wir uns umdrehen und das Licht anschauen, insbesondere an Orten, an denen uns nicht einmal bewusst war, dass wir uns vom Licht abgewendet hatten. Es gibt so viel Gnade und so viele Wunder, die wir deshalb empfangen können. Immer, wenn sich diese toxische Ebene zeigt, setzt das uralte Ego seinen Angriff ein, um uns aufzuhalten, zu verwunden oder andersartig in unserem Aufstieg im Spiel des Lebens zu behindern – dies ist der Zeitpunkt, um Göttliche Liebe und Göttliche Gegenwart bei der Neutralisierung und der Auflösung des Angriffs um Hilfe zu bitten. Der einzige Grund, aus dem du an einen derartigen Angriff glauben könntest, ist, dass du solche Angriffe in der Vergangenheit selbst ausgeführt hast. All diejenigen, die diese Schicht des Bewusstseins erreicht haben, stehen uns zur Seite, um uns zu helfen, wenn wir sie nur darum bitten. Während das Spiel des Lebens weitergeht, brauchen wir immer mehr Hilfe. Unsere chronischen Probleme sind mit all dem Widerstand unseres uralten Ego sowie mit Echos unseres eigenen uralten Angriffs verknüpft. Auf höheren Bewusstseinsebenen arbeiten wir nicht nur an unserem eigenen persönlichen Thema, sondern auch an den kollektiven Themen der Menschheit, die sich ihren Weg in unsere persönlichen Themen gebahnt haben. Es wäre zu viel, dies allein erreichen zu wollen, aber mit fester Entschlossenheit und der Hilfe des Himmels werden wir die Wunder erhalten, um das Licht schließlich auch dorthin zu bringen, wo kein Sonnenstrahl hinfällt.

37

Niemandem Arglist zeigen

Eine der größten Strategien des Egos ist Wut und ihre Wirkung auf uns. Das Ego ist leicht beleidigt. Es verbringt seine Zeit damit, Methoden zu seinem Schutz zu planen und aufzubauen. Es ist empfindlich für Kränkungen, es ist schnell beleidigt und plant sofort die Vergeltung. Rache ist nur eines seiner vielen Hilfsmittel. Das Ego glaubt, dass Wut sein Privileg ist, und dass es verdient, seinen Ärger von seinem erhabenen Platz im Pantheon der Götter auszudrücken, auf den es sich selbst gesetzt hat. Grausamkeit ist die natürliche Waffe derjenigen, die sich überlegen fühlen und ungeduldig auf diejenigen reagieren, die ihnen ihrer Meinung nach dienen sollten. Durch unser Ego glauben wir, dass unsere Wut Menschen trifft, die sie verdienen. Wir benutzen Wut, um andere zu schikanieren und zu kontrollieren, die dem Skript folgen sollten, dass *wir* ihnen zugewiesen haben, und nach *unseren* Regeln leben sollten.

Rückzug ist eine Form von Wut, die genauso todbringend wie Angriff sein kann. Wenn wir uns zurückziehen, zerstören wir die Verbundenheit und bringen daher einen Grad der Aufopferung in unser Leben. Aufopferung an sich ist Angriff. Sie stellt sich in Konkurrenz über andere, und wenn andere dominant erscheinen benutzen wir Aufopferung, um unsere moralische Überlegenheit zu demonstrieren. Wir bestrafen andere, indem wir uns nicht geben. Dann wird alles zu einer Anstrengung. Es wird schwieriger für uns, aber auf eine Weise, die die Schuld für unser Verhalten anderen zuschiebt. „Mein Leben ist deinetwegen so schwierig! Du hast es mir schwer gemacht!"

Das Ego ist von Wut abhängig. Sein Fundament beruht auf Angriff und Selbstangriff. Sowohl Angriff als auch Selbstangriff treten in allen Arten von Opfersituationen auf. Jede Trennung bringt Schmerz und Schuldgefühle mit sich. Wir machen jemandem zum Sündenbock, dem wir hätten helfen können, benutzen ihn jedoch stattdessen als Ausrede, um die Verbundenheit zu zerstören und uns zu trennen. Es war der Angriff auf diese Person, den wir als einen Angriff auf uns selbst benutzt haben. Anschließend verbergen wir den Schmerz unter Dissoziation. Wir verstecken alles, was wir getan haben, unter Projektion und Verleugnung. Dieses Verstecken setzen wir bei der Schaffung unseres Unterbewusstseins ein. Diese Spaltung zwischen dem Bewusstsein und dem Unterbewusstsein beschert uns einen gespaltenen Verstand, der zwei verschiedene Dinge will. Eines ist unser bewusstes Ziel. Das andere enthält Angriff und Selbstangriff und den Wunsch, unabhängig und besonders zu sein.

Abgesehen von Rückzug und Angriff gibt es passive Aggression, eine Form des Angriffs, die vorgibt, „beim Programm mitzumachen". Das ist so, als ob sich jemand vor uns verbeugt, dabei jedoch sagt: „Du kannst mich mal." Dadurch ist in allem ein Autoritätskonflikt enthalten. Später, wenn diese ganze Wut zu der Person zurückkehrt, gibt sie vor, keine Ahnung davon zu haben, auf unfaire Weise zum Opfer gemacht und drangsaliert zu werden, und erkennt nicht, dass sie einfach nur erntet, was sie gesät hat. Jegliche Trennung ist sowohl Angriff als auch Rache. Jegliches Urteil ist Angriff und Selbstangriff. Unsere Angriffsgedanken immobilisieren uns oder führen dazu, dass wir uns selbst angreifen. Dann greifen wir andere noch mehr an, während diese Gedanken Angst erzeugen und wir durch die Angst gelähmt werden. Das ist der Pfad des Egos, der aus Angst, Angriff und Schuld besteht und der Selbstbestrafung verlangt.

Alles, was wir einem anderen Menschen antun, tun wir uns selbst an. Alles, was wir jemand anders wünschen, wünschen wir uns selbst. Wir haben ein Unterbewusstsein, um sowohl unseren Angriff als auch unseren Wunsch zu verbergen, von anderen Menschen zu nehmen, was eine weitere Form des Angriffs darstellt. Wir verbergen das Ausmaß unserer Wut, unseres Angriffs und unserer Bösartigkeit. Unser Angriff, unsere Rache und unsere Rebellion gegen Gott sind in unserem Unbewussten verborgen. Was wir Gott vorhalten, halten wir uns selbst und unserem höheren Bewusstsein vor. Was wir uns selbst vorhalten, halten wir wiederum allen anderen vor. Alle Probleme und alle Negativität in unserem Leben sind eine Form unseres Selbstangriffs sowie unseres Angriffs auf andere.

Unsere chronischen Probleme repräsentieren uralte Negativität und die Angriffe unseres frühesten Ego, als wir uns vom Licht abgewendet haben. Unsere schlechte Einstellung, unsere Wutanfälle, unsere Angst vor Veränderung, unser

Autoritätskonflikt, sogar unsere Schadenfreude oder unsere Häme über den Niedergang anderer sind Angriffe auf andere Menschen sowie Angriffe auf Gott, auf die Liebe und auf das Leben. Unsere Seelen- und Ahnengeschichten sind nur Drehbücher und Programmierung, die von Anfang an in unserem Innern verborgen lagen, während wir vom Himmel weggegangen sind und uns dabei immer mehr getrennt und immer mehr Illusionen erzeugt haben.

Unsere Abreise aus dem wahren Leben war ein Traum. Das Spiel des Lebens ist die Reise zurück zu diesem Ort des Lebens, den wir in Wahrheit niemals verlassen haben. Jedes bisschen Wut, Urteil und Bösartigkeit nagelt uns an diesem Traum fest, als ob dies die Realität wäre, die uns im Spiel des Lebens anhält, und verbirgt so die Wirklichkeit. Jeder Angriff, den wir ausführen, ganz gleich, worauf er sich richtet, kommt zu *uns*, zu anderen und zur Welt zurück. Jeder dieser bewussten oder verdrängten Angriffe ist wie ein Anker, den wir auswerfen, während wir uns im Leben vorwärtsbewegen. Wir beginnen vielleicht mit einem leistungsstarken Wagen, aber mit jedem Anker, den wir auswerfen, werden wir immer mehr zurückgehalten. Die Anker reißen die Straße auf und verfangen sich in Gegenständen neben der Straße, während wir immer langsamer vorwärtskommen, bis wir anhalten und sterben. Wenn wir nicht lernen, die Illusion zu heilen und unsere Bösartigkeit aufzulösen, werden wir nicht lernen, diese Anker von unserem Wagen abzuschneiden, und wir werden niemals an einen Punkt gelangen, an dem wir unbehindert und sorglos fahren können. Das ist der Anfang des Eintretens in die Ebene der spirituellen Abhängigkeit, in der wir vollständig über das Spiel des Lebens hinausgehen können, indem wir jegliches Urteil loslassen. Dieses Urteilen hat nur dazu gedient, zu demonstrieren, dass wir getrennt und überlegen waren, und während wir unsere Urteile und Beschwerden fallen lassen, bewegen wir uns in immer höheres Bewusstsein und immer höheres Glücklichsein.

38

Das Spiel im Spiel

Es gibt ein Spiel im Spiel des Lebens. Es ist ein dunkles und verborgenes Spiel. Es folgt nicht dem Diktat deines bewussten Verstands, weil dein bewusster Verstand es sofort auseinandernehmen würde, wenn er davon wüsste. Es ist geheim, damit seine Bösartigkeit verborgen bleibt. Ja, Bösartigkeit! Es ist schwer zu glauben, aber so ist es. Es hat mit einer Lektion begonnen, die du nicht gelernt hast. Es hat mit einer irregeleiteten Entscheidung begonnen, die das Echo einiger uralter Fehler war, durch die du dich vom Licht abgewendet hast. Dieser Ort ist zutiefst verdrängt worden, und wenn dir vielleicht auch das Trauma bekannt ist, mit dem er begonnen hat, bist du noch nicht zu der Schicht darunter vorgedrungen, an dem das dunkle Spiel angefangen hat. Dieses Spiel wurde benutzt, um jemanden zu besiegen, der dir im Leben nahesteht. Unter den Problemen mit deiner Mutter oder deinem Vater und den Herzensbrüchen ist dies das Ereignis, bei dem das dunkle Spiel angefangen hat. Und natürlich hat es sich auf dieser dunklen und verborgenen Ebene auch gegen den Himmel gewandt. Ist das nicht verrückt?

Dieser Teil deines Bewusstseins kann nur weiter existieren, wenn er verborgen und verleugnet bleibt. Die Person, die wir angegriffen haben, ist jemand, mit dem wir konkurriert haben und immer noch konkurrieren. Es kann mit der ödipalen Konkurrenz verknüpft sein, es könnte also das gleichgeschlechtliche Elternteil sein, mit dem wir um die Aufmerksamkeit unseres gegengeschlechtlichen Elternteils konkurrieren. Viele Male haben wir es so eingerichtet, dass sie uns körperlich missbraucht haben, um die Wut in unserem Innern zu verbergen und sie bequemerweise als „Bösewicht“ darzustellen, der uns drangsaliert.

Wir geben diesem Elternteil die Schuld für einen so großen Teil unseres Mangels an Erfolg, aber auch dies kann im Verborgenen liegen. Manchmal ist dieses

Thema der Anschuldigung in Fusion versteckt, bei der die Grenzen zwischen dir und dieser Person verschwommen sind. Wir sind vielleicht im Allgemeinen ein überaus positiver Mensch, der sich dafür engagiert, der Welt zu helfen, und dennoch haben wir wahrscheinlich das Spiel der Bösartigkeit innerhalb des Spiels des Lebens. Das Spiel der Bösartigkeit hält uns zurück und besiegt uns sogar in unserem Wunsch und unseren Anstrengungen, uns vorwärts zu bewegen. Es könnte uns sabotieren oder jede Bemühung zum Fortschritt zu einem Kampf machen. Der Mangel an Erfolg ist Teil unserer Rache an dieser Person. Das Ego benutzt das Spiel innerhalb des Spiels, um uns zu verlangsamen, damit wir unsere Größe, wahre Liebe, das Verwirklichen unserer Lebensaufgabe, das Annehmen unserer Bestimmung und das Erfahren unserer selbst als Göttlicher Geist nicht erreichen.

Das dunkle Spiel hat typischerweise in unserer Kindheit angefangen und wurde durch den Rest unseres Lebens bis jetzt fortgesetzt. Es ist jetzt wirklich Zeit, damit aufzuhören und uns dieses dunklen Spiels zu entledigen, das gegen so viel von dem arbeitet, was wir uns bewusst wünschen. Das dunkle Spiel hat typischerweise mit einem Trauma begonnen. Es könnte sich gut um das größte Trauma in unserem Leben handeln. Es kann manchmal so scheinen, dass dieses Trauma und seine Bedeutung, und wie wir sie gegen uns selbst einsetzen, mit der Zeit wachsen. In diesem Muster sind Elemente des Herzensbruchs, der Rache und des Hasses verborgen. Typischerweise ist es von einem starken Gefühl begleitet, zum Opfer gemacht worden zu sein. Dort hat die Rachsucht begonnen. Sie hat damit angefangen, dass wir unser Leiden als eine Methode benutzt haben, diesen für uns wichtigen Menschen anzugreifen. Dort haben wir begonnen, gegen uns selbst zu arbeiten. Bewusst haben wir Glücklichsein und Erfolg in jeder Hinsicht angestrebt, und auf der anderen Seite haben wir unterbewusst *gegen* uns selbst gearbeitet. Wir sind vielleicht sehr erfolgreich und haben die Beziehung, die für alle eine Inspiration ist, doch das, was wir als unsere Bestimmung erfüllen sollten, ist noch größer. Wenn das Leben, die Welt oder andere uns angreifen, ist das ein Zeichen des dunklen Spiels und des bösartigen Angriffs, den wir in unserem Innern gegen uns selbst führen – sowie gegen andere Menschen und gegen Gott.

Frage dich selbst: Wie alt warst du, als dieses Spiel begonnen hat? Wann hat das dunkle Spiel, das so viel deines Lebens aufhält, angefangen? Das Spiel, das verhindert, dass sich dein Leben auf die glückliche, schicksalhafte Weise entfaltet, in der es vorbestimmt war. Frage dich selbst: Wer war die Person, für die du dieses dunkle Spiel geschrieben hast? Dies ist ein Spiel, das den Rest deines Lebens dauern wird, oder so lange, bis du solche Dunkelheit loslässt, weil du erkennst, dass sie dir nicht dient und auch nicht der Liebe dient. Was ist geschehen, dass dich dazu gebracht hat, ein solches dunkles Spiel zu erschaffen? Wie lautet der Punktestand für dich und den anderen in diesem tödlichen Spiel? Es ist ein Spiel ohne Herz und ohne Mitleid. Während du an der Oberfläche vielleicht sehr mitfühlend erscheinst, kannst du äußerst skrupellos sein, wenn es um das dunkle Spiel geht.

Lasse uns auf die Ebene des dunklen Spiels in deinem Inneren gehen und mithilfe deiner Intuition die Antworten finden. Die Antworten, die dir zuerst in den Sinn kommen, sind der Wahrheit am nächsten. Wie viel deiner Energie richtest du in diesem dunklen Spiel gegen dich selbst? Welche Überzeugungen hast du über dich selbst, das Leben, Männer, Frauen, Beziehungen, deine Lebensaufgabe und Gott zu glauben begonnen? Welche Wirkung haben deine Entscheidung, dieses dunkle Spiel zu spielen, und deine Überzeugungen auf dein Leben ausgeübt? Wozu hast du diese Wirkung benutzt? Für welche Ausrede hast du diese Wirkung benutzt?

Das verborgene Muster repräsentiert die Energie, die gegen das gerichtet ist, was du dir in deinem Leben bewusst wünschst. Dort kannst du die Macht deines bewussten Verstands sowie Gnade des Himmels einsetzen, um eine neue Entscheidung zu treffen. Die erste wichtige Entscheidung besteht darin, das dunkle und verborgene Spiel der Bösartigkeit aufzugeben und all die Energie, aus der das dunkle Spiel bestanden hat, in dein höheres Bewusstsein zu geben, damit sie für Lebendigkeit, Selbstliebe, Unschuld, Erfolg, Liebe, Führung, Vision, Lebensaufgabe und Kreativität eingesetzt werden kann: deine Fähigkeit, Gnade und alle guten Dinge zu empfangen, die der Himmel dir zu geben versucht. Die Person oder die Personen, die du bekämpft hast, war die Person, die du mit deinen Geschenken und dadurch, dass du dein Licht erstrahlen ließest, retten solltest. Du hast dich stattdessen versteckt und den anderen als das Problem angesehen, statt Verantwortung zu übernehmen. Und alles das aufgrund deiner Angst davor, dich mit deinen Geschenken und deiner Größe zu zeigen!

Als das Trauma geschehen ist, haben wir uns mit dem dunklen Spiel, das *diese Person* in ihrem Innern hatte, angesteckt, und jetzt spielen wir es beide. Wir werden es weitergeben, bis wir dieses dunkle Spiel, das in uns verborgen liegt, endlich heilen. Wenn wir das dunkle Spiel nicht heilen, können die Auswirkungen dieses dunklen Spiels gegen Ende unseres Lebens wirklich ihren

Zoll fordern, weil die Bösartigkeit auch zu uns zurückkehrt, während sie auf andere gerichtet wird.

Jetzt ist der Zeitpunkt gekommen, um dir, den Beteiligten und Gott zu vergeben. Jetzt ist es an der Zeit, die Wahrheit anzunehmen. Es war ein Fehler unsererseits, das dunkle Spiel zu beginnen, aber jetzt ist der Zeitpunkt gekommen, diesen Fehler zu berichtigen, indem wir das Spiel loslassen. Wir können mit unserem ganzen Herzen und unserem ganzen Bewusstsein und der Gnade der Wunder des Himmels all die missbrauchte Energie dazu einsetzen, genau den Menschen zu helfen, die wir im Geheimen oder nicht so Geheimen bekämpft haben. Wir können endlich unser heiliges Versprechen einlösen, ihnen zu helfen.

39

Dort draußen ist niemand außer dir

Dies ist ein Spiel im Spiel des Lebens, das auf einer hohen Ebene sowohl als Motivation und auch zur Heilung gespielt werden kann, und du kannst es allein spielen. Du kannst dir die Welt anschauen und so tun, als wäre dort draußen niemand außer dir. Es gibt keine interpersonale Ebene, also keine Interaktion zwischen mehreren Personen. Es gibt nur eine intrapsychische Ebene, das heißt, alles spielt sich in deiner Psyche ab. Alles, was du siehst, bist du selbst. Die Welt und das, was geschieht, sind in dir. Alle Menschen darin sind du. Alle Dinge darin sind du. Es ist wie eine Art der Traumarbeit, bei der du erkennst, dass jedes Symbol im Traum in Wirklichkeit *du* bist. Du agierst jede Person oder jeden Gegenstand auf übertriebene Weise aus, bis sie oder er „platzt" und dadurch wieder in Ganzheit und Zuversicht in dich integriert wird. Normalerweise erlebst du erst Widerstand, wenn du anfängst, das auszuprobieren, und gerätst nach einiger Zeit richtig in Fahrt. Dann kannst du es übertreiben, diese Person oder dieses Objekt zu sein, bis sie oder es in der Integration zerplatzen.

Bei diesem bestimmten Spiel innerhalb eines Spiels nimmst du dir einfach jeden Tag eine Person und identifizierst sie als du. Oder du kannst dir ein Problem aussuchen und es mit allen seinen Beteiligten und Elementen ausagieren. Wenn du auf der tiefsten Ebene Erfolg hast, wirst du sie als dich erleben, und sie werden dir mystische Liebe und Unschuld bringen und Urteile und Beschwerden hinwegschmelzen, was das Licht bringt.

Ich habe festgestellt, dass wir im Unbewussten die Welt mit unseren Selbstkonzepten und Schattenfiguren bevölkern. Wir projizieren das, was wir in uns selbst verurteilt, abgespalten, verdrängt und weggeworfen haben, auf die Welt um uns herum. Das Ego erklärt uns, dass wir so Schuld loswerden, aber in Wirklichkeit *täuscht* es nur vor, dass wir sie loswerden würden, während es sie gleichzeitig behält. Das macht im Hinblick auf das Ego Sinn, weil es schließlich unter anderem aus Schuld besteht.

Diese Schuld erhöht die Trennung, die natürlich die Essenz des Egos ist. Wir sehen in der Welt, wer wir früher waren. Während wir uns jede Person wieder „zu eigen machen", fallen Urteile weg und Verständnis erfolgt. Es gibt Vergebung und Selbstvergebung, bis wir Integration und Ganzheit erreicht haben. Dies bringt das Ende einer bestimmten Polarität und des gespaltenen Bewusstseins. Jetzt herrscht dort, wo im Innern Angst und Konflikt waren, Zuversicht und Unschuld.

Beurteile am Ende jedes Tages, wie erfolgreich du dabei warst, diesen Schatten oder dieses Selbstkonzept wieder zurückzugewinnen. Manchen Menschen gefällt es, mit ihren dunkelsten Schatten zu beginnen, die sie in der Welt sehen. Andere fangen lieber mit ihrem dunkelsten Schatten im Innern an, dem Schatten, der eine Menge Selbsthass auslöst. Einige fangen mit der Person an, die ihnen am nächsten steht.

Entscheide über den Zeitraum, über den du das Spiel spielen möchtest. Fünf Tage? Eine Woche? Zehn Tage? Ich schlage dir vor, es zu Anfang nicht länger zu spielen. Dann beurteilst du, wie du abgeschnitten hast, indem du dir anschaust, wie diese Personen jetzt für dich aussehen und wie sie sich anfühlen, und wie du dich selbst als Folge der Übung fühlst. Wenn du äußerst erfolgreich warst, wirst du bemerken, dass du dich diesen Menschen nicht nur sehr viel näher fühlst und mehr Verständnis für sie hast, sondern dass es ihnen in deiner Wahrnehmung außerdem so viel besser zu gehen scheint. Wenn du zur höchsten Stufe des Erfolgs gelangst, wird du sie als dich sehen. Dies ist ein Zustand, in dem du dich für das Christus-Bewusstsein der mystischen Liebe öffnest, was ein Gefühl des Himmels auf Erden mit sich bringt.

Achte am Ende des Tages darauf, wie gut du mit deiner Person des Tages abgeschnitten hast. Das Verringern der Trennung zwischen dir und der anderen Person wird die Trennung in *dir* entsprechend reduzieren. Während du mit dieser Übung Erfolg hast, schmelzen Schuld und Angst hinweg. Du bemerkst neues Glücklichsein und dein Leben erhält Auftrieb. Fasse die feste Absicht, mit dieser Übung Erfolg zu haben. Bitte den Himmel um Hilfe. Du kannst den Erfolg für dich am Ende jedes Tages hinsichtlich der Person visualisieren, mit der du dich am nächsten Tag verbinden möchtest. Bitte um Wunder.

Wenn du mit einem dieser Menschen vollständig erfolgreich wärst, könntest du einen heiligen Augenblick erfahren, eine tiefgreifende Verbindung, welche die Seligkeit der Ewigkeit eröffnet. Wenn du dies länger als nur einen Augenblick aufrechterhältst, kann dies zur Erleuchtung führen. Wenn du dies länger aufrechterhältst, öffnet es das Christus-Bewusstsein des Himmels auf Erden und die Gotterkenntnis. Jeder Fortschritt, den du mit einer anderen Person machst, erweitert den Frieden und bringt die ganze Welt voran. So fügen wir die Welt wieder zusammen. Es geschieht, indem wir unser Bewusstsein wieder zusammenfügen und diejenigen Teile von uns zurückgewinnen, die wir so rüde weggeworfen haben, als wir uns getrennt haben. Dies öffnet die Welt für große Liebe, während sich unser Herz sogar noch mehr öffnet.

40

In dieser Welt gefangen

Es kann so leicht geschehen, in dieser Welt gefangen zu werden. Es gibt so viele Ablenkungen, so viele Formen der Unterhaltung und Ausschweifung. Es ist so einfach, in der Welt gefangen zu werden, dass wir nicht bemerken, dass es eine andere bessere Alternative gibt. Wir müssen schon etwas suchen, bis wir zu erkennen beginnen, dass es einen besseren Weg gibt und wie wir ihn erreichen können. Es ist einfach, in einer Welt passiv zu werden, in der wir zur Schule oder zur Arbeit gehen und zu den sozialen Medien unserer Handys, Laptops, zum Internet und zum Fernsehen nach Hause kommen. Es gibt Restaurants im Überfluss. Es gibt Kirchen, die in dieser Welt gefangen sind, und andere Kirchen, die sich auf den Himmel konzentrieren, aber nicht viele sprechen davon, wie man aus dieser Welt zur „Wirklichen Welt“ kommt, der Bezeichnung für den Himmel auf Erden aus *Ein Kurs in Wundern*. Jesus hat davon gesprochen, *in* der Welt, aber nicht *von* der Welt zu sein, in der Welt zu sein, ohne darin gefangen zu sein. Zu erkennen, dass es einen Weg gibt, in der Welt zu sein und dennoch unser Bewusstsein ständig dem Licht zuzuwenden.

Lasse uns einmal dein Leben während deiner Kindheit ansehen. In was hast du dich als Kind verfangen? Was hast du geglaubt, worum sich das Leben dreht? Wie war es, als du herangewachsen bist? Was hat dich interessiert? Was hattest du für Leidenschaften? Was für Ziele? Wonach hast du als Teenager gestrebt? Was hast du gedacht? Was hat aus diesen beiden ersten Jahrzehnten jetzt noch für dich Bedeutung? Was hast du mit dir in die Gegenwart getragen? Jetzt wollen wir deine zwanziger Jahre ansehen. Was hast du damals getan, das heute noch Wert für dich hat? Was überträgt sich davon als heutiger Wert in dein Leben?

Schau dir deine dreißiger, vierziger usw., Jahrzehnt um Jahrzehnt an. Wir können uns unsere Höhen und Tiefen ansehen. Wir können uns ansehen, wo wir eine Seelenlektion nicht gelernt haben, wie der Schmerz beweist, den wir erlitten haben. Ganz gleich, was für ein Leben wir leben, es wäre überaus hilfreich, diese schmerzlichen Situationen zu heilen. Der Himmel und unsere Seele haben eine Lektion für uns vorbereitet, aber unser Ego hat sie in eine dunkle Lektion verwandelt, so dass wir jetzt ein kontraproduktives Glaubenssystem haben, dass in unserem ganzen Leben auftaucht. Wir können die ursprüngliche Lektion lernen, die der Himmel und unsere Seele für uns beabsichtigt haben. Diese Traumata zu heilen bedeutet, dass wir dieses himmlische Geschenk annehmen, und es fördert alles in unserem Leben einschließlich unserer Gesundheit und unseres Glücklichseins.

Beschwerden sind eine der Wurzeln aller Probleme, und wo wir gelitten haben, haben wir auch Beschwerden. Schmerz weist uns darauf hin, dass wir einer Fehlwahrnehmung unterliegen. Da wir unseres Unterbewusstseins nicht gewahr sind, können wir uns jetzt an unser Seelenbewusstsein wenden und es bitten, diese versteckten Elemente in unseren bewussten Verstand zu bringen, damit wir uns ihrer gewahr werden und sie vergeben können.

Wo es Schmerz und Trauma gibt, verbergen wir vor uns selbst die ganze Geschichte und geben anderen für etwas die Schuld, wofür wir selbst verantwortlich sind. Erst wenn wir uns selbst und alle anderen als unschuldig erkannt haben, werden wir sowohl von dem Problem als auch dem Schmerz befreit. Wo wir keine Verantwortung übernehmen, sind wir schwach – so wie unser Ego uns haben will. Dann bleiben wir entweder ein Opfer oder wir versuchen, andere zu beherrschen, um unsere Schwäche zu verstecken. Verantwortungsbereitschaft ist Stärke und sie verbirgt die Schuld nicht, die unter Urteilen und Beschwerden liegt. Verantwortlichkeit erkennt an, dass wir uns schuldig fühlen, damit dies geheilt werden kann. Schuld ist das Gegenteil von Eingehen auf andere und Verantwortlichkeit. Sie ist nur ein Trick des Egos, um am gegenwärtigen Zustand festzuhalten und uns nicht unserer Angst zu stellen, während der Angriff und der Selbstangriff aufrechterhalten werden.

Um das Transzendieren der Welt zu üben, kannst du das Wort „Gott" immer wieder in Gedanken als eine Methode wiederholen, dich daran zu erinnern, worum es im Leben geht und wohin du gehst. Du könntest dies mit dem Wort „Liebe" oder den Namen der Heiligen, Propheten oder Erlöser tun. Wiederhole den Namen immer wieder, und erinnere dich dabei daran, worauf sich der Name bezieht, an das Leben und die Vision, die der Name heraufbeschwört.

Genieße das Ergebnis – die Erinnerung an die Liebe des Himmels für dich. Jedes Mal, wenn du vergibst, kannst du einen momentanen Blick auf Gott erhaschen. Jede Vergebung kann dabei helfen, dein Bewusstsein von Illusion in Frieden zu verwandeln. Jedes Mal, wenn du den Namen Gottes anrufst, kann das dir den Himmel auf Erden ein kleines Stückchen näherbringen.

41

Nach dem Licht streben

Der ganze Zweck der Welt liegt darin, unser Bewusstsein wieder zur Ganzheit zurückzubringen. Im Verlauf unseres Lebens machen wir viele erschütternde Erfahrungen. Bei diesen Erfahrungen kann es leicht geschehen, der Verlockung des Egos zum Urteilen, Angreifen und Ins-Unrecht-Setzen zu folgen und dadurch verletzt und getrennt zurückzubleiben. Dennoch sind diese Ereignisse in unserem besten Interesse. Es gibt etwas, was wir nicht gelernt haben, eine Seelenlektion, die uns unvollständig zurücklässt. Es gibt etwas, was wir nicht bearbeitet haben. Manchmal haben wir uns nicht erlaubt, daran zu denken, was uns fehlt. Vielleicht haben wir es nicht in unseren bewussten Verstand gebracht. Wie groß muss das Problem werden, damit wir uns damit auseinandersetzen? Wir wollen nicht, dass es zu einem größeren Problem wird, als es bereits ist. Wenn wir uns weigern, die Lektion zu lernen, werden wir auf die Probe gestellt werden, bis wir die Lektion lernen. Unsere Verstimmungen stellen etwas aus der Vergangenheit dar, das noch nicht abgeschlossen ist. Sei bereit, dies jetzt zu lernen. Lade die Liebe ein. Lasse die dunkle Lektion los, die die negativen Überzeugungen, die zu dem Problem geführt haben, nur verstärken kann. Nachdem du Liebe eingeladen und dein Bewusstsein geöffnet hast, bittest du um die Seelenlektion, die der Himmel dir beibringen möchte. Nimm sie an. Lade Göttliche Liebe und Göttliche Gegenwart ein, um jeden Beteiligten in dieser Situation zu segnen und zu heilen. Es ist wichtig, jegliche Aufopferung zu beenden, in der sich jemand befindet, denn wenn jemand jetzt verliert, muss dies später im karmischen Plan der Dinge ausgeglichen werden.

Wir sind gekommen, um unser Bewusstsein zu korrigieren, wie es uns in der Welt gespiegelt wird. Wir sind gekommen, um die Welt zu ändern, indem wir unser Bewusstsein verändern. Dies führt uns zu unserer Lebensaufgabe. Dies ist die Aufgabe, die wir bezüglich der Welt erhalten, die uns am meisten erfüllen und gleichzeitig der Welt helfen würde. Dann gibt es noch unsere Bestimmung sowohl auf menschlicher wie auch auf göttlicher Ebene. Wir sind gekommen, um diese Führungsperson, dieser Heiler oder Krieger zu sein. Auf der Ebene des Göttlichen sind wir gekommen, um uns selbst als Geist zu erkennen. Dazwischen werden wir zu einer Brücke zwischen Himmel und Erde, erheben Menschen und bringen den Himmel nach unten, damit dies nicht nur eine Idee ist, sondern zu einer Erfahrung wird. Dann erreichen wir die Ebene der radikalen Abhängigkeit, auf der wir lernen, unser Bewusstsein auf Gott gerichtet zu halten und in der Welt, jedoch nicht von der Welt zu sein. Wir lernen, unser Vertrauen auf die gleiche Weise in den Schöpfer zu legen, wie kleine Kinder ihren Eltern vertrauen, die ihre Bedürfnisse kennen und sie automatisch erfüllen. Wir streben nach dem Licht, indem wir vergeben und die Welt segnen. Dies löst den Schmerz und das Leid der Welt auf. Es schmilzt die Illusionen Schicht um Schicht hinweg. Wir helfen, statt zu urteilen. Wir heilen, statt zu kämpfen. Statt uns zu beschweren und Forderungen zu stellen, geben wir und teilen unsere Geschenke und die des Himmels, um allen um uns herum zu helfen und natürlich auch, um uns selbst zu erfüllen.

Sobald dies geschieht, haben wir gelernt, Verantwortung für unsere Emotionen, unsere Erfahrungen und unser Leben zu übernehmen. Wir haben gelernt, dass Emotionen Beschwerden sind, die zeigen, dass wir versuchen, etwas zu bekommen oder zu nehmen. Alle unsere Probleme spiegeln Aspekte, bei denen wir zu gewinnen versuchen, indem wir verlieren, wie beim Schachspiel. Wir opfern eine Figur, um dadurch einen großen Vorteil zu erlangen. Sobald wir dies erkennen, können wir bessere Entscheidungen treffen. Wir möchten etwas bekommen. Wir erkennen, dass niemand dafür verantwortlich ist, uns glücklich zu machen oder die Dinge so zu tun, wie wir es möchten. Es ist unsere Liebe, die uns glücklich macht und uns einlädt, mit denjenigen um uns herum zu teilen. Statt die Dinge auf unsere Weise zu erledigen, lernen wir, den wahren Weg, den Weg des Himmels, zu wollen.

Die Welt zeigt uns unsere innere Vision. Alle Trennung, die wir sehen, spiegelt das Gewirr unseres gespaltenen Bewusstseins. Während wir unser Bewusstsein auf dem Pfad des Friedens entwirren, geben wir unsere Forderungen an die Welt auf und dies erlaubt uns zu empfangen. Wir erkennen, dass Trennung die vier Eckpfeiler aller Probleme schafft: Beschwerden, Autoritätskonflikt, Angst und Schuld. Einen dieser Ecksteine vollkommen zu heilen, bedeutet, dass sich das Problem auflöst. Unter allen Problemen ist der Wunsch verborgen, sich zu trennen und unabhängig zu sein. Dieser Wunsch wird von den Ablenkungen der Schmerzen, Probleme und Aufopferung durch Opfersein getarnt. Alles, was wir vor uns selbst in unserem Unterbewusstsein und unserem Seelenbewusstsein versteckt haben, ist viel größer als der Verstand, dessen wir uns bewusst gewahr sind. Während uns diese Angriffe und verborgenen Dynamiken bewusst werden, treffen wir neue und bessere Entscheidungen, um zurück zum Licht zu reisen. Indem wir uns auf die Liebe konzentrieren, geben, vergeben, teilen und helfen wir, statt in den Teufelskreis von Angriff und Selbstangriff zu investieren. Indem wir nach dem Licht streben, dehnen sich unser Leben und unser Bewusstsein aus. Unser Herz wächst und wir werden machtvoller und effektiver dabei, andere zu ermächtigen. Nicht nur gehen *wir* auf das Licht zu, wir helfen auch anderen, zum Licht zu gehen.

In Wahrheit wollen wir den Frieden Gottes, der die Grundlage für Erfolg, Gesundheit, Fülle und Liebe darstellt. Wir wollen alle Trennung beenden und Verbundenheit wiederherstellen. Das beendet Aufopferung, Gefühle des Opferseins und dissoziierte Unabhängigkeit. Wir wollen eine Situation schaffen, bei der alle gewinnen. Mit anderen Worten wollen wir uns in diesem Ereignis auf das Licht zubewegen und die Lektion abschließen. Es wird später andere sowohl größere als auch kleinere Lektionen geben, aber es ist jetzt an der Zeit, dass wir uns dieser Heilung verpflichten. Verpflichte dich deiner Seelenlektion. Verpflichte dich der Ganzheit für alle.

In jeder Konfliktsituation sind *wir* dazu aufgerufen, uns zu ändern. In jeder beunruhigenden Situation wünschen wir uns jedoch typischerweise, dass sich die anderen oder die Situation für uns ändern, damit wir glücklich werden. Ich wünsche dir viel Glück dabei! Es ist dieser Wunsch, dass sich andere oder die Situation ändern, der zu einem Streit führt. Sobald der Kampf beginnt, macht niemand Fortschritte. Erkenne, dass, wenn *du* dich aufgewühlt fühlst, *du* aufgerufen bist, dich zu ändern. Es ist *dein* Problem, das von *deiner* Überzeugung und *deinem* Ego eingerichtet worden ist. Übernimm die Verantwortung. Wisse, dass *deine* Änderung *deine* Heilung ist. Wenn du andere durch deine Kontrolle änderst, ist damit die Lektion für dich nicht verschwunden. Du musst immer noch deinen Teil tun und sie lernen. Wenn du das nicht tust, wird die Lektion zum einen oder anderen Zeitpunkt als ein noch größeres Problem zurückkehren.

Sogar in einer Situation, in der es um Leben oder Tod geht, wirst du aufgefordert, dich zu ändern. Entweder änderst du dich und dein Ego stirbt in gewissem Maß – oder du wirst sterben. Es gibt einen Satz, den Oscar Wilde einige Wochen vor seinem Tod ausgesprochen haben soll. Es war sehr krank, und er wurde in einem billigen Hotel in Paris gepflegt, wo er in ein Koma gefallen war. Als er schließlich aus dem Koma erwachte, starrte er die knallbunte Tapete in seinem Krankenzimmer an und erklärte: „Entweder geht diese scheußlich Tapete oder ich gehe."

Also entweder geht dein Ego oder du gehst. Und vergiss nicht, während du dich im Wachstum vorwärtsbewegst, dass Schuld und Selbstangriff nur hinterhältige Methoden des Egos sind, um seine Existenz zu wahren.

Es gibt andere, direktere Methoden, um diese Welt zu transzendieren. Eine davon besteht darin, dich mit jemandem von Geist zu Geist so tief zu verbinden, dass ein Augenblick des Lichts entsteht, in dem sich die Ewigkeit öffnet. Körper und Unterschiede fallen bei dieser Erfahrung weg, und es gibt nur noch die Gleichartigkeit der Heiligkeit. Jedes Mal, wenn dies passiert, kommst du mit mehr Ganzheit in deinen Geist und gegenüber allen anderen zurück. Es besteht eine tiefere Verbindung und eine größere Einheit. Wenn du dieses Sichverbinden im Licht länger als einen Augenblick aufrechterhältst, erfährst du den Geist Christi, der den Himmel auf Erden und Einssein mit Gott und allem bringt. Das Gleiche kann durch das Beruhigen deines Geistes und das Finden des Lichts in dir erreicht werden. Gehe einfach an den dunklen, jedoch wesenlosen Wolken deines Urteils und deines Grolls vorbei zu dem Licht in dir. Dieses Licht ist das „Du", als das du erschaffen wurdest. Wie Liebe sich selbst in Liebe ausdehnte und Licht sich selbst in Licht ausdehnte, wurdest du erschaffen. Alle Urteile, Beschwerden und Trennungen, die unser Ego aufgebaut haben, fallen in diesem Liebeslicht als Illusionen weg.

Der ganze Zweck des Spiels des Lebens besteht darin, sich für das Licht zu entscheiden. Wir tun dies, indem wir die Lektionen lernen, für die wir gekommen sind. Bei jedem Trauma in unserem Leben sind wir bei einer wichtigen Seelenlektion durchgefallen. Diese Lektionen können immer noch gelernt werden, und wir können diese Prüfungen jetzt bestehen. Es sind einfach Orte, die unsere Vergebung brauchen, weil wir das, was wir anderen vorgeworfen haben, unterbewusst selbst getan haben. Vergebung ist für uns bestimmt. So heilen wir unsere Vergangenheit, insbesondere unsere uralte Vergangenheit, während sie von anderen ausagiert wird. Wir lernen, dass alle Aspekte dieser Welt die

Filme und die Drehbücher sind, die wir schreiben. Die Welt zeigt uns unsere verborgenen Wünsche, die aus unseren Selbstkonzepten und Glaubenssystemen stammen und die wir systematisch heilen, während wir nach dem Licht streben. Dies bringt mehr Frieden, und unsere friedlichen Gedanken führen den Weg zum Licht an.

Heute könntest du Zeit mit dem einzigen Spiel verbringen, das es wert ist, gespielt zu werden – das Spiel, mit dem du aus dem Spiel des Lebens ausbrichst. Du kannst dies tun, indem du nach dem Licht in dir selbst oder einem anderen strebst. Erinnere dich daran, dass sich die größte Macht in aller Ewigkeit nach dir ausdehnt, während du dich ausdehnst. Vergebung ist die hilfreiche Illusion, die all die zerstörerischen Illusionen der Trennung beseitigt. Vergebung verbessert die Welt und macht sie gutartiger als Folge der praktischen Liebe, welche die Vergebung darstellt. Wir entscheiden uns in jedem Augenblick dafür, in was wir unser Bewusstsein investieren. Wir können uns in einer Welt der Illusionen verlieren oder zum Licht gehen.

42

Wie es wirklich ist

Unsere Wahrnehmung spiegelt unser Bewusstsein. Wir sehen, was wir glauben. Wir sehen, was wir uns wünschen. Wir sehen, was wir sehen möchten. Jenseits der gewöhnlichen Welt der illusorischen Wahrnehmung gibt es jedoch Licht, eine Welt des Lichts. Wir haben der Welt unseren Willen aufgezwungen und sie starrt dadurch als unser Ebenbild auf uns zurück. Wie dir einige der neueren Quantenphysiker sagen können, gibt es nur Licht, bis du dich entscheidest, dort etwas zu sehen. Diese Entscheidung läuft die ganze Zeit ab. Dies geschieht typischerweise unterhalb der Ebene unseres bewussten Verstandes.

Einmal jedoch, im Jahr 1989 bei einem Drei-Tages-Workshop in Vancouver, war der Grad an Bewusstsein hoch genug, sodass ein Drittel der Teilnehmer sahen, dass wir uns kollektiv dafür entschieden, was im Workshop als Nächstes geschehen und wer was sagen würde. Nach ungefähr zwanzig Minuten berichteten zwei Drittel der Teilnehmer des Workshops, dass sie sahen, wie wir alle entschieden, was geschehen würde. Die Verzögerung zwischen der Entscheidung und dem Geschehen betrug ungefähr sechs Sekunden. Zuerst war es eine unglaubliche Erfahrung. Während wir jedoch das Entfalten des Prozesses erlebten, wurde sie ganz normal. Wir sahen, dass unsere Entscheidung darüber, was passieren würde, ganz natürlich geschah.

Dies geschah am Ende des Vormittags des zweiten Tags. Als es mir zuerst auffiel, fragte ich, ob noch jemand anders sich bewusst war, was ich sehen konnte. Ich war überrascht, dass sich innerhalb von zwanzig Minuten zwei Drittel von uns dieses Phänomens bewusst waren. Stell dir das einmal vor! Unsere *Entscheidungen* erzeugten die Realität – was geschah, während es geschah.

Also zuerst gibt es Licht und anschließend entscheiden wir uns, was wir sehen möchten. *Ein Kurs in Wundern* bezieht sich auf diese Phänomene der Welt, die unsere innere Schau so spiegelt, wie wir sie haben wollen:

> Es ist nicht schwer, nach innen zu schauen, denn dort beginnt jede Schau.
>
> Es gibt einen einzigen Anblick, sei er von Träumen oder von einer wahreren Quelle, der nicht nur ein Schatten dessen wäre, was durch die Innenschau gesehen wurde. Dort beginnt die Wahrnehmung, und dort endet sie. Sie hat keine andere Quelle außer dieser.
>
> *Ein Kurs in Wundern,* Übungsbuch, Teil I, Lektion 188, 2:5-8

Wir sehen wirklich nur, was wir über uns selbst denken. Deshalb ist Vergebung so wirkungsvoll – weil wir uns nur dann selbst heilen, wenn wir anderen vergeben. Während wir vergeben, entwickelt sich die Welt weiter.

Der Zweck des Spiels des Lebens besteht darin, dorthin zurückzukehren, wie die Welt wirklich ist, wo alles, was es gibt, nur eine perfekte Welt ist, während es dahinter nur Licht gibt. Und während dir ein Quantenphysiker vielleicht sagen würde, dass dies alles ist, was es wirklich gibt, dass dies der Kern der Wirklichkeit ist, würde er dir vermutlich nicht sagen können, dass dieses Licht auch Liebe und Freude ist. Wenn wir endlich den Himmel auf Erden in der Ebene der radikalen Abhängigkeit erlangen, haben wir einen Fuß im Himmel und einen Fuß in dieser Welt.

43

Wie du den Schmerz in deinem Leben überwindest

Es gibt viele Wege, um den Schmerz in deinem Leben zu überwinden, denn Schmerz ist eine Illusion. Und darüber hinwegzukommen, bedeutet, einen Ort des Friedens, der Leichtigkeit und sogar der Freude zu erreichen.

Eine Möglichkeit, einem Menschen über seine Schmerzen hinwegzuhelfen, besteht darin, zu wissen, wie man einen Zustand des Friedens erreicht. Wenn du dich bis zu einem Punkt entspannen kannst, der tiefer liegt als der Schmerz, fällt der Schmerz weg. Du kann Frieden durch Heilungsenergie oder Meditation erreichen. Du erreichst Frieden durch Verbundenheit, Akzeptanz, Vergebung oder mit Integrationsübungen. Frieden ist die Wirklichkeit. Stress ist eigentlich ein Konflikt auf der Oberfläche unseres Bewusstseins. Auch wenn wir im Leben und in unserem Unterbewusstsein und sogar in unserem Seelenbewusstsein Konflikte erleben, ist der tiefe Frieden des tiefsten Bewusstseins tiefer als all das.

Heilungsübungen

Es gibt unzählige Heilungsübungen, die die Verbundenheit wiederherstellen und Hindernisse beseitigen. Die Heilung geschieht, weil wahres Verständnis den Schmerz und die Trennung des Missverständnisses auflöst. Die Akzeptanz authentischer Heilungsprinzipien einschließlich unserer wahren Natur erlöst uns daraus, uns den Ereignissen zu widersetzen, die dafür sorgen, dass wir in Schmerzen steckenbleiben. Wenn wir den Schmerz in unserem Leben nicht überwinden, bewegen wir uns nicht vorwärts und behalten den Stress in uns. Es gibt kein Wachstum. Gelegenheiten sind selten und wir bleiben in einem Gefängnis gefangen, das wir selbst gebaut haben. Indem wir zwei Elemente, die sich in Konflikt befinden oder sehr verschiedenartig sind, in einem neuen integrierten Ganzen zusammenbringen, kann Frieden entstehen, wo es zuvor Differenzen, Streit, Schmerz, Trennung und Illusion gab.

Es gibt viele, viele Integrationsübungen. Hier ist ein Beispiel für eine einfache Übung: Stell dir einfach vor, dass die zwei unterschiedlichen Gegenstände, Menschen oder Themen, die den Konflikt darstellen, in jeder deiner Hände liegen – die eine Seite des Konflikts in deiner linken und die andere Seite des Konflikts befindet sich in deiner rechten Hand. Schmilz die zwei Gegensätze zu ihrem reinen Licht und ihrer reinen Energie zusammen und bringe anschließend das Licht und die Energien in deinen beiden Händen zusammen, sodass es nur eins ist – eine neue Ganzheit. Schließlich stellst du dir vor, diese Ganzheit in dich zu bringen.

Vergebung entfernt die Illusion einfach dadurch, dass du, wenn du dich weigerst, jemandem etwas übel zu nehmen, es dir selbst auch nicht übel nehmen wirst. Und wenn du dich weigerst, dich selbst für etwas zu verdammen, wirst du das auch niemand anders übel nehmen. Vergebung heilt deine versteckten Schuldgefühle. Wenn du keine Schuldgefühle hättest, würdest du weder urteilen noch dich beschweren noch Probleme haben. Schuld sorgt dafür, dass du auf die Welt projizierst und daher wahrnimmst, dass andere etwas falsch gemacht haben. Sie verdienen es, bestraft zu werden! Anstatt zu erkennen, dass sie einfach einen Fehler machen und Hilfe brauchen.

Die Natur der Wahrnehmung besteht darin, dass wir sehen, wie andere tun, was wir getan haben oder tun oder tun würden. Natürlich verstecken wir das bequemerweise alles vor uns selbst in unserem Unterbewusstsein. Dies macht uns zu den besseren Menschen, es gibt uns Überlegenheit – zumindest in unserem eigenen Verstand. Wenn du dich schnell im Spiel des Lebens vorwärtsbewegen willst, erkenne, dass du, wenn du etwas *siehst*, glaubst, dass du das *bist*. Wir sehen außerhalb von uns das, was in unserem Inneren ist.

Daraus folgt, dass wir uns immer nur selbst vergeben, während wir anderen und der Welt vergeben. Die Welt ist unser Spiegel und eine der Methoden, um im Spiel des Lebens vorzurücken, besteht darin, diese Tatsache zu benutzen, um herauszufinden, was unsere Heilungsaufmerksamkeit braucht. Wir können aus der Natur eines Spiegels effektiven Nutzen ziehen, indem wir seine reflektierende Eigenschaft als einen einfachen Weg einsetzen, ein genaues Bild von dem zu erhalten, was wir versteckt haben. Auf diese Weise können wir auf dem Pfad der Vergebung und der Heilung Fortschritte machen. Da die Welt unser Spiegel ist, erreichen wir nur dann einen Ort der richtigen Wahrnehmung und des Friedens, wenn wir unseren Spiegel ständig durch Vergebung oder andere Heilungsprinzipien polieren. Wenn wir das tun, wird uns offensichtlich, dass es im Leben um Glücklichsein und die Liebe geht, die das mit sich bringt. Es kann so aussehen, als ob Glücklichsein nur vorübergehend wäre, aber kontinuierliche Liebe und Vergebung führen zu kontinuierlichem Glücklichsein.

Es hilft uns, uns selbst zu vergeben und all unsere dunklen Geschichten in glückliche Geschichten zu verwandeln. Wir werden den Schmerz verwandeln, indem wir die Seelenlektion lernen, die wir lernen sollten, was uns neue Ganzheit bringt. Wir werden unsere Projektionen wieder zurücknehmen, uns selbst zur Ganzheit zurücklieben und diejenigen um uns herum von den Geschichten und Schmerzen befreien, die wir ihnen angehängt haben.

Unsere Emotionen fühlen

Um Frieden zu erreichen, können wir die Emotionen fühlen, die in uns liegen und in Konflikt versetzen. Konflikt trennt außerdem einen Teil unseres Bewusstseins von einem anderen Teil und hält uns von anderen Menschen und vom Himmel getrennt. Während wir Emotionen fühlen, schmelzen sie in Frieden hinweg und aus Frieden schmelzen sie zu Freude. Dies öffnet uns das Herz und dehnt unser Bewusstsein aus. Dadurch werden die Schmerzen geheilt, die dafür sorgen, dass wir uns blamiert fühlen und emotional zurückbleiben. Es schmilzt Hindernisse hinweg. Es heilt kontraproduktive Muster und erlaubt uns, die wahre Schönheit in uns selbst, anderen und dem Leben zu sehen. Während wir all diese Emotionen in unserem Inneren fühlen, fallen Depression und Entmutigung von uns ab und es gibt Erneuerung, Renaissance und Wiedergeburt.

Es ist wichtig zu wissen, dass Schmerzen ein Hinweis dafür sind, dass *wir vom Weg abgekommen sind.* Gleichzeitig können uns Schmerzen auf Schaden und sogar Gefahr hinweisen – es ist wichtig, dass wir nicht zulassen, dass uns jemand schadet, da dies nur unsere Schuld und die der anderen Person erhöhen würde. Deshalb kann es einen klugen und sogar einen liebevollen ersten Schritt darstellen, eine Fehlschöpfung eines anderen Menschen nicht zuzulassen. Sobald wir uns jedoch vor derartigen Umweltbedingungen geschützt haben, ist es wesentlich, die Verantwortung für unsere Erfahrung und unsere Emotionen zu übernehmen, während wir wachsen, um Verantwortlichkeit für unsere Welt anzunehmen.

Normalerweise setzen wir Emotionen als Hilferuf, als Mittel zur Erfüllung von Bedürfnissen und zur Anschuldigung anderer ein. Wir versuchen außerdem, *andere* dazu zu bringen, sich zu ändern, und benutzen dazu in der Tat emotionale Erpressung. In Wirklichkeit dienen Emotionen jedoch einfach nur dazu, uns zu zeigen, dass wir einen Fehler machen, der korrigiert werden muss. Wenn wir die Lektion der Emotionen nicht lernen, benutzen wir sie zum Angriff und verstärken in allen den größten Fehler im Leben – zu glauben, dass andere für unser Glücklichsein verantwortlich sind.

44

Deine Lebensaufgabe ändern

Wir alle treten mit der Absicht in dieses Leben, etwas zu finden und etwas zu vollenden. Es scheint, als ob wir nur dann in diese Welt kommen, wenn wir ein Ziel haben, von dem wir glauben, dass es genau das ist, was wir brauchen, um uns erfüllt zu fühlen. Ich habe eine Menge wohlmeinender spiritueller Leute protestieren hören, dass sie gar nicht hier sein wollten und eine Art Wutanfall mit Gott darüber haben, dass er sie tatsächlich gegen ihren Willen hierher geschickt hat. Als ich sie jedoch eingehender befragte, erkannten sie, dass es sich um eine irrtümliche Beteuerung ihrerseits handelte und ihre Anschuldigung gegenüber Gott tatsächlich ihre eigene projizierte Schuld war. Wir sind alle gekommen, um etwas zu *bekommen*, und all die vergangenen Vorlieben zur Trennung und zur Schaffung einer Identität für uns selbst werden mit jedem Missgeschick offensichtlich, das wir anderen anzuhängen versuchen. Wir benutzen Anschuldigungen, um uns zu trennen und so eine Identität für uns selbst zu schaffen.

Das Problem dabei ist, dass wir mit jeder Trennung mehr Schmerzen und mehr Bedürfnisse ernten. Je mehr wir brauchen, umso mehr müssen wir nach Dingen in der Welt streben, um die Leere zu füllen, die wir im Innern spüren. Wenn wir Ziele außerhalb von uns anstreben, gibt es Verlust, Herzensbruch, Enttäuschung und Desillusionierung. Wir fühlen uns verletzt und wütend. Wir greifen uns selbst und andere an, die unserer Meinung nach vereiteln, dass wir haben, was wir möchten und verdienen. Dadurch entstehen Beschwerden, mehr Trennung und größere Bedürfnisse und mehr Streben nach Dingen außerhalb von uns selbst, während wir die Schale unseres Egos größer und dicker machen. Dies führt zu einem Teufelskreis, der aus unserem Leben einen niemals endenden Kreislauf des Verlusts, der Enttäuschung und der Hölle macht. Wenn wir die Welt als einen Versuch sehen, etwas zu bekommen, resultiert dies in einem Muster aus Herzensbruch, Niederlage und Rache. Mit unserem Leben geht es dann rasch abwärts und schon bald werden wir zu einem Schatten unseres früheren Selbst.

Ein Kurs in Wundern besagt Folgendes über unsere wirkliche Lebensaufgabe in der Welt und die Folgen davon, dass wir sie von ihrem vorherigen Zweck im Sinne des Egos abgeändert haben:

> „Freiheit ist dir gegeben, wo du nichts als Ketten und eiserne Türen sahst. Doch musst du dein Denken ändern über den Sinn und Zweck der Welt, wenn du Entrinnen finden willst. Du wirst so lange gebunden sein, bis du die ganze Welt gesegnet siehst und bis ein jeder von deinen Fehlern befreit worden ist und so geehrt wird, wie er ist. Du hast ihn nicht gemacht und dich genauso wenig. Und indem du den einen befreist, wird der andere so angenommen, wie er ist."
>
> *Ein Kurs in Wundern,* Übungsbuch, Lektion 200, 5:1-5

Um Entrinnen zu finden, müssen wir unsere Einstellung über den Sinn und Zweck der Welt ändern. Bis wir die Welt als gesegnet und nicht als die reine Projektion unserer Fehler sehen, werden wir in diesem Teufelskreis feststecken, der nach unten in die Hölle führt. Wir können die Welt nur segnen, während wir uns selbst segnen. Dann erlauben wir allen, so unschuldig zu sein, wie sie von Gott geschaffen worden sind, und wir geben uns selbst die gleiche Freiheit. *Ein Kurs in Wundern* spricht weiter über Vergebung als Mittel, um aus der Hölle zu entrinnen, in die wir uns selbst manövriert haben. Ihre Macht befreit *alle* Kinder Gottes, während wir die Vergebung mit ihnen teilen.

> „Was tut Vergebung? In Wahrheit hat sie keinerlei Funktion und tut gar nichts. Denn im Himmel ist sie unbekannt. Es ist nur die Hölle, wo sie gebraucht wird und eine mächtige Funktion erfüllen muss. Ist das Entrinnen von Gottes geliebtem Sohn aus bösen Träumen, die er sich einbildet und doch für wahr hält, kein würdiger Zweck? Wer könnte mehr erhoffen, solange es so aussieht, als hätte er eine Wahl zwischen Erfolg und Misserfolg, Liebe und Angst zu treffen?"
>
> *Ein Kurs in Wundern,* Übungsbuch, Lektion 200, 6:1-6

Wir sind gekommen, um andere zu befreien, und während wir vergeben, wird dies für sie und uns erreicht. Dies macht uns zu einem „Freiheitskämpfer" für die ganze Welt. Wir befreien Gottes Kinder. Was für ein Geschenk an Gott selbst! Was könnte für Gott kostbarer sein als Seine Kinder? Und du befreist dich selbst, während du andere von dem befreist, was sie für wahr halten und was sie in der Hölle hält. Vergebung sprengt die Ketten und schlägt die eisernen Türen von Überzeugungen und Wahrnehmung ein. Wenn du deinen Sinn und Zweck in der Welt davon, etwas zu bekommen, zu allem zu vergeben änderst, wirst du erfüllt und siehst die Welt als gesegnet. Dann siehst du, dass andere Ehre und Würde verdienen, und heißt sie auch für dich selbst willkommen.

45

Sammlungen sollen alte Bedürfnisse beschwichtigen

Während wir Fortschritte machen, wird Spiritualität unvermeidlich. Wir streben nicht länger nach den Blättern eitler Begierden, sondern zertrampeln sie unter unseren Füßen, während wir uns entwickeln und aufhören, Dinge von den Bäumen ohne Hoffnung anzustreben. Wir lernen, dass Erfüllung aus Geben statt aus Verstecken kommt, und verwirklichen stattdessen unsere Lebensaufgabe. Wir lernen, dass Glücklichsein aus dem entsteht, was wir geben, und nicht aus den tausend nutzlosen Zielen, die wir anstreben. Wir suchen nach dem Frieden Gottes, weil dieser Frieden Vereinigung birgt, den Himmel auf Erden. Dies ist ein Ort von so viel Liebe, dass es von dort aus nur ein kurzer Schritt aus dem Spiel heraus und in den Himmel selbst ist, den Zustand des Einsseins.

Wenn wir gelitten haben und sowohl abhängig als auch unabhängig gewesen sind, ist eine der wichtigsten Methoden, mit der wir Angst-Schuld-Schmerz und Trennung verstecken, das *Sammeln*. Sammeln kann alles sein. Es könnte sich um T-Shirts oder Reisen, Sex oder Kaffeetassen, Hotelschlüssel oder Autos, Hemden, Werkzeuge oder Schuhe, Bücher oder Büstenhalter, Kunst oder Haustiere oder Parfüm handeln. Sammeln verbirgt all die Emotionen der Vergangenheit in unserer Besitzgier, die niemals gestillt wird. Je mehr wir erwerben, umso mehr wollen wir, und auch wenn unsere Sammlung unsere Einsamkeit verbirgt und kompensiert, kann die Einsamkeit so nie geheilt werden. Sammlungen sollen eine Abwehr für uns bilden, aber in Wirklichkeit gibt es die Beschwerden aus der Vergangenheit immer noch, die Probleme ausbrüten, sowie die Hindernisse und Dinge außerhalb von uns, die versprechen, uns zu erfüllen, jedoch nur zukünftige Enttäuschungen darstellen.

Es kommt der Punkt, an dem wir über unsere Sammlungen hinausgehen. Dann werden wir es nicht mehr nötig haben, zu sammeln, sondern stattdessen das gesamte Leben mehr genießen. Wir werden unsere Partner und unsere Familien mehr genießen, weil es keine verborgenen Urteile, Beschwerden und Überzeugungen gibt, die das Ego benutzt hatte, um sich selbst aufzubauen.

Untersuche also heute deine Sammlungen. Was sammelst du? Was versuchst du von deinen Sammlungen zu bekommen? Welches Bedürfnis sollen sie erfüllen? Welchen Schmerz aus deinem Leben versuchst du damit zu beschwichtigen? Welche Einsamkeit versuchst du zu heilen? Was soll deine Sammlung beweisen? Wie macht dich deine Sammlung besonders?

Der ganze Gewinn aus dem Sammeln besteht einfach in der Aufmerksamkeit, die du für dein Ego erhältst, um dich von der Liebe abzulenken, die du geben und empfangen könntest. Vor was versuchst du dich mit deiner Sammlung letztendlich zu schützen? Was auch immer es ist, auch wenn es an sich unschuldig ist, stellt es eine Brutstätte für Probleme und ein Mittel dar, dein Ego stark und dein Geben-Empfangen schwach zu halten. Unter den harmlosen und scheinbar unschuldigen Sammlungen, die du hast, lauern außerdem deine Angst und dein Glauben an den Tod. Wer könnte dir eine derartige kleine Ausschweifung wie eine bezaubernde Sammlung vorwerfen? Also wirklich, schließlich befindest du dich auf dem Weg zu deinem Tod und verdienst daher ein kleines Vergnügen. Der Glauben an den Tod und die Angst vor dem Tod sind im Spiel des Lebens große Fallen. Lege diese Sammlungen und das, was auch immer sie verbergen, in Gottes Hände. Jedes Mal, wenn du versucht bist, etwas zu *bekommen*, lege es in Gottes Hände. Vielleicht sammelst du dann immer noch. Aber wenn du die Schmerzen und das Bedürfnis darunter heilst, wird das den Wunsch, das anzuhäufen, was auch immer du gesammelt hast, stark verringern. Dies öffnet dich und lädt alle guten Dinge ein, wie Liebe, Gesundheit, Freude, Frieden und Fülle, sowie den Zugang dazu, außerhalb der Zeit zu leben.

46

In der Welt vorankommen

Wir werden in die Welt in ein Elternhaus geboren, das bestimmte Hoffnungen für uns hegt. Unsere Eltern möchten, dass wir Erfolg haben. Sie möchten, dass wir vorankommen, dass wir Erfolg in der Welt haben, damit sie glücklich und stolz auf uns sind. Sie wollen, dass wir glücklich sind, aber wer sie sind und die Gesellschaft, in die wir geboren werden, begrenzen das, was möglich ist. Die meisten Menschen passen sich den Überzeugungen und den Bestrebungen der Familie an und gehen nicht viel darüber hinaus. Einige natürlich haben großen Erfolg in der Welt und machen sich einen Namen. So gut, wie das jedoch auch ist, fehlt dabei etwas. Sie sehnen sich nach mehr. Etwas ist unvollständig. Deshalb können sie der Versuchung erliegen, also etwas tun, was sie von ihrem Pfad abbringt, etwas, dem es an Integrität mangelt und das eine Bedrohung für ihr ganzes Leben darstellen kann. Bei diesem Szenario hängt das Glücklichsein der meisten Menschen von etwas ab, was außerhalb von ihnen ist. Wenn sich die Umstände ändern, geht ihr Glücklichsein verloren. Dennoch sind es unsere Liebe und unser Geben, unser Helfen und unsere Kreativität, die uns von innen glücklich machen.

> „Suche nicht außerhalb von dir. Denn all dein Schmerz kommt einfach nur von einer vergeblichen Suche nach dem, was du willst, wobei du darauf beharrst, wo es zu finden ist. Und was, wenn es dort nicht ist? Möchtest du lieber Recht haben oder glücklich sein? Sei froh, dass dir gesagt wird, wo das Glücklichsein weilt, und suche nicht mehr anderswo. Es wird dir misslingen. Doch ist es dir gegeben, die Wahrheit zu erkennen und sie nicht außerhalb von dir zu suchen."
>
> *Ein Kurs in Wundern,* Textbuch, T-29.VII.1:6-10

Wenn deine Freude größer werden soll, während du durch dein Leben gehst, dann erkennst du, dass Freude aus der Verbindung entsteht, die du mit anderen und mit dem Himmel hast. Je mehr Verbundenheit, Joining, Liebe, Geben und Vergebung es gibt, desto mehr Freude und Empfangen gibt es. Aus dieser Bezogenheit beginnen wir, unseren Wunsch nach dem Spirituellen zu verwirklichen. Dies geht über unsere Wahrnehmung bis zur Vision und dann zur spirituellen Vision. Zu einem bestimmten Punkt kommt uns die Erkenntnis, dass der Himmel wirklich ist, und dass es jenseits der Ziele der Welt das Ziel des Himmels auf Erden gibt oder das Ziel von Gottes Frieden oder dem Einssein. Dies führt uns immer mehr dazu, uns selbst und andere zu heilen, um diese Ziele zu erreichen.

Eine Zeit lang haben wir sowohl Ziele im Himmel als auch im Alltag, aber es kommt die Zeit, wenn wir immer weiter vergeben und nach Frieden streben und anderen helfen, wenn wir schließlich nur noch in einer Welt sein möchten – in der spirituellen Welt. Wir sind dann immer weniger von der materiellen Welt abhängig. Wir erkennen, dass die Welt unser Bewusstsein spiegelt und dass ihr Zweck darin besteht, uns dabei zu helfen, uns selbst zu vergeben, während wir uns weiterentwickeln. Das bedeutet nicht, dass uns Fülle, Gesundheit oder unsere Arbeit verweigert werden. Wir können diese Dinge leicht genug haben, sie werden jedoch nur zum Hintergrund unseres Glücklichseins und unserer Heilung. Je weiter wir in unserer Entwicklung kommen, umso tiefergehend sind die Spaltungen, die wir an die Oberfläche unseres Bewusstseins holen. Sie kommen in der Welt auf uns zu, damit wir auf immer tieferen und höheren Ebenen heilen und lernen. Je mehr wir verzeihen, je mehr wir uns verbinden und je mehr wir heilen, umso mehr werden wir ganz. Während wir die Geschenke und die Ganzheit aus unserem Innern hervorbringen, werden alle unsere äußeren Bedürfnisse erfüllt und wir erfahren Frieden.

> „Tief in dir liegt alles, was vollkommen ist, bereit, durch dich hindurch und hinaus in die Welt zu strahlen. Es wird allen Kummer, allen Schmerz, alle Angst und allen Verlust heilen, weil es den Geist heilen wird, der dies alles für wirklich hielt und wegen seiner Treue diesem gegenüber litt."
>
> *Ein Kurs in Wundern,* Übungsbuch, Lektion 41.3:1-2

Das können wir erreichen. Je mehr wir heilen, umso effektiver werden wir. Je effektiver wir werden, umso mehr strahlen wir. Wir erreichen einen Ort, an dem wir bereit sind, über das Spiel des Lebens hinaus und in das ewige Leben einzugehen. Über die Zeit ins Zeitlose einzugehen, über die Grenzen ins Grenzenlose, über das Leben, wie wir es kennen, ins ewige Leben in Einssein und in die ekstatische Freude einzugehen, die unser Erbe ist. Während wir uns diesem Ort nähern, möchten wir nur Zeit mit Gott verbringen.

Um diese spirituellen Ziele zu erreichen, braucht es ein wichtiges Element: Wir müssen die Identifikation mit unserem Körper aufgeben. Während wir uns trennen, machen wir unseren Körper zu einem Symbol der Trennung. Es ist schmerzhaft, sich zu trennen, aber das Ego baut sich auf diese Weise auf. Während wir uns immer mehr mit dem Ego und unserem Körper identifizieren, schränken wir uns selbst ein. Wir beginnen zu glauben, dass unser Bewusstsein auf unseren Körper begrenzt ist und dass wir nur ein Körper sind. Dies verdeckt unser Erbe als Geist, und wir schließen einen Egovertrag ab, in dem Glauben, ein Körper zu sein.

Wenn wir glauben, ein Körper zu sein, glauben wir auch, dass wir sterben werden. Diese Angst vor dem Tod, die Teil jedes großen Problems ist, lähmt unser Leben. Diese Überzeugung, die normalerweise tief im Bewusstsein vergraben ist, beeinträchtigt uns dennoch auf jede nur mögliche Weise. Unsere Angst vor dem Tod macht uns Angst davor, wirklich zu leben. Sie führt uns außerdem zu der Argumentation, dass wir, da wir uns auf dem Weg zum Tod befinden, genauso gut einige Vergnügen genießen und auf dem Weg dahin ausschweifen könnten. Diese Vergnügen und Ausschweifungen sind Anhaftungen. Wenn wir unsere Anhaftungen aufgeben, sind wir frei. Und dazu gehört das Idol des Körpers, auf das wir unsere ganze Welt fokussieren, indem wir uns wie besessen damit beschäftigen, wie wir für unseren Körper sorgen und auf welche Weise wir sinnliche Vergnügen genießen können. Nach Vergnügen zu streben bedeutet dennoch, Schmerzen zu finden, und zu glauben, dass wir ein Körper sind, bedeutet, den Tod zu finden. Wenn wir jedoch aus unseren Körpern heraustreten und diese Lernvehikel aufgeben, finden wir ein Leben jenseits des Körpers. Das war meine Erfahrung, nachdem ich meinen Körper im Rahmen einer heftigen Erfahrung der Todessehnsucht vollkommen verlassen hatte und mich dazu entschied, zurückzukommen, statt aufzugeben und dieses Leben, so wie ich es kannte, aufzugeben.

Der Körper soll ein Vehikel zum Lernen und zur Kommunikation sein. Wenn er für andere Zwecke eingesetzt wird, setzen wir ihn Risiken aus. Der Körper macht immer weiter, wenn wir ihn nicht missbrauchen und ihm aufgeben, Ziele für uns zu erreichen, die niemals wahr sein könnten, wie Vergnügen oder Übertreiben in einem beliebigen Bereich. Die Anhaftung an unseren Körper als den zentralen Teil unseres Lebens und unsere Identität als ein Körper aufzugeben ist ein großer Schritt. Wir müssen zuerst erkennen, dass es andere Ziele gibt, die uns wichtiger sind, wie Liebe, Wahrheit, Freiheit, Grenzenlosigkeit und Leichtigkeit. Unsere Macht und unser Erbe der Wunder, die auf uns warten, zu kennen, bedeutet, dass wir aufgerufen sind, über den Glauben an den Körper hinauszugehen.

Jenseits einer gesunden Selbstdisziplin, die wirklich eine Form der Selbstliebe ist, brauchen wir uns um den Körper keine zwanghaften Gedanken zu machen. Er ist neutral, und wir verleihen ihm den Wert, den er für uns hat. Wenn wir ihm Rollen zuweisen, für die er nicht gemacht worden ist, und den Körper zum Angriff einsetzen, wird er besonders gefährdet. Dies macht den Körper für Angriff empfindlich, weil wir dann glauben, dass unser Körper verletzt werden kann. Im Kontext von *Ein Kurs in Wundern* ist es ein riesiger Schritt, über den Körper hinauszugehen und anschließend über das Spiel des Lebens hinauszugehen. Mit dem Aufgeben der Identifikation mit dem Körper geben wir unsere Egoidentität auf, damit es mehr Himmel und weniger von dem gibt, wie wir uns selbst geschaffen haben. Gott als Geist hat uns als Geist in Seinem Ebenbild erschaffen. Wir haben uns den Rest ausgedacht, und wenn Gott ihn nicht gemacht hat, existiert er nicht. Heute wollen wir es zu einer vorrangigen Priorität machen, das Ziel der Identifikation mit dem Körper aufzugeben.

47

Entrinnen

Es hat alles mit einem Irrtum, einem Fehler begonnen. Wir waren im Einssein, im Himmel selbst, ein Teil der Erhabenheit Gottes, wie wir geschaffen wurden. Wir waren Seine Ausdehnung, Seine großartige geteilte Liebe, ein Teil des Ganzen. Und dann geschah ein Irrtum, das ursprüngliche Abwenden vom Licht. Jemand hat einen Witz gemacht: „Was wäre, wenn wir getrennt wären?" Aber irgendwie hat niemand gelacht.

Was eins ist, kann natürlich nicht geteilt werden. Wir können nur *glauben*, dass es geschehen ist, aber es ist eine Illusion – und es leitete Raum und Zeit mit einem Urknall ein. Wir sind in den Traum gefallen. Wir haben uns vorgestellt, dass wir von Gott getrennt wären, und das hat die Geburt des Egos erzeugt. Wir hatten jetzt den Heiligen Geist, Gottes Hilfe für uns in einer Welt der Dualität, der Illusion, und wir hatten das Ego. Das Ego hat uns dann mit mehr Trennung versucht: „Sei ein Gott in deiner eigenen Welt." Und während wir Gott vergaßen, sind wir darauf hereingefallen. Und wir haben uns immer wieder getrennt und sind immer weiter abgestürzt. Jeder Sturz wurde zu einer „dunklen Nacht der Seele", einer weiteren Spaltung in unserem Bewusstsein. Wir sind gefallen und gefallen und gefallen. Wir haben uns getrennt und getrennt, und sind weiter von der Wahrheit, dass „Gott ist", und vom Licht gestürzt und weiter weg von der Erfahrung des Ganzen und in den Glauben des Egos gefallen, welches das Prinzip und die Vorliebe für die Trennung ist.

Das Ego hat sich selbst auf Kosten unserer Selbstliebe und unseres Einsseins mit Gott und allem aufgeblasen. Schon bald haben wir Körper geschaffen, erst zur Zerstreuung, und dann, um unsere Unabhängigkeit noch nachdrücklicher zu erklären. Das Ego hat uns in unserer Vergesslichkeit als „der Vater der Lügen" überzeugt, dass wir unsere Körper und nichts weiter wären. Wir vergaßen, wer wir waren: ein Kind Gottes. Wir vergaßen das Einsseins, nicht nur, dass wir Teil davon waren, sondern dass wir immer noch Teil davon sind, weil Eins nicht geteilt werden kann. Was Gott geschaffen hat, kann nicht geändert werden. Was ewig und perfekt ist, kann nicht geändert werden. Mit dem Glauben an die Trennung entstand das Urteilen, und mit dem Urteilen entstand noch mehr Trennung. Wir haben abgespalten, was wir an uns nicht mochten, und haben es verdrängt und so getan, als wäre es nicht vorhanden. Dann hat das Ego versprochen, dass wir das, was wir in uns selbst verurteilt haben, loswerden können, indem wir es außerhalb von uns projizieren. Wir haben dann sowohl die Geschenke, vor denen wir Angst hatten, als auch die negativen Eigenschaften, die wir an uns verurteilt haben, nach außen projiziert. Wir haben sprichwörtlich ein ganzes Universum aus Urteilen und Projektion erzeugt. Aber was das Ego auch immer versprochen hat, es hat uns nicht von der Schuld befreit. Sie wurde vom Ego behalten, um sich selbst aufzubauen. Daher spiegelt die Welt, was sich in unserem Bewusstsein befindet, und deshalb ist die Vergebung für einen *beliebigen Menschen* Vergebung für uns selbst. Vergebung entfernt Illusionen. Zuerst verändert sie, wie wir uns über etwas fühlen, und dann ändert sie unsere Wahrnehmung:

> „Für den Heiligen Geist ist die Welt ein Ort, an dem du lernst, dir das zu vergeben, was du für deine Sünden hältst."
>
> *Ein Kurs in Wundern,* Übungsbuch, Teil I, Lektion 153, 12.1-5

Wir werden in diesem Leben in eine Familie geboren, und jeder in dieser Familie repräsentiert zentrale Seelenaspekte von uns selbst und unserem egoistischen Glaubenssystem. Wir haben Lebenszeiten verbracht, in denen wir genauso wie unser Partner, unsere Kinder, unsere Mutter, unser Vater, unsere Schwestern und Brüder waren. Dieses Leben, das vom Höheren Bewusstsein angeleitet wird, ist ein Versuch, uns selbst zu vergeben, während wir anderen vergeben, und deshalb mehr Ganzheit zu erlangen und talentierter zu werden. Dies hilft, Licht in unser Bewusstsein und zur Welt zu bringen. Während wir uns in unserer Familie mehr verbinden, gedeihen alle und machen Fortschritte. Dennoch gibt es immer noch das Bedürfnis des Egos zur Trennung.

Jede Opfersituation, die wir erlitten haben, war eine Tarnung für eine Trennung. Wir waren bereit, den Preis der Schmerzen zu zahlen, um unser Ego aufzubauen und eine Identität für uns zu schaffen. Das Idol der Selbstkonzepte ist das eine Idol, auf dem alle anderen Idole aufbauen. Unser Wunsch nach Trennung, der seit Anbeginn der Zeit gearbeitet hat, wurde in unserer Familie erneut abgespielt, während wir herangewachsen sind, und das hat die Muster und Themen unseres Lebens geschaffen.

Unsere Opfersituationen sind genau umgekehrt. Wir nehmen uns als Opfer einer Art von Unrecht war, die uns jemand anders angetan hat, und verbergen dadurch unsere Entscheidung, dass dies passieren sollte. Es braucht ständiges Engagement, um zu entschleiern, was wir im Unterbewusstsein verborgen haben, denn was geschehen ist, als wir zum Opfer wurden, *fühlt sich so falsch an*. Wir protestieren, dass wir niemals so etwas tun würden, um uns zu verletzen. Aber unser Wunsch nach Rache und Trennung, nach Unabhängigkeit und danach, dass es nach uns geht, dass wir die oder der Beste von allen sind, nach Kontrolle, nach dem Aufbau unseres Egos und nach mehr Besonderheit als alle anderen und viele andere irrtümliche Gründe führen dazu, dass wir uns dafür entscheiden, zum Opfer zu werden. So trennen wir uns von uns selbst, anderen und vom Himmel und zerstören die Verbundenheit. Wir verbergen die Schuldgefühle unter unserer berechtigten Empörung und Wut hinsichtlich der Opfersituation. Wir haben uns selbst bestraft, deshalb haben wir es umgekehrt, die Opfersituation und damit andere als beste Ausrede für unsere Trennung erschaffen, die in Wirklichkeit nur unsere Hilfe brauchten. Und aus dem Ereignis selbst haben wir noch mehr Schuldgefühle und Angst erzeugt.

Bei der Weiterentwicklung im Spiel des Lebens geht es darum, die Trennung aufzugeben und auf die Schuldgefühle und die Angst zu verzichten, die uns getrennt halten, und uns erneut zu verbinden. Wir rücken im Spiel des Lebens vor, während wir talentierter, friedvoller und ganzheitlicher werden. Wir vergeben leichter und wollen den goldenen Frieden, der alle guten Dinge mit sich bringt. Wir können unser Denken umkehren und die Wahrheit sehen. Wir können unser Unterbewusstsein und unser Unbewusstes an die Oberfläche bringen, damit wir sehen können, was wirklich geschehen ist. Wir können unseren Anteil daran erkennen, ihn als Fehler annehmen, unsere Angst, Schuld und Negativität aufgeben und die Lektion lernen, die unser Höheres Bewusstsein und der Himmel uns beibringen wollten: *Niemand trägt die Schuld! Aber jeder ist verantwortlich.* Alles, was geschieht, dient unserem Lernen und unserem Wachstum, und wir sehen im Spiegel der Welt nur uns selbst.

48

Die Opferhaltung

Typischerweise müssen wir viele Male ein Opfer sein, bevor wir Wege finden, um darüber hinauszugehen. Und dennoch ist die Opferrolle immer noch Teil unseres Lebens, bis wir hohe Ebenen des Bewusstseins erreichen – da jede Spaltung in unserem Bewusstsein, seit wir das Einssein verlassen haben, erneut immer wieder als ein Problem und eine Situation auftauchen kann. Ich verstand Opfersituationen kaum, bis ich mich selbst aus meinen eigenen Opfersituationen befreite, indem ich das Unterbewusstsein studierte und Verantwortlichkeit begriff. So lernte ich, mich selbst und andere aus ihrem Schmerz und ihren Problemsituationen zu befreien. Ich lernte, zu vergeben und zu heilen.

Um Menschen zu befreien, entwickelte ich einen Weg, um zu erkennen, was wir im Unterbewusstsein vergraben hatten, denn beinahe jeder hat Angst sowohl vor unseren geheimen Absprachen als auch unserem Angriff, und wir möchten uns mit dem, was wir vergraben haben, nicht auseinandersetzen. Wir möchten gut von uns selbst denken, deshalb ignorieren wir, was wir versteckt haben. Eine Opfersituation enthält viele dunkle, verborgene Dynamiken, sie wurden jedoch alle auf Geheiß des Egos versteckt.

Eine Opfersituation ist in erster Linie der Preis, den wir zahlen, um unabhängiger zu werden und die Dinge auf unsere Weise zu tun. Wir erkennen nicht, dass unsere Weise beinahe immer *nicht die beste Weise* ist, weil es einen Weg gibt, mit dem der Himmel gewinnen kann. Die Dinge auf unsere Weise zu tun, ist die Ursache der meisten unserer Probleme, denn sie ist mit Sicherheit nicht der Weg des Himmels. Wir ignorieren andere Aspekte, die in die Opferhaltung einfließen, wie Muster mit Herzensbruch, Rache, Hass, Selbsthass, Schuldgefühlen und Angst. Alle gehören zu einer Opfersituation. Ein Opfer zu sein, gehört zu einem Kampf darum, Bedürfnisse erfüllt zu bekommen, Recht zu haben, seinen Kopf durchzusetzen, zu gewinnen versuchen, Schuld abzuzahlen versuchen sowie zu einer Angst davor, weiterzugehen. Während wir die großartige Tarnung des Opferseins verwenden, um unabhängig zu werden, erkennen wir nicht, dass Unabhängigkeit ebenfalls eine Rolle ist. Wir sehen nicht, dass etwas zu unternehmen, um Unabhängigkeit zu erreichen, die unter allen Opfersituationen verborgen ist, nicht die vollständige Geschichte ist, denn wir nehmen dabei die Rolle der Aufopferung auf uns. Rollen gewährleisten, dass wir nichts empfangen, ganz gleich, was wir auch tun. Aufopferung ist eine Form der Fusion, die Verbundenheit nachahmt, jedoch scheut – und Verbundenheit ist das Prinzip, das alles leichter macht.

Das Opfermuster wird benutzt, um zu versuchen, alte, unerfüllte Bedürfnisse erfüllt zu bekommen. Es verbirgt die Tatsache, dass das, was tatsächlich befriedigend ist, das Geben ist, was das gespaltene Bewusstsein der Bedürfnisse heilt. Bedürfnisse wollen bekommen oder nehmen, aber sie können nicht empfangen, weil es einen grundlegenden Wunsch innerhalb eines Bedürfnisses gibt, unabhängig zu bleiben. Verbundenheit würde das Bedürfnis erfüllen. Geben, Empfangen, Teilen, Vergeben und Sichausdehnen würden das Bedürfnis befriedigen, indem sie es erfüllen. Es ist eine entscheidende Lektion, die wir lernen müssen, um über das Opfersein als Lebensart hinauszuwachsen.

Die erste Wachstumsebene besteht darin, sich zum Geben zu verpflichten, zu lernen, sich einzusetzen, und mehr Verantwortung für das zu übernehmen, was wir tun, und was uns angetan wird. Auf diese Weise schaffen wir den Abschluss von der Ebene des Opferseins/der Abhängigkeit zur Ebene der Unabhängigkeit, die einen Fortschritt unseres Wachstums vom Opfersein darstellt. In dem Ausmaß, wie wir Dissoziation haben, haben wir uns jedoch noch nicht vollständig aus der Opferhaltung begeben – wir haben sie einfach nur kompensiert und versteckt. Wir haben wahre Unabhängigkeit und Selbstwerdung noch nicht erreicht, die stark und einfallsreich, jedoch nicht dissoziiert ist, und dies macht es unmöglich, vollständige Partnerschaft zu erreichen. Die Opferhaltung ist Teil des Egos, und wird jeden Verrat überdauern, der Teil der Egoselbstkonzepte ist, bis wir uns selbst als Geist und als Ganzheit erkennen.

49

Unabhängigkeit

Unabhängigkeit ist das, wonach uns das Ego suchen lässt, aber diese Unabhängigkeit ist dissoziiert und keine Freiheit, denn wenn es Freiheit wäre, würde das Ego hinwegschmelzen. Das Ego will, dass wir an es gebunden bleiben. Es will uns mit Ketten gefesselt ins Gefängnis werfen. Zuerst will uns das Ego beherrschen und dafür sorgen, dass wir uns mit ihm identifizieren, als wenn es wir wäre. Das Ego besteht aus allen unseren Selbstkonzepten und jedes Selbstkonzept ist eine Beschränkung, ein Stein in der Mauer des Gefängnisses. Dann will es andere beherrschen, oder wenn es das nicht kann, unterwürfig sein, wenn die anderen eine größere Fähigkeit zum Beherrschen zu haben scheinen. Das Ego ist das Prinzip der Trennung, und es lässt uns Unabhängigkeit als Antwort darauf anstreben, was es will. Diese Unabhängigkeit ist jedoch eine Rolle, die uns nicht empfangen, fühlen oder genießen lässt. Dies ist der Preis, den wir für die Kontrolle zahlen, aber wir streben nach Kontrolle, wenn wir kein Selbstbewusstsein haben, doch Selbstbewusstsein und Zuversicht sind die wahren Elemente des Erfolgs.

Ein Kurs in Wundern nennt den Wunsch nach Unabhängigkeit „die geheime Geschichte", weil es die Geschichte ist, die dem Opfersein, der Aufopferung oder allen möglichen Problemen zugrunde liegt. Um der Ebene der Unabhängigkeit zu entrinnen und die wechselseitige Abhängigkeit zu erreichen, müssen wir Unabhängigkeit sowohl als ein Ziel als auch als eine Lebensart aufgeben. Wir müssen erkennen, dass es ein besseres, größeres Ziel in der Partnerschaft und dem Zurückgewinnen unseres Herzens gibt, einem Element, das natürlicherweise mit der Partnerschaft verbunden ist. Wir können mit Unabhängigkeit nicht weiter kommen, als Leblosigkeit, Dissoziation, Dinge zu tun, weil wir sie

„tun müssen“ oder „sollten“, statt sie zu tun, weil wir sie tun möchten, uns dafür entscheiden oder weil es wahr ist.

Mit Partnerschaft finden wir Leichtigkeit, Wahrheit, Freiheit, Authentizität, Empfangen und ein Gleichgewicht zwischen Männlichem und Weiblichem. Mit Unabhängigkeit dominiert unsere männliche Seite unsere weibliche Seite. Wir haben ein Ungleichgewicht, eine Unfähigkeit, uns ganz zu geben, Habgier, Kompensation, Vergleichen und Konkurrenz anstelle von Ganzherzigkeit, Gegenseitigkeit und Ebenbürtigkeit. Mit Unabhängigkeit kompensieren wir verborgene Emotionen, die geheilt werden müssen, damit wir frei sein können. Wir haben Angst vor Emotionen, unseren verborgenen Schmerzen und sogar unseren positiven Gefühlen, weil wir Angst haben, dass unsere Gefühle zu Situationen führen könnten, in denen wir die Kontrolle verlieren könnten. Wir brauchen Unabhängigkeit, denn wo wahre Unabhängigkeit herrscht, da ist auch Stärke. Dennoch sind ein großer Teil unserer Unabhängigkeit Kompensation und Dissoziation, die Rollen und Muster von Angst, Bedürfnisse, Verlust, Herzensbruch, Rache, Schuld, Versagen, Opfer und Aufopferung verbergen. Aber wo wir Abwehrmethoden und Kompensation haben, führt uns dies vom richtigen Weg in die entgegengesetzte Richtung, ein Opfer zu sein. Im unwahren, dissoziierten Männlichen haben wir Angst vor dem unwahren, chaotischen, hysterischen Weiblichen: Wir versuchen uns selbst zu schützen, „schütten dabei jedoch das Kind mit dem Bade aus“.

Wir machen in wechselseitiger Abhängigkeit unseren Abschluss von der Unabhängigkeit, werfen jedoch nichts weg außer Konkurrenz und Ungleichgewicht. In der wechselseitigen Abhängigkeit und Partnerschaft machen wir uns daran, unsere Unabhängigkeit und unsere Opferrollen zu heilen. In der wechselseitigen Abhängigkeit versuchen wir, alle versteckten Überreste der Aufopferung zu finden, die zeigen, dass wir immer noch Überbleibsel von Bedürfnissen und Schmerzen, Unabhängigkeit und Dissoziation sowie Aspekte des Märtyrertums haben. Wir geben es auf, alles selbst tun zu wollen, und lernen, uns an den Himmel um Hilfe zu wenden. Als Folge davon wenden wir uns wieder dem Licht zu. Am Ende der wechselseitigen Abhängigkeit wenden wir uns der vollkommenen Partnerschaft mit Gott, dem Himmel und dem Göttlichen zu. Wir hören auf, die ganze Hilfe zu bekämpfen, die Gott für uns bereithält, und wir nehmen die Ebene der radikalen Abhängigkeit als geliebtes Kind Gottes an.

50

Aufopferung ist eine Kapsel

Je mehr wir uns trennen, umso mehr Schuld und Angst sammeln wir an. Das Ego schlägt in seiner unnachahmlichen Weise Aufopferung sowohl als einen Weg vor, die Schuld auszugleichen, als auch, uns vor der Angst zu schützen. Alles, was das Ego vorschlägt, dient seinem Nutzen und funktioniert selten, falls überhaupt, für uns. Aufopferung blockiert das Empfangen. Sie verursacht Fusion, also Verschmelzung, und Koabhängigkeit. Wir bewegen uns nicht vorwärts. Wir tun viel, aber wir geben uns selbst nicht vollständig dem, was wir tun, oder uns selbst. Es gibt Rollen und Pflichten, aber wir geben uns nicht selbst. Aufopferung führt dazu, dass sich das Herz zusammenzieht. Bei Aufopferung gibt es kein Empfangen, denn sie ist konkurrenzorientiert und bereit, jetzt zu verlieren, um später zu gewinnen. Aufopferung wird zu moralischer oder spiritueller Überbietung. Sie baut eine Kapsel um uns herum, die uns noch weiter isoliert, auch wenn sie durch ihre Fusion eine illusorische Intimität verspricht. Alles jedoch, was auf Urteilen beruht, wie die Aufopferung, wird keinen Erfolg darin haben, Intimität einzuladen.

Auf der Ebene der Abhängigkeit nehmen wir Aufopferung als einen Versuch an, mit den Schuldgefühlen darüber umzugehen, dass wir unsere Familie nicht gerettet haben. Unser Opfersein ist ein Versuch, die Dinge besser zu machen, indem wir uns für uns selbst und andere aufopfern. Dies beruht jedoch wiederum auf Verdammung. Aufopferung trägt die Schuld nicht ab, sondern hält sie stattdessen noch mehr fest. Wir wollen nicht, dass andere erfahren, wie schuldig wir sind, deshalb bedecken wir uns und die Schuld mit einer Schale, die uns am Ende nicht einmal schützt. Aufopferung bedeutet, unsere Freiheit in dem Versuch aufzugeben, uns anzupassen. Wir nehmen Konformität statt

Kreativität an und lassen unsere Essenz und unsere Originalität zurück. Wir haben abwechselnd Schichten der Schuld und Kapseln um uns herum aufgebaut. Eine Schicht der Kapsel aus Schuld und Aufopferung aufzubrechen, gibt uns mehr Freiheit. Aber beinahe alle haben zu viel Angst, um sich vollständig zu befreien, oder auch nur um ein relativ gutes Stück, da dies uns über die Herde hinauszubringen scheint. Dennoch ist es hier, wo sich Führung, Vision und Meisterschaft befinden. Sie retten uns aus der Fusion, damit wir wirklich helfen, beitragen und den Weg zeigen können.

Seit Anfang der Zeit gehen Trennung und Aufopferung einher. Jedes Mal, wenn wir uns trennen, opfern wir, und jedes Mal, wenn wir opfern, wird dies vom Ego benutzt, um uns in der Trennung einzuriegeln. Wenn du wüsstest, wie viele Schichten der Aufopferung und verborgenen Schuld du hast, wären es vermutlich...? Wie beeinträchtigen sie dein Leben? Wofür benutzt du sie? Du könntest jetzt eine andere Wahl treffen, weil die Rolle der Aufopferung auch die Opfer- und Unabhängigkeitsrolle bedingt. Du könntest die Verantwortung für deine Situation mit den Rollen übernehmen, und den Himmel bitten, sie für dich aufzulösen. Er wird es in dem Umfang tun, in dem du keine Angst vor deiner Freiheit hast. Durch das Annehmen der Rollen hast du versucht, die Aufgabe des Himmels zu übernehmen. Dies belastet dich nicht nur, es macht dich auch ineffektiv, weil es mit einem Urteil begann. Dies und die Fusion, die durch die Aufopferung entsteht, machen dich ineffektiv.

51

Kompensation

Es kann leicht passieren, dass wir uns in Kompensation festfahren. Es ist eine der trickreichen Methoden, mit der das Ego dafür sorgt, dass wir in Aufopferung bleiben. Eine Kompensation ist eine Abwehr. Vielleicht gibt es altes Trauma, Angst, Unzulänglichkeit, Herzensbruch, Rache, Versagen, Schuld oder Trennung, die unter einer Kompensation verborgen liegen, und was auch immer es ist, es nagt immer noch an uns, richtet seinen Schaden an und erzeugt Stress. Wenn wir dies jedoch überdecken, verhalten wir uns auf scheinbar *positive* Weise, aber es ist immer eine Abwehr. Manchmal benutzen wir negative Abwehrmethoden wie Wut als Kompensation, die benutzt werden, um tiefere Emotionen, Beschwerden oder Urteile zu verbergen, die Schuld verstecken. Sex kann eine Angst vor Intimität verbergen, und andere Emotionen können eine Angst vor Sex verbergen. Verlieren kann eine Angst vor Konkurrenz verbergen, und Konkurrenz versteckt immer eine Angst vor Erfolg. Konflikte können eine Angst vor dem nächsten Schritt sowie andere, noch beängstigendere Emotionen verbergen.

Positive Eigenschaften können negative Eigenschaften verbergen. Harte Arbeit kann eine Kompensation sein, die Schuld oder Unwürdigkeit verbirgt. Jede *Rolle* ist eine Kompensation. Gut zu sein kann eine Kompensation für Gefühle des Versagens, für Schuld oder dafür sein, sich als ein Sünder zu fühlen. Ein Kind zu verwöhnen, kann aus der Schuld herrühren, es nicht gewollt zu haben. Todessehnsucht verbirgt eine Einladung zur Geburt, genau wie Perfektionismus Unzulänglichkeit verdeckt und Kontrolle Angst und Herzensbruch versteckt. Festhalten verbirgt Verlust und Verlust verbirgt Geburt. Leblosigkeit versteckt eine Angst vor Intimität, Partnerschaft, Lebensaufgabe und Bestimmung.

Selbstangriff verbirgt Hilferufe. Krankheit versteckt negative Emotionen und diese verbergen die Wahrheit.

Wenn du erkennst, dass du dich auf eine positive Weise verhalten hast, und dies zu nichts führt, zeigt dir dies, dass du dich in Kompensation befindest. Wenn du feststeckst, verbirgt dein Feststecken einige negative Emotionen, Angst vor dem nächsten Schritt oder Angst vor dem Unbekannten. Um eine Kompensation zu heilen, finde heraus, was sie verbirgt, und integriere entweder diese Teile oder übergib sie deinem Höheren Bewusstsein zur Integration. Man kann sein ganzes Leben in Kompensation verbringen und dies erst am Ende erkennen, und dann leidet man unter Selbstangriff darüber, sein Leben verschwendet zu haben. So viele Männer sterben innerhalb von einem Jahr, nachdem sie in den Ruhestand gegangen sind, weil ihre Arbeit eine Kompensation für Gefühle der Wertlosigkeit war.

Werde dir deiner Kompensationen bewusst. Benutze deine Intuition, um herauszufinden, was du darunter versteckt hast, und sei bereit, sie loszulassen, damit du heilen kannst, was darunter liegt. Oder du kannst deine Kompensationen mit dem integrieren, was sie verbergen, damit es weder ein gespaltenes Bewusstsein noch einen Konflikt gibt, sondern nur Zuversicht, Frieden und Ganzheit.

52

Deine Lebensaufgabe und deine Bestimmung

Unsere Lebensaufgabe zu verwirklichen und unsere Bestimmung anzunehmen, könnten unsere größten Vorwärtsbewegungen im Spiel des Lebens darstellen. Es sind Aspekte, die eine Grundlage schaffen, die uns dabei hilft, im Spiel des Lebens vorzurücken und es sogar zu gewinnen Unsere Lebensaufgabe ist unsere Berufung. Es ist das, wozu wir aufgerufen sind. Es ist unser heiliges Versprechen. Es ist das, was wir hier tun wollten. Das, was uns aufgetragen worden ist. Unter all den Dingen, die wir tun *können*, ist unsere Lebensaufgabe das, was uns auf Seelenebene am meisten und schnellsten voranbringt. Wenn es vollständig erreicht würde, würde es dir helfen, das Spiel zu transzendieren.

Wir haben eine zentrale Lebensaufgabe und viele kleinere Lebensaufgaben, die diese zentrale Lebensaufgabe unterstützen. Wir haben zu verschiedenen Zeiten in unserem Leben verschiedene Lebensaufgaben, die unsere zentrale Lebensaufgabe erweitern. Unsere Lebensaufgabe hilft der Welt. Sie vereint und hebt das Bewusstsein. Es scheint, dass nur wir dafür ausgestattet sind, ***unsere*** Lebensaufgabe zu erfüllen, und wenn wir es nicht tun, wird es nicht getan. Wir sind mit Sicherheit gekommen, um den Menschen um uns herum zu helfen, und unsere zerschlagenen Träume, Herzensbrüche und Traumata zu heilen und aufzulösen, die aus nicht gelernten Seelenlektionen und kontraproduktiven Mustern bestehen. Wir sind gekommen, um unser Licht erstrahlen zu lassen und unser Höheres Bewusstsein anstelle von unserem Ego anzunehmen. Im Hinblick auf unsere Lebensaufgabe sind wir gekommen, um ein Star zu sein und den Weg zurück zum Himmel zu zeigen, statt in schlechtem Ruf und Besonderheit auszuschweifen. Wir beantworten die eine Frage, die Gott uns stellt, positiv: „Wirst du mir helfen, die Welt zu retten?“

Es gibt eine weitere höhere Ebene unserer Funktion, die darin besteht, unser Leben der Menschheit zu widmen. Dieser Dienst für das Leben öffnet das schamanische Bewusstsein, in dem sich Geschenke der Heilung und psychische Fähigkeiten befinden. Das schamanische Bewusstsein ist offener für unsere uralten Seelengeschenke und sieht die Welt auf originellere Weisen. Es ist diese Widmung für andere, die uns hilft, das Gleichgewicht der geistigen Gesundheit sowohl aus der Angst als auch den Geschenken aus dieser Öffnung zum Unbewussten auf dieser Visionsebene des Bewusstseins zu finden. Unsere Lebensaufgabe anzunehmen, bedeutet, Vision zu bringen. Vision ist die Möglichkeit einer positiven Zukunft, welche die Gegenwart durch die Inspiration beeinflusst, die Vision zu erfüllen. Das Bewusstsein öffnet sich in Kreativität, und Vision ergießt sich zusammen mit dem Herzen, um die Vision zu gebären.

Einer der Hauptgründe, aus denen wir ein großes Problem haben, besteht darin, uns vor unserer Lebensaufgabe zu verstecken. Die Angst vor unserer Lebensaufgabe ist eine der größten Waffen des Egos, um uns vom richtigen Pfad abzubringen und dafür zu sorgen, dass wir uns verstecken. Auf diese Weise gewinnt das Ego unsere Lehnstreue, statt unser Diener zu sein. Unser Ego sagt uns, dass wir eine große Lebensaufgabe haben. Diese Aussage ist wahr. Anschließend sagt es uns, dass wir sie unmöglich erfüllen können. Diese zweite Aussage ist auch wahr, aber in ihrer Unvollständigkeit irreführend. Wir können unsere Lebensaufgabe nicht erfüllen, sie wird von der Gnade durch uns getan. Wir und der Himmel erfüllen unsere Lebensaufgabe in Partnerschaft. Alle unsere Traumata, Probleme und Hindernisse werden entweder von unserem Ego in unseren Weg gelegt, um uns eine Ausrede zu geben, wegzulaufen und uns vor unserer Lebensaufgabe zu verstecken, oder es handelt sich um Lektionen, die entscheidend sind, um unsere Lebensaufgabe zu erfüllen. Der Himmel hat die Zuversicht, dass wir das, was uns aufgetragen wurde, ausführen können, und unterstützt uns auf dem ganzen Weg, da er unsere Lebensaufgabe durch uns erfüllt. Während wir unsere Lebensaufgabe erfüllen, werden viele Menschen auf dem Weg gesegnet und inspiriert.

Die erste Ebene der Vision ist, wenn wir „in der Zone" sind. Wir sind ein Star. Wir übertreffen uns selbst. Wir inspirieren durch das, was wir geben. Es ist heldenhaft.

Die zweite Ebene der Vision ist die schamanische Vision, bei der wir die alltägliche, allgemein anerkannte Realität durchdringen und zu einer tieferen, machtvolleren und ursprünglicheren Ebene gelangen, welche die alltägliche

Ebene korrigiert. Sie ist voller psychischer Geschenke und Einweihungen, die uns und andere anleiten.

Die dritte Ebene ist die spirituelle Vision, in der wir die Wahrnehmung des Egos umgehen und erneut unser spirituelles Erbe antreten. Sie macht Vergebung einfach, weil wir über die Welt und ihre Körper hinausschauen. „In gütiger Vergebung wird die Welt funkeln und leuchten, und alles, was du einst für sündig hieltest, wird jetzt als Teil des Himmels neu gedeutet."[15]

In der Phase Vision-Lebensaufgabe gibt es ebenso wie in der Phase Meisterschaft-Bestimmung verschiedene Schritte. In der Visionsphase gibt es die Stufen der menschlichen Vision oder ein Star zu sein, des schamanischen Bewusstseins und der spirituellen Vision. Diese letzte Stufe bringt Wunder mit sich, während das schamanische Bewusstsein unter Einsatz der Kraft des Verstands magischer ist. In unserer Bestimmung gibt es drei Stufen der menschlichen Bestimmung, d. h., wer wir hier sein wollten. Die erste Stufe ist ein Bereich, den wir als ein Arzt, Richter, Politiker, Heiler, Künstler, Führungskraft usw. gemeistert haben. In der zweiten Stufe werden wir zu einer Brücke zwischen Himmel und Erde, erheben Menschen und bringen den Himmel auf Erden, damit er nicht nur eine Idee, sondern eine Erfahrung ist. Dies hängt nicht davon ab, was wir auf der ersten Ebene der Bestimmung tun oder wer wir sind. Stattdessen öffnet es höhere, machtvollere spirituelle Archetypen und Bestimmungen: König, Königin, Schamane, Hohepriesterin oder Hohepriester, Fee, Engel, Mystiker, Göttin usw.

Mit der spirituellen Vision schauen wir mit den Augen Christi auf die Welt, die die ganze Menschheit als Gottes Kind sehen. Diese Schau sieht über die Körper hinweg, um das Licht zu erblicken, das uns animiert. Normalerweise wird die spirituelle Vision erst dann erreicht, wenn wir einen guten Teil unserer Bestimmung angenommen haben. Dies bedeutet, dass sich unsere Meisterschaft durch den stillen Verstand des Meisterschaftsbewusstseins eröffnet. Wir sind zentriert und tief mit dem Himmel verbunden und werden vom Himmel geleitet. Wir leben durch innere Führung und Gnade. Unsere Meisterschaft liegt nicht so sehr darin, was wir hier tun wollten, sondern wer wir sein wollten.

Nach meinen ersten zehn Jahren als Therapeut erkannte ich, dass alle Probleme, insbesondere die größeren, unsere Lebensaufgabe verbergen sollten. Es schien, dass 85 % unserer Probleme benutzt wurden, um vor unserer Lebensaufgabe wegzulaufen, und die restlichen 15 % dazu dienten, Lektionen zu lernen,

15 *Ein Kurs in Wundern,* Textbuch, T-23, Einleitung, 6:4

die für unsere Lebensaufgabe entscheidend waren. Die Verwirklichung unserer Lebensaufgabe war eine Bedingung dafür, unsere Bestimmung anzunehmen, da die Bestimmung darauf aufbaut, was wir mit unserer Lebensaufgabe getan haben. Während das visionäre Bewusstsein der Lebensaufgabe voller Kreativität ist, ist das Meisterschaftsbewusstsein voller Frieden. Aus Frieden entstehen Liebe, Fülle, Gesundheit, die Öffnung für Gnade und das Tor zur Ewigkeit. Unsere Bestimmung besteht darin, ein goldenes Leben zu führen, das eine Kombination aus allem ist, was glücklich in der Welt und außerhalb davon im Geist ist. Die erste Stufe der Bestimmung ist die menschliche Bestimmung, in der wir das Zentrum einer Familie oder einer Gemeinschaft sind.

Bestimmung ist der Ort, an dem wir gelernt haben, dass kein Unterschied zwischen Geben und Empfangen besteht. Wir tun weiterhin die Dinge, zu denen wir angeleitet werden, aber wir lassen die Gnade diese Dinge durch uns erledigen. Unser Geben ist hier größtenteils eine Form des Strahlens, die aus unserem *Sein* entsteht. Wer wir sind und was wir bereits erreicht haben, gibt Menschen mehr und mehr und wird weiterhin geben, auch nachdem wir unsere Körper verlassen haben. In dem Ausmaß, in dem wir uns in der Meisterschaft befinden, haben wir unsere Bestimmung vollständig angenommen, und es ist das Ausmaß, in dem unsere Familien einen Segen nach dem anderen erhalten. Unser Bewusstsein wird immer ruhiger und unser Leben wird einfach, während wir unsere Selbstkonzepte loslassen. Der Himmel ersetzt mehr von unserem Ego, während wir glücklicher werden. Denken und Gedächtnis beginnen, wegzufallen und werden durch Intuition und das ewige Jetzt ersetzt. Wir haben viel mehr Interesse am Jetzt und Hier und daran, zentriert zu sein, als an einen bestimmten Ort zu gelangen.

Schließlich gibt es unsere Bestimmung als Geist. Die Erkenntnis unseres Selbst als grenzenloser Geist hilft uns, aus dem Spiel des Lebens auszubrechen. Da wir normalerweise mindestens an drei Wachstumsphasen gleichzeitig arbeiten, kann es sein, dass wir im Allgemeinen schon weiter sind als das spezifische Problem, an dem wir gerade arbeiten. Zusammen sind die spirituelle Vision und das Erkennen unserer selbst als Geist die höchsten der spirituellen Ziele.

Wenn wir unsere Lebensaufgabe nicht erfüllt und unsere Bestimmung nicht erreicht haben, hält uns das davon ab, die höheren Bewusstseinsphasen zu erreichen. Deshalb müssen wir zu Partnerschaft und Führung kommen und anschließend die weiteren Phasen der wechselseitigen Abhängigkeit und Partnerschaft erreichen, die Lebensaufgabe und Bestimmung sind, wenn wir aus dem Spiel des Lebens zum Leben selbst auszubrechen hoffen. Von dort aus ist es ein Weg, der viel spiritueller ausgerichtet ist und auf dem wir die Gedanken, Ziele und Aufgaben des Egos aufgeben und einfach in der Gegenwart des Himmels sind.

53

Abschlüsse

Wir bewegen uns auf einer bestimmten Autobahn in einer bestimmten Richtung durch das Leben, aber manchmal scheint das Leben einfach auseinanderzufallen und wir erleben eine drastische Veränderung. Es gibt Abschlüsse in der Schule, wie den Abschluss von der Grundschule zur Mittelschule und dann zur weiterführenden Schule und anschließend zur Berufsschule oder zur Universität, und das kann immer so weitergehen bis zu einem Doktortitel.

Im Leben gibt es ebenfalls Abschlüsse, während wir über grundlegende Phasen des Lernens hinausgehen. Auf der ersten Ebene hat dies damit zu tun, dass wir lernen, ausreichend zu verstehen, zu akzeptieren und zu vergeben, damit wir darüber hinwegkommen, ein Opfer zu sein. Dies verlangt einen gewissen Grad an Macht und Zuversicht, um unsere Abhängigkeit und unsere Bedürfnisse aufzugeben. Aus unseren Bedürfnissen entstehen die Unfähigkeit zu empfangen sowie der Wunsch zu nehmen. Unsere Abhängigkeit nährt die Falle des Gefühls, dass es „nie genug" gibt, um unsere Bedürfnisse zu erfüllen, ganz gleich, wie viel wir bekommen. Wir wollen immer mehr. Dies führt uns zu Opfersituationen, die Beschwerden gegen andere sind, die unsere Bedürfnisse nicht erfüllt haben oder uns nicht so um uns gekümmert haben, wie wir das wollten. Das Opfersein war ein Versuch, endlich unsere Bedürfnisse erfüllt zu bekommen. Dies kann funktionieren oder auch nicht. Es kann das Problem eine Zeit lang verbessern, aber wir behalten die Abhängigkeit. Opfersein entsteht aus einer Einstellung des Nehmens, des Herzensbruchs, der Rache und der Verleugnung. Wir sind uns dieses Prozesses im Allgemeinen nicht bewusst, aber es kommt der Zeitpunkt, an dem uns das, was wir tun, bewusst genug wird, um zu erkennen, dass wir es nicht länger wollen.

Wir erkennen, dass das, was wir wollen, Unabhängigkeit ist. Wir werden zentrierter und einfallsreicher. Wir wenden uns anderen nicht mehr zu, um gerettet zu werden oder uns glücklich zu machen. Wir geben unser eigenes Tempo an. Wir folgen unserem eigenen Rhythmus. Wenn es eine Kompensation für die abhängige Ebene ist, ist die unabhängige Ebene eine Falle. In dem Ausmaß, in dem wir die Lektionen der Abhängigkeit nicht lernen, dissoziieren wir anschließend unser Bedürfnis, unsere Angst, unseren Schmerz, unseren Verlust, unseren Herzensbruch, unsere Schuld und unsere Gefühle der Unzulänglichkeit und des Versagens. Diese Dissoziation ist eine Abwehr, die unser Empfangen blockiert. Es ist eine Wand zwischen uns und anderen – sie ist einfach im Weg. Um diese Problem zu lösen, verlangen wir jetzt, dass es nach uns geht. Wir streben danach, das Leben und Beziehungen zu kontrollieren, und kompensieren für Fallen, indem wir genau das Gegenteil tun, um den Schmerz auszugleichen. Der Schmerz wird etwas durch Beziehungen gelindert, in denen wir uns vielleicht den Forderungen oder der Kontrolle anderer unterwerfen. Es ist eine Falle, weil es an der Oberfläche so aussieht, als ob es funktioniert. Dies führt jedoch zu Rollen, Regeln und Pflichten anstelle von wahrem Geben oder Uns-selbst-Geben.

Wenn wir schließlich bereit sind, unsere Unabhängigkeit aufzugeben und unseren Kopf durchzusetzen, geben wir die Kontrolle auf und fangen an, uns in Richtung des Gleichgewichts zwischen unserem Männlichen und unserem Weiblichen zu bewegen. So beginnen wir die wechselseitige Abhängigkeit. Wir haben gelernt, dass Partnerschaft der Weg nach vorn ist. Diese wechselseitige Abhängigkeit wächst, während Ebenbürtigkeit und Gegenseitigkeit zusammen mit einem immer größeren Gleichgewicht von Männlichem und Weiblichem zunehmen, bis sie zu einer treibenden Kraft für Spiritualität und das Göttliche verschmelzen.

Wir machen den Abschluss davon, die Attraktionen der Welt zu brauchen, und nähern uns dem Wunsch nach Einheit, Vereinigung und anderen Formen tiefer Liebe. Das ist ein inneres Gelände, das jenseits unserer Identität als ein Körper sowie unserer Sorgen über Dinge *für* den Körper liegt. Wir fangen an, der Liebe und dem Verbinden und der Rückkehr zum Einssein Aufmerksamkeit zu schenken. Dies ist der Wunsch nach Heilung und dem Glücklichsein, das aus der Ganzheit entsteht. Wenn wir Vereinigung erreichen, also den Himmel auf Erden, sind wir nur noch einen halben Schritt davon entfernt, den endgültigen Schritt nach Hause in den Himmel und zur Erfahrung des Einsseins zu machen – dem letzten Abschluss. Dies ist der Abschluss von Veränderung zum Unveränderlichen, bei dem wir zurück zur Ewigkeit gefunden haben.

54

Rasch reagieren, um uns zurückzugewinnen

Im Spiel des Lebens ist es einfach, aus der Mitte geworfen zu werden, wenn unsere nächste Lektion an die Oberfläche kommt. Wenn wir versucht sind, etwas oder jemanden zur Trennung zu benutzen, oder wenn wir erneut einer Gelegenheit gegenüberstehen, bei der wir uns in der Vergangenheit getrennt haben, können wir jetzt die Seelenlektion lernen und die Geschenke empfangen und unser Licht erstrahlen lassen. In diesem Kapitel werden einige Heilungsübungen vorgestellt, die dir helfen, deinen Frieden zurückzugewinnen. Dazu gehören Vergebung und Segnen, Helfen und eine Übung zur Verwandlung körperlicher oder emotionaler Schmerzen.

Für die nächste Heilungsübung ist es sinnvoll, die Herkunft des Wortes „vergeben" zu verstehen. Das Wort „vergeben" (im Englischen „forgive") stammt von uralten Wörtern ab, die bedeuten, zuerst zu geben und ohne „Grund" zu geben. Es bedeutet, dein „Vorausgeben" bedingungslos auszudehnen, ohne dass es „verdient" ist. Vergebung ist keine Gegenleistung. Es ist keine Transaktion oder Kalkulation. Es bedeutet, sozusagen „mit deinen Geschenken zu führen". Jetzt kannst du sehen, dass du dich in Vergebung *entscheidest* zu vergeben.

Bei der ersten Heilungsmethode *entscheidest* du dich, das Problem zu vergeben – der Person, dem Problem dir selbst und deinem Glaubenssystem. Nachdem du dich entschieden hast zu vergeben, segnest du die Person, das Problem, dich selbst und dein Glaubenssystem. Diese Glaubenssysteme, deines und das der anderen Person, sind in dir kollidiert, haben dich beeinflusst und verkörpern dein dir weniger bekanntes und verborgeneres Glaubenssystem über dich selbst. Dieser Konflikt hat die Situation heraufbeschworen, welche die Vergebung veranlasst hat. Du kannst abwechselnd vergeben und segnen, bis du einen Zustand tiefen Friedens erreichst. Damit erkennst du deinen Anteil an der Situation an, den du vor dir selbst verborgen hast, und du kannst jetzt euch beide befreien.

Um Frieden und Auflösung durch Helfen zu bringen, erkennst du, dass alle Probleme, denen du gegenüberstehst, eine Ablenkung von jemandem sind, der deine Hilfe benötigt, jemand, dem du als Teil deiner Bestimmung zu helfen versprochen hast. Die zweite Heilungsmethode ist ebenfalls sehr wirksam: Stell dir die aktuelle Problemsituation als einen Ring aus emotionalem Feuer vor. Frage dich: Wer braucht meine Hilfe? Während du die Person auf der anderen Seite des emotionalen Feuers siehst, musst du dich einfach nur dazu entscheiden, durch die Illusion dieser Situation hindurchzusteigen, um denjenigen zu umarmen, dem du mit deiner Liebe zu helfen aufgerufen bist. Manchmal öffnet sich eine ganz neue Ebene der Talentiertheit mit der ersten Schicht, durch die du trittst, in anderen Situationen braucht vielleicht eine Reihe von Menschen deine Hilfe. Es kann sein, dass du einige weitere Male durch das Feuer treten und anderen geben musst, bis nicht nur du in Frieden bist, sondern den anderen geholfen worden ist. Bei vielen Schichten erscheint typischerweise ein großes neues Seelengeschenk, das auf dich gewartet hat.

Die dritte Methode kann bei körperlichen oder emotionalen Schmerzen oder beliebigen Problemen angewendet werden. Du spürst einfach den Schmerz oder die Beunruhigung und gehst dann genau in das Zentrum der Emotion, der Empfindung oder des Bildes. Was ist dort? Fühle es. Übertreibe das, was auch immer da ist, ein wenig und gehe dann genau in das Zentrum dieser Erfahrung. Fühle es. Übertreibe es ein wenig und gehe dann genau in das Zentrum dieser Erfahrung, dieser Empfindung oder dieses Gefühls und fühle, was dort ist. Du gehst immer wieder in das Zentrum jeder nachfolgenden Version des Problems, bis du einen Ort tiefen Friedens und tiefer Freude erreicht hast. Diese Übung kann dich an einen Ort höheren Bewusstseins bringen.

55

Die Schichten des Bewusstseins

Wir können uns unser Bewusstsein wie einen Eisberg vorstellen. Der bewusste Verstand ist der kleine Teil des Bewusstseins, der aus dem Wasser hervorragt. Wir glauben zu wissen, was abläuft, aber es gibt noch so viel mehr, dass wir über unser eigenes Bewusstsein nicht wissen. Es liegt so viel mehr unter der Oberfläche. Jedes Mal, wenn etwas Dunkles oder Schmerzhaftes in unserem Leben geschieht, kommt dies typischerweise aus dem Unterbewusstsein. Wenn es ein großes Trauma ist, kommt es durch das Unterbewusstsein aus dem Unbewussten. Wenn wir genügend dieser Seelen- und Ahnenmuster geheilt haben, fangen wir an, kollektive Themen durch die Muster unserer Leben zu bringen, die gleichzeitig als persönliche Lebensthemen in Erscheinung treten.

Das Wasser, das unseren Eisberg umgibt, ist der Ozean der Liebe. Es ist Gott, Sein, Himmel. Es ist unser Geist, der eins ist mit „Allem, Was Ist". Es ist Einssein. Unsere Lebensaufgabe besteht darin, uns selbst in diesen Ozean des Selbst aufzutauen. Wir haben uns selbst eingefroren und dabei eine Identität geschaffen. Wir sind aufgerufen, diese illusorische Egoidentität im freudvollen Ozean der Ewigkeit aufzulösen. Es erfordert Liebe, Heilung und das Verbinden mit anderen, um uns aufzutauen. Es braucht Vergebung, um die Beschwerden und Urteile aufzugeben, die die Wände der Trennung aufgebaut haben. Je mehr du das, was du an Emotionen, Beschwerden, Urteilen und kontraproduktiven Mustern verdrängt hast, an die Oberfläche bringst, umso mehr kannst du die Macht deines bewussten Verstands dazu einsetzen, nicht nur das zu sehen, was du willst, sondern dich zur Heilung zu entscheiden. An dieser Stelle ist es sinnvoll zu erwähnen, dass im Altenglischen die Worte „heilen" (heal), „ganz" (whole) und „heilig" (holy) alle die gleiche alte Wurzel haben. Zu „heilen" bedeutet, wieder ganz zu machen und getrennte und verlorene Teile wieder herzustellen.

Was du vor dir selbst versteckt hast, ist endlich freigelegt, damit du es sehen, akzeptieren und vergeben kannst. Wenn du alles siehst, was sich in deinem Unterbewusstsein befindet, erkennst du, dass jede negative Situation, die dir jemals widerfahren ist, eine geheime Absprache war. Es war eine Entscheidung deinerseits und das Annehmen dieser Tatsache gibt dir deine Macht zurück.

> „Dein Ziel ist, herauszufinden, wer du bist."
>
> *Ein Kurs in Wundern,* Übungsbuch, Lektion 62,2:2

Zuerst wirst du finden, was du vor dir selbst versteckt hast. Dann gehst du über alles hinweg, was du über dich selbst erfunden hast, um zu entdecken, dass du reine Liebe, reines Licht, reine Freude und reiner Geist bist. Du bist nicht das Eis, das im Ozean schmilzt, du bist der Ozean.

Dein Unbewusstes ist voller uralter versteckter Absichten, „vergangener Leben", Ahnenprobleme, deiner ältesten schlechten Einstellung und den Orten, an denen du dich vom Licht abgewendet hast. Das kollektive Unbewusste ist der Ort, wo wir Teil des gesamten Bewusstseins der Menschheit und ihres Leidens sind. Sobald wir genug geheilt sind, um den Kanal zum Himmel zu öffnen, kehren wir uns von unserer Menschlichkeit zu unserer Göttlichkeit und zum Einssein zurück.

56

Die Filme unseres Bewusstseins

Die Welt zeigt uns die Filme unseres Bewusstseins. Diese Filme zeigen uns genau wie unsere Träume in der Nacht unsere Überzeugungen, die unsere Selbstkonzepte sind, die zu einem Film zusammengestellt wurden. Was wir in unserem Wachtraum erleben, ist typischerweise der kohärenteste Film aller Filme, die wir haben könnten. Unser Ego will, dass der Film so läuft, dass wir uns in die Welt verlieben und in ihrem Drama verstrickt werden. Es will, dass wir selbstgerecht und wütend auf die ganze Ungerechtigkeit von allem werden. Es will, dass wir Schuld zuweisen und ängstlich und schuldig sind und uns von einer angreifenden Welt belastet fühlen. Unser Höheres Bewusstsein dagegen will Verständnis, Akzeptanz und Vergebung in dem Wissen, dass das, was wir für das Geschehen halten, nicht das ist, was wirklich passiert ist. Unser höheres Bewusstsein versichert uns, dass das, was auch immer wir jemand anderem geben, wir uns selbst geben. Unsere Wahrnehmung und unsere Erfahrung kommen durch den Film der alten und uralten Überzeugungen über uns selbst. Was nicht glücklich ist, ist eine Wiederholung der Vergangenheit. Die Absicht unseres Höheren Bewusstseins für uns ist es, durch Heilung und durch einen besseren Weg Frieden zu finden, während die Vergangenheit zurückkehrt, um geheilt zu werden.

Wie lautet der Titel des Films deines Lebens? Wie beeinträchtigt dieser Film dein Leben? Was versuchst du zu bekommen, indem du so einen Film schreibst? Wenn du versuchst, etwas zu bekommen, machst du es durch deine Habgier zu einem Idol. Wenn du etwas brauchst, ist es etwas außerhalb von dir, von dem du glaubst, dass es dich glücklich machen und dich retten wird. Wenn dir das vereitelt wird, führt dies zu Wut, Enttäuschung, Herzensbruch oder Frustration, wenn du es nicht bekommst. Erinnere dich daran, dass es außerhalb von dir in der Welt ist, weil du es dorthin getan hast. Du hast es in dir verurteilt, abgespalten, verdrängt und nach außen projiziert. Jetzt willst du wieder zurückhaben, weil dort eine Leere im Inneren ist, wenn es außerhalb von dir zu sein scheint. Ganz gleich, ob du es bekommst oder nicht, ob dein Bedürfnis erfüllt wird oder nicht, du wirst enttäuscht und desillusioniert werden. Auf einer gewissen Ebene deines Bewusstseins wirst du fragen: „Ist das alles?“

Wir haben viele verschiedene Drehbücher für Unmengen unterschiedlicher Filme und einige von ihnen sind nicht glücklich. Wir haben Horrorfilme, Herzensbruchfilme, Opferfilme, Schuld- und Aufopferungsfilme. Wir haben Hass- und Angriffsfilme sowie Selbsthass- und Selbstangriffsfilme. Wir haben Urteils-, Machtkampf- und Konkurrenzfilme. Wir haben Tragödien und Märtyrerfilme. Wir haben Beherrschungs- und Sklavenfilme. Wir haben Angst- und Mangelfilme. Wir haben Zynismus-, Bitterkeits- und Naivitätsfilme. Wir haben Besonderheitsfilme, in denen wir der Held sind, der trotz seiner Unschuld fälschlich zum Opfer geworden ist. Bei unseren Filmen dreht sich „alles um uns“ und unsere Besonderheit. Wir sind der Star und alle anderen sind Nebendarstellerinnen und -darsteller. Wir machen immer wieder Filme, bis wir schließlich unsere Einstellung ändern und diese uralten Muster loslassen, bei denen sich alles nur um uns, um Nehmen, um Bekommen und um Trennen dreht. Dies beginnt zuerst mit der Erkenntnis, dass wir diese Filme haben und dass uns klar wird, dass wir dafür verantwortlich sind, sie loszulassen.

Du kannst fragen, wie viele von jeder der aufgeführten Geschichten du hast, wie sie dein Leben beeinträchtigen und wofür du sie benutzt. Wenn sie nicht das sind, was du willst, wenn sie dich nicht glücklich machen, kannst du dich entscheiden, sie loszulassen.

Frage dich, wie viele von jeder der aufgeführten Geschichten du hast, wie sie dein Leben beeinträchtigen und wofür du sie benutzt:

- Herzensbruch
- Machtkampf
- Angriff
- Krieg
- Rache
- Urteil
- Selbstangriff
- Kontrolle
- Mangel
- Beschwerde
- Schuld
- Konkurrenz
- Hass
- Schurke

- Unwürdigkeit
- Verlust
- Selbsthass
- Bösartigkeit
- Wertlosigkeit
- Traurigkeit
- Depression
- Gegen jede Chance
- Besonderheit
- Angst
- Krankheit
- Tod
- Schatten
- Negativität
- Aufopferung
- Seifenoper
- Wutanfall
- Sturheit
- Opfer
- Unabhängigkeit
- Elend
- Autoritätskonflikt
- Märtyrer
- Leblosigkeit
- Wut
- Unglück

Du könntest alle diese Geschichten durch glückliche Geschichten, Erfolgsgeschichten und Liebesgeschichten ersetzen. Wenn du diese Filme, die du schreibst, nicht haben willst, kannst du dich dafür entscheiden, sie loszulassen – bitte den Himmel darum, sie aufzulösen.

57

Wie wir den Kanal wechseln

Wir benutzen die Fernsteuerung für unseren Fernseher, um den Kanal zu wechseln und ein anderes Programm anzuschauen. Wir schalten den Kanal für unser *Leben* um, indem wir unsere Einstellung ändern. Dadurch ändert sich unsere Richtung. Wir können unsere Einstellung ändern, indem wir die *Wahl* treffen, wahrhaftig, friedvoll und glücklich zu sein und unsere dunklen Filme loszulassen. Dann können wir uns entscheiden, die Drehbücher für positive Filme zu schreiben. Keine Filme mehr, bei denen wir oder irgendjemand verlieren! Wir können Filme vom Geben und Empfangen schreiben. Das Ego redet uns ein, dass Geben Verlieren bedeutet, aber wahres Geben sorgt für wahres Empfangen und umgekehrt. Das ist nicht der Weg des Egos, aber wenn wir erkennen, dass das Ego nicht unser Freund ist und sogar jetzt unser Abgangsskript durch den Tod schreibt, können wir aufhören, die Illusion der Trennung aufrechtzuerhalten, die es ist. Das Ego schreibt nur Filme zur Selbstverherrlichung und Kleinheit, die am Ende Todesgeschichten sind. Wenn wir nur der Führung unseres Höheren Bewusstseins zuhören würden: Es will nur, dass wir Liebes- und Glücklichseinsgeschichten schreiben. Es will Filme heldenhafter Abenteuer und Fülle schreiben. Es will Freundschafts- und Erfolgsfilme zeigen.

Wir können die Drama- und Seifenopergeschichten gegen schöne, kreative und heilende Drehbücher für unsere Filme eintauschen. Wir können uns wieder dem Licht zuwenden und es in jedes Drehbuch bringen. Wir und auch die Menschen um uns herum wären erfolgreich, weil sie unser Team, unsere Familie sind, diejenigen, die uns zugeteilt wurden, damit wir ihnen durch unser Geben helfen. In jeder herausfordernden Situation haben wir Geschenke in uns, wenn wir nur die Tür zu ihnen öffnen würden. Außerdem sind uns Geschenke vom Himmel gegeben worden, die dafür sorgen würden, dass wir und alle Erfolg hätten, wenn wir sie nur empfangen würden und keine Angst davor hätten, unser Licht erstrahlen zu lassen. Geben und Empfangen ist die Antwort, nicht Nehmen und Besonderheit. Wir würden strahlen und all die Aufmerksamkeit, die wir jemals brauchen würden, beim Helfen und in Beziehungen erhalten.

Wir könnten den Kanal auf den Kanal des Höheren Bewusstseins umschalten. Dort würde sich unsere Liebe mit der Liebe des Himmels für uns und alle verbinden. Wir würden positiv und ein Teil der Lösung anstelle Teil des Problems sein. Wir würden die Lösung für alle wählen statt der Probleme, die sie vielleicht haben.

58

Tod oder Tod für das Ego

Zu gewissen Zeitpunkten in unserem Leben kommen wir an eine Kreuzung. Wir haben eine schwerwiegende Wahl. Wir entscheiden uns entweder für den Tod des Egos oder für unseren eigenen Tod. Unser Ego schlägt vor, dass wir derjenige sind, der sterben soll! Wenn wir uns stattdessen für den Tod des Egos entscheiden, finden wir für uns selbst eine Wiedergeburt. Die Wahl erscheint wiederum schwerwiegend. Das Ego ist eine Identität, die wir eingerichtet und ein ganzes Leben lang unterstützt haben. Es ist etwas, das wir geschaffen haben, auf das wir gewissermaßen stolz sind, auch wenn es ein Schlamassel ist. Wenn wir den Himmel um Klarheit und Richtung bitten, brauchen wir über die Entscheidung jedoch nicht einmal nachzudenken. Den Tod des Egos statt unseren eigenen Tod zu wählen, stellt einen Teil von uns selbst wieder her, den wir abgespalten hatten und der jetzt wieder glücklich zurückgewonnen und neu verbunden werden kann.

Wir stehen jedes Mal dann, wenn wir dabei waren, zwischen einem Problem und einem göttlichen Geschenk zu wählen, vor einer ähnlichen Kreuzung. Auf der einen Seite waren Herzensbruch und Trauma, auf der anderen Seite gab es ein neu entdecktes Seelengeschenk, das wir vor langer Zeit aufgegeben hatten, und ein Geschenk des Himmels. Diese göttlichen Geschenke können jetzt gewählt werden, um dabei zu helfen, die Problemsituation aufzulösen. Unsere Probleme, Herzensbrüche und Traumata zeigen, dass wir uns entschieden haben, uns zu verstecken und unser Ego und unsere dunklen Überzeugungen zu bestärken, statt uns zu zeigen und mehr Licht zu bringen. Wir haben uns so häufig dafür entschieden, wie jeder andere zu sein, anstatt unser Licht erstrahlen zu lassen. Wir haben geglaubt, dass Anerkennung und der Versuch, außerhalb von uns Liebe zu bekommen, mehr wert war, als die Liebe für alle zu bringen und unser Licht erstrahlen zu lassen. Wir hätten helfen können! Stattdessen haben wir uns versteckt und anderen für unser Versagen und unsere Traumata die Schuld gegeben.

In den Problemen, denen wir jetzt gegenüberstehen, kommen wir an eine zweite Kreuzung. Das Problem oder Trauma ist bereits geschehen. Werden wir uns für den Pfad der Heilung entscheiden? Werden wir uns für das Licht entscheiden? Oder werden wir selbstgerecht, wütend und als Opfer reagieren? So würden wir unser Ego aufbauen und stärken. Wenn wir das weiterhin tun, wird die Schale unseres Egos und des Glaubenssystems, das es erzeugt, immer kleiner, bis sie uns keinen Platz mehr zum Leben und Atmen bietet. Willst du deinen eigenen Tod oder den Tod der Egoidentität der Trennung? Willst du ein Eisberg der Identität sein oder in einem Ozean der Liebe schmelzen?

59

Wenn wir gegen uns selbst arbeiten

Wir befinden uns auf einer Reise zurück ins Einssein. Alle Aspekte unseres Lebens sind sorgfältig geplant worden, angefangen mit unseren Eltern und unserer Familie bis zu den großen Ereignissen in unserem Leben, die Scheidewege sind. Die richtige Weggabelung zu nehmen, bedeutet, unser Licht erstrahlen zu lassen und unsere Geschenke anzunehmen, was für unsere Lebensaufgabe und unsere Bestimmung notwendig ist. Die falsche Weggabelung zu nehmen, bedeutet, in dem Versuch, uns vor unseren Geschenken und unserer Lebensaufgabe zu verstecken, sehr zu leiden. Um uns zu verstecken, müssen wir jemand anderem vorwerfen, uns zu verletzen, oder uns nicht zu helfen, damit wir die Schuld verbergen können, die wir fühlen, weil wir uns für die Trennung entschieden haben. Statt dem anderen in seiner Not zu helfen, benutzen wir die Person als unsere Ausrede und dies erzeugt Schuld in uns. Diese Fehler richten dunkle Lektionen ein und dauern sowohl als emotionale Belastung als auch als kontraproduktives Muster an. Abgesehen von unseren irrtümlichen Entscheidungen gibt es auch noch Willkür, Eigensinn und Sturheit tief im Innern, mit denen wir kämpfen müssen, wenn wir heilen und vorwärtsgehen wollen. Es gibt Orte in der Vergangenheit, an denen wir gestürzt sind, und wenn wir wieder zu diesem Ort kommen, besteht die Tendenz, erneut abzustürzen. Es sind Orte, an denen wir uns willkürlich getrennt haben, gelitten haben und gestürzt sind, und wenn wir wieder zu diesen dunklen Lektionen kommen, so wie sie sich in der Gegenwart präsentieren, *könnten wir jetzt am Scheideweg die richtige Entscheidung treffen.*

In uns gibt es kontraproduktive, ja sogar selbstzerstörerische Muster. Wir haben Verschwörungen gegen uns selbst eingerichtet. Diese Verschwörungen sind Fallen, die unser Ego einsetzt, indem es die Angst vor unserer Lebensaufgabe nutzt, weil wir uns unzulänglich fühlen, diese Lebensaufgabe zu erfüllen. Das kontraproduktive Muster der Verschwörung ist unsere Ausrede, uns nicht unserer Lebensaufgabe zu stellen und sie nicht anzunehmen. Das Ego verbirgt wirkungsvoll das Hilfsangebot des Himmels für alles, was wir zu tun aufgerufen sind. Unsere Verschwörungen sind unsere chronischen Probleme und es scheint, als ob es keinen Weg durch sie hindurch gäbe. Aber es muss einen Weg geben, weil es nicht der Wille des Himmels ist, dass wir gefangen sind oder in irgendeiner Weise leiden.

Wir sind aus dem Einssein in den Traum der Trennung gestürzt, haben unser Ego geschaffen, und statt uns für das Glücklichsein zu entscheiden, haben wir uns vom Licht abgewendet. Wir haben uns getrennt und zurückentwickelt. Seit 1960 gibt es eine Beschleunigung in der Evolution der Welt, und es gibt weltweit ein starkes vereinigendes Element. Während wir uns erneut persönlich und kollektiv entwickeln, werden unser Wille zur Vereinigung und unser Grad an Gemeinschaft auf der Erde wachsen. Wir haben vielleicht Millionen von Jahren vor uns, um zurück zur Erkenntnis des Einsseins zu kommen, aber jede Heilung und jede hilfreiche Tat bringen uns ihr näher. Jede Person, die bereit ist, ein Wunder geschehen zu lassen, hilft dabei, Zeit zu sparen, bis wir in Millionen von Jahren in der Zukunft einen Punkt erreichen werden, an dem das Leiden verschwunden ist und Liebe und Glücklichsein regieren. Jede Person, die aus dem Spiel des Lebens ausbricht, leistet einen großen Beitrag dabei, der Welt Zeit zu sparen, und hinterlässt einen Pfad, auf dem andere folgen können. Jedes Mal, wenn wir uns dazu entscheiden, Urteile aufzugeben und einfach das Entfalten des Geschehens zu beobachten, kann der Himmel seine Gnade und seine Wunder geschehen lassen.

Es gibt eine Schicht tief im Unbewussten, die Elend und Verzweiflung enthält und in der wir Gott und anderen die Schuld dafür geben, sich nicht um uns gekümmert zu haben. Dies verbirgt eine tiefere Schicht von Problemen in Form eines Wutanfalls oder sogar eine noch tiefere Schicht von Problemen als eine „Masche". Darunter befindet sich eine Schicht aus Sturheit und schlechter Einstellung, die eine Angst vor Veränderung verbirgt, die wiederum unsere Idole, Schmerzen, Beschwerden und Selbstkonzepte versteckt. Darunter liegen unser Autoritätskonflikt mit jedem und unser Kampf mit Gott. Auf einer verborgenen Schicht im Innern befindet sich *Schadenfreude*, und darunter liegt die Überzeugung: „Ich bin Gott und du nicht!" Darüber hinaus befindet sich die astrale Ebene der Teufel und dunklen Außerirdischen. Schließlich kommt eine Schicht, in der wir uns in unserem Wunsch zur Trennung vom Licht abgewendet haben. Alle dieser Muster sind immer noch in uns und liegen unter so vielen Schichten der Verleugnung verdrängt. Sie repräsentieren unser uraltes Ego und seinen Wunsch, seine eigene Welt zu haben, in der es als das „Höchste Wesen" regieren kann.

Jede der oben genannten Trennungen hat Illusion mit sich gebracht und alle diese Stürze haben zu Dunkelheit und dunklen Nächten der Seele geführt. Sie sind die irrtümlichen Prioritäten, die wir auf Geheiß unseres Egos angenommen haben, als ob das uns glücklich machen würde. Wir haben die Realität im Tausch gegen die Illusion verloren und an Schwäche und Begrenzungen als Lebensart geglaubt. Ohne Gnade wüssten wir vermutlich niemals, dass es eine Alternative zu der Welt gibt, die wir sehen, und würden niemals unseren Weg heraus finden. Auf dem Weg zurück zum Einssein begegnen wir diesen sogenannten dunklen „Realitäten" und heilen sie als die Illusionen, die sie sind, während wir die Wahrheit und unseren Weg nach Hause finden.

60

Die Bedeutung der Wahl

Bei jedem Fehler, Trauma oder Problem treffen wir vorher eine Wahl. Wir haben diese Wahl vielleicht in einem Bruchteil einer Sekunde getroffen und verdrängt oder wir haben sie unterbewusst getroffen, so dass wir uns nicht bewusst sind, uns entschieden zu haben. Wenn es eine schmerzhafte Erfahrung war, ist es offensichtlich, dass wir eine schlechte Entscheidung getroffen haben. Dennoch sind lebensbejahende Entscheidungen ebenso kraftvoll möglich. Jedes Mal, wenn wir uns zeigen und unser Geschenk annehmen, um eine Situation zu verwandeln, indem wir unser Licht erstrahlen lassen, entscheiden wir uns dafür, uns zu verbinden, statt uns zu trennen. *Ein Kurs in Wundern* bezieht sich darauf, wie von all den vielen Geschenken, die wir hatten, als wir geschaffen wurden, nur noch das Geschenk der Entscheidungsfreiheit übrig geblieben ist. Diese Wahlmöglichkeit reicht jedoch aus, damit wir erfolgreich sein und unseren Weg zurück zum Einssein gewinnen können. Nach einem Trauma, einem Problem oder einem Fehler stehen wir vor einem weiteren Scheideweg und können eine weitere Entscheidung treffen, auch wenn wir den Fehler bereits gemacht haben, der das Problem erzeugt hat. Werden wir uns für die Heilung entscheiden, oder werden wir den Fehler durch Anschuldigung weiter fortsetzen?

Ein Kurs in Wundern erklärt außerdem, dass die einzige wirkliche Wahl, die wir jemals haben, darin besteht, dem Ego oder dem Höheren Bewusstsein zuzuhören. Wir werden anhand der Geschehnisse wissen, für wen wir uns entscheiden. Wir dürfen wählen, ob wir dem Ego zuhören, dessen einzige wirkliche Sorge sein eigenes Interesse ist, oder ob wir uns für das Höhere Bewusstsein auf eine Weise entscheiden, die uns und anderen hilft.

Wir wählten irrtümlich den Pfad der Trennung, während wir der Anleitung des Egos gefolgt sind, und dies hat Dunkelheit mit sich gebracht. Jetzt können wir uns für die Führung durch das Höhere Bewusstsein und das Licht entscheiden. Wir können weiterhin das Licht wählen, um uns endlich von der Dunkelheit zu befreien. Wahrhaft zu wählen und daher Heilung zu wählen, bedeutet, sich zu entwickeln und die Schritte rückgängig zu machen und die Zentren wieder zu gewinnen, aus denen wir gestürzt sind, als wir uns getrennt haben. Wir haben unser Selbst und das Einssein verloren. Dennoch ist es unsere Wahl, die uns zurück zur Wahrheit und zu einer Welt der Unschuld und der Liebe führen wird. Durch die Entscheidungsfreiheit macht die Welt von Form, Materie, Zeit und Raum Platz für die Liebe und die exquisite Freude des Himmels – und des Himmels auf Erden. Der letzte Schritt aus dem Spiel des Lebens wird uns geschenkt. Lass uns ein glücklicher Schüler sein und uns immer wieder für das Licht entscheiden, bis wir den Himmel auf Erden erreichen können. Wenn wir diesen Ort erreichen, wird uns der Himmel geschenkt.

61

Jenseits der Familienverschwörung

Eine der größten Verschwörungen ist die Familienverschwörung. Sie ist sogar noch komplizierter und erzeugt noch mehr Schuld als die Ödipusverschwörung und ist die Hauptfalle, die das Ego einsetzt, um uns von unserer Funktion, von Intimität, Erfolg und der Freiheit, die wir verdienen, und schließlich von unserer Bestimmung fernzuhalten, die sich von unserer menschlichen Bestimmung bis zu unserer göttlichen Bestimmung erstreckt. Die Familienverschwörung hält uns in Fusion und Aufopferung, im Opfersein oder in dissoziierter Unabhängigkeit gefangen. Das Ego sorgt mithilfe unserer Familienverschwörung, und der Beschwerden und der Schuld, die sie erzeugt, dafür, dass wir uns weiter verstecken, und setzt sie als unsere beste Ausrede ein, unsere Geschenke, unsere Lebensaufgabe und unsere Bestimmung nicht anzunehmen.

Wir verstecken uns vor uns selbst, vor unserem heiligen Versprechen und vor der Wahrheit unserer Berufung und unserer spirituellen Bestimmung. So verstecken wir uns vor denjenigen, denen wir zu helfen aufgerufen sind, sowie vor den Menschen, die uns nahestehen, statt wahre Partnerschaft und den Kontakt zu genießen, der zum Erfolg führt. Statt diejenigen zu retten, denen wir zu helfen gekommen sind, haben wir sie beschuldigt und ihre Wunden übernommen. Später haben wir diese Wunde ausagiert oder sie kompensiert oder beides getan. Die Familienverschwörung hält uns in den Rollen der Aufopferung, der Unabhängigkeit, des Opfers und vielen anderen Rollen gefangen, bei denen wir das Richtige aus den falschen Gründen tun. Wenn das Ego die ödipale und die Familienverschwörungen verknüpft, gibt es nur wenige Menschen, die erfahren, dass es einen besseren Weg gibt, der Partnerschaft, Intimität und Erfolg enthält. Die Geschenke, die uns statt der Verschwörungen angeboten werden, bieten Leichtigkeit und Fluss nicht nur für uns selbst, sondern auch für die Menschen um uns herum. Unsere Geschenke und unsere Lebensaufgabe anzunehmen, hilft uns, unserer Familie und der Welt. Wenn wir beginnen, nicht nur unsere Lebensaufgabe, sondern unsere Bestimmung, Meisterschaft, großes Glück, Erleuchtung und Einssein anzunehmen, helfen wir der ganzen Welt und heilen auch das Kollektiv. Wir können unsere Familie und uns selbst von diesem unbewussten Muster durch Vergebung, Liebe, engagierte Verpflichtung und Annehmen unserer Geschenke und der Hilfe des Himmels befreien, indem wir zuerst erkennen, dass es sich um Verschwörungen handelt und dass die Familienverschwörung die größte davon ist.

62

Wir haben es so eingerichtet

Hast du jemals darüber nachgedacht, warum du ein Unterbewusstsein hast? Es dient als eine Form der Selbsttäuschung. Es enthält Geschenke. Es enthält außerdem alle irrtümlichen Entscheidungen, die wir getroffen haben. Es enthält alle Emotionen, die wir nicht fühlen wollen, wie Angst, Schuld, Wut, Unzulänglichkeit, Hass und Selbsthass, Angriff und Selbstangriff. Es verbirgt in geheimer Absprache mit uns alle negativen Dinge, die uns jemals passiert sind. Es verbirgt müßige Wünsche, die zu Katastrophen führen können, wie: „Ich frage mich, was passieren würde, wenn ... oh, Mist! Das war keine gute Idee!" Denn derartige Gedanken, die wie alte, statische Entscheidungen wirken, erzeugen jetzt zusammen mit unserem Glaubenssystem und unseren Entscheidungen, was uns im Spiel des Lebens geschieht.

Abgesehen von diesen Mustern gibt es Seelen- und Ahnenmuster des Unbewussten, die unser Leben formen. Unser uraltes Ego hat sich vom Licht abgewendet und sich Millionen von Malen getrennt, um sich selbst zu bilden. Es existiert immer noch als Willkür, Widerstand und Rebellion in uns. Unser Leben spiegelt jetzt viele dieser Entscheidungen und bringt diese Fehler in *dieses* Leben und dieses Spiel. Dennoch ist es in jedem Leben möglich, aufzuwachen und über das Spiel, wie wir es bisher gespielt haben, hinauszugehen. Wir sind zuerst aufgerufen, über alle Dunkelheit im Spiel hinauszugehen und es zu einem glücklichen Spiel zu machen. Sobald wir das tun, sind wir aufgerufen, einen Weg zu finden, über das Spiel hinauszugehen. Wir erreichen dies durch Absicht, Entscheidung für Glücklichsein, Vergebung und Heilung, damit wir den Frieden erlangen, aus dem Liebe, Glücklichsein, Fülle und Gesundheit entstehen.

Im Unterbewusstsein und im tieferen Bewusstsein zeigt dies, dass wir die Entscheidung darüber treffen, was in unserem Leben geschieht, und wenn es nicht glücklich ist, haben wir falsche Entscheidungen getroffen, von denen *wir angenommen haben, dass sie uns glücklich machen würden.* Wir entscheiden uns dafür, zum Opfer zu werden, zu leiden, zu verarmen, verletzt zu werden oder krank zu sein und Widrigkeiten zu erleben. Wir entscheiden uns für Konkurrenz, Angriff, Rache, Verfluchen, Aufopferung und dissoziierte Unabhängigkeit, ohne zu erkennen, dass es alles zu noch größeren negativen Folgen führt. Die Muster, die wir in Bewegung setzen und die alle Missverständnisse waren, kehren zu uns zurück. Was wir jemand anderem wünschen, wünschen wir uns selbst. Unseren Opfer- und Versagenssituationen liegen Rachegefühle zugrunde. Mit Bewusstheit würden wir von einem großen Teil dieser selbst auferlegten Selbstzerstörung befreit werden. Zu wissen, was unser Bewusstsein enthält, würde zu dem Verständnis führen, dass wir alles wählen, und dadurch das Vergeben so viel einfacher machen. Wenn dieses Prinzip der Verantwortlichkeit angenommen wird, führt es zur Unschuld aller, auch unserer eigenen Unschuld. Jeder ist vollkommen verantwortlich und niemand trägt die Schuld. Wenn dies vollständig angenommen wird, brechen wir aus dem Spiel des Lebens aus und treten in das Leben selbst ein. Es braucht viel, um Verantwortlichkeit anzunehmen, weil wir eine Vorliebe dafür haben, zu urteilen, zu beschuldigen und uns zu beschweren, um unsere Schuld zu verstecken.

Dies sind scheinbare Methoden, um Schuld loszuwerden, so wie es uns das Ego einredet. Aber sie funktionieren nicht und wir greifen andere für das an, worüber *wir* uns schuldig fühlen. Dies erhöht unsere Schuldgefühle, die immer noch in uns verborgen liegen. Vergebung löst unsere Schuld und unsere Anschuldigungen gegen andere auf. Sie löst Illusionen und Dunkelheit auf und befreit uns alle, während wir unschuldiger werden. Es folgen einige der vielen Problemdynamiken, die zu negativen oder dunklen Situationen führen:

1. Wir benutzen sie, damit wir etwas tun können.
2. Wir benutzen sie, damit wir etwas nicht tun müssen, was wir nicht tun wollen.
3. Wir benutzen sie, um uns zu trennen.
4. Wir benutzen sie, um Rache zu üben.
5. Es ist die Folge eines Grolls.
6. Es ist eine Form von Hass und Angriff.

7. Es ist eine Form von Selbsthass und Selbstangriff.
8. Wir versuchen, Schuld abzutragen.
9. Wir versuchen, ein Bedürfnis erfüllt zu bekommen.
10. Wir haben Angst vor dem nächsten Schritt.
11. Wir haben Angst vor unserer Lebensaufgabe.
12. Wir versuchen, Aufmerksamkeit zu bekommen.
13. Wir benutzen sie als Ausrede.
14. Wir opfern uns auf.
15. Wir machen uns selbst zum Märtyrer in dem Versuch, jemanden zu retten.
16. Wir haben einen Wutanfall oder ziehen eine „Masche“ ab.
17. Wir haben Angst vor Veränderung.
18. Wir fühlen uns unzulänglich.
19. Wir fühlen uns unwürdig oder wertlos.
20. Wir kämpfen gegen unsere Bestimmung.
21. Wir versuchen, einen anderen Menschen im Rahmen eines Streits zu besiegen.
22. Wir haben Angst vor Veränderung.
23. Wir geben anderen die Schuld dafür, uns vernachlässigt zu haben.
24. Dieses Verhalten entsteht aus unserer verborgenen Sturheit, schlechten Einstellung, Negativität, Eigensinn und Widerspenstigkeit.
25. Wir bestehen darauf, Recht zu haben.
26. Wir versuchen, uns oder andere Menschen zu kontrollieren.
27. Wir stellen Erwartungen und Forderungen an uns und alle anderen.
28. Wir sind in Rollen, Regeln und Pflichten gefangen, was zu Leblosigkeit führt.
29. Wir sind in der ödipalen Verschwörung gefangen.
30. Diese Verhaltensweisen entstehen durch unsere Konkurrenz.
31. Sie werden durch ein Ahnenmuster verursacht.
32. Sie sind auf ein Seelenmuster zurückzuführen.
33. Sie weisen auf einen Kampf mit Gott hin.
34. Das Problem ist eine Beschwerde darüber, dass jemand unsere Bedürfnisse nicht erfüllt. Dies geschieht, weil wir weder uns noch ihnen wirklich geben.
35. Es weist auf einen Ort hin, an dem wir uns vom Licht abgewendet haben.

Es gibt natürlich noch viele weitere Dynamiken, aber diese sind einige der wichtigsten. Meistens gehört jede Dynamik zu einem Trauma oder einem Problem. Du könntest Karten mit den Zahlen von eins bis fünfzig oder jemals mit einem Wort beschriften, das jede Dynamik repräsentiert. Sprich ein Gebet und widme die Karten der Heilung. Frage anschließend dein Unterbewusstsein nach gegenwärtigen Problemen oder vergangenen Traumata. Ziehe eine bis drei Karten. Die erste weist auf die wichtigste Dynamik hin, und die anderen zwei haben in der Reihenfolge, in der du sie gezogen hast, einen geringeren Einfluss. Hier sind noch einige mehr:

36. Es ist eine Projektion dessen, was ich tue oder über mich selbst glaube.
37. Ich beweise etwas damit.
38. Es ist ein Spiegel meines Bewusstseins und meiner Glaubenssysteme.
39. Es ist ein Drehbuch, das ich schreibe.
40. Es ist eine Verschwörung, die ich eingerichtet habe, damit es unmöglich aussieht, dort herauszukommen, weil ich Angst vor meiner Lebensaufgabe habe.
41. Es ist mein Widerstand.
42. Es ist mein Autoritätskonflikt mit einem anderen Menschen.
43. Ich habe einen Verlust dadurch erlitten, jemanden oder etwas nicht geschätzt zu haben.
44. Es war mein verborgener Wunsch nach Unabhängigkeit.
45. Es kam durch meine Dissoziation.
46. Es entsteht aus meinem Urteil, dass die Wahrnehmung verzerrt.
47. Es ist, was ich benutze, um besonders zu sein.
48. Es ist das Ergebnis meiner Angst vor Gott.
49. Es ist, was ich benutze, um mich zu verstecken.
50. Es ist meine Rebellion und mein Kampf mit Gott.

63

Es *dreht sich alles um mich* oder es dreht sich alles um mich

Wir können im Leben durch Vergleich und Konkurrenz leiden oder eine Möglichkeit finden, alles zu genießen. Wenn du dafür sorgst, dass sich das Leben *„nur um dich dreht*", wirst du viel Enttäuschung und Desillusionierung erleben, während andere Menschen zu Geiseln deiner Besonderheit werden. Wenn du dafür sorgst, dass sich das Leben *nur um dich dreht*, dann wirst du ein Leben des Vergleichens haben. Es wird zu einem niemals endenden Kampf von Überlegenheit-Unterlegenheit, Gewinnen-Verlieren, Häme-Schmollen und darum, wer am besondersten ist. Vergleich führt zu Hass, und Hass wiederum zu Selbsthass, während du versuchst, ein Leben zu leben, bei dem du Aufmerksamkeit und Anerkennung haben willst. Konkurrenz macht den Eindruck, als würde sie dafür sorgen, dass du in Topform bleibst, aber in Wirklichkeit verbirgt sie eine Angst vor Erfolg und dem nächsten Schritt, ist also das vollkommene Gegenteil deiner *Bestleistung*. Wenn wir in Konkurrenz gehen, achten wir auf das Falsche. Wir versuchen, andere zu besiegen, statt einen Schritt vorwärts in Richtung Erfolg zu machen. Bei der Konkurrenz versucht der Gegner natürlich dann, uns zu besiegen, und das Gewinnen und Verlieren wechselt von einer Seite zur anderen, was den Erfolg aufschiebt. Sowohl Vergleich als auch Konkurrenz verstärken einander in einer tödlichen Spirale, die uns in dissoziierter Unabhängigkeit und in Aufopferung festhält.

Auf der anderen Seite bist du vom Leben umgeben und könntest es in vollen Zügen leben. Es erstrahlt im Überfluss um uns herum und segnet uns mit seiner Schönheit. Das Leben bietet sich uns freudig an, wenn wir es annehmen und genießen können. Wir haben schon häufig gehört, dass das Leben das sein wird, was wir daraus machen. So wie du dem Leben gibst, gibt es dir zurück. Während du das Leben aus deiner Anschuldigung und deinen Urteilen entlässt, wird dir die Schönheit im Leben gezeigt. Die Pracht des Lebens umgibt dich, wenn du die Augen hast, sie zu sehen. Je mehr du gibst, umso mehr wirst du empfangen, und deshalb hast du sogar noch mehr zu geben. Dies erzeugt eine immer höher aufsteigende Spirale der Freude. Während du lernst, dies auf jede Situation im Leben anzuwenden, werden die Polaritäten des Lebens transzendiert. Dualität wird durch Integration eins, wenn du lernst, dass Empfangen und Geben eins sind. Das Leben wartet auf *dich.* Gib auf, dass sich *das Leben nur um dich dreht* und genieße stattdessen die Pracht des Lebens, das dich mit seinem glücklichen Abenteuer umgibt. Hinsichtlich deines Friedens und deines Glücklichseins ist dies entscheidend, denn wenn du alles persönlich nimmst, wirst du sehr viel leiden und das Leben verpassen, das um dich herum aufblüht.

64

Vom Karussell steigen

Es scheint so, als säßen wir im Leben auf einem Karussell. Wir drehen eine Runde nach der anderen und gelangen schließlich nirgendwo hin. Manchmal scheinen Menschen von dem Karussell abzuspringen, schleichen sich jedoch später wieder darauf und wählen in der Hoffnung auf ein besseres Ergebnis ein anderes Pferd, eine andere Tierfigur oder einen anderen Sitz. Es geht auf und ab. Wir versuchen, den Messingring des Karussells zu schnappen, aber heutzutage haben viele Karussells diesen Ring gar nicht mehr.[16] Also drehen wir uns einfach nur im Kreis.

Es gibt Menschen, die den Absprung vom Karussell des Lebens geschafft haben und uns Anweisungen zu geben scheinen, wie das möglich ist. Wir werden jedoch durch die laute Kirmesmusik und andere Menschen, von denen wir entweder angezogen werden oder die wir nicht ausstehen können, so sehr abgelenkt, dass wir sie nicht hören können oder ihnen keine Beachtung schenken. Dennoch muss es einen besseren Weg, einen glücklicheren Weg geben. Es *gibt* einen anderen Weg als einfach die Sinnlosigkeit, der ganzen Sache müde zu werden.

Vielleicht wollten wir die innere Stimme nicht richtig hören, die uns den Weg zeigt. Vielleicht hatten wir Angst. Vielleicht hatten wir Angst davor, dass sich alles ändern würde. Eine unserer größten Ängste ist die Angst, alles zu haben, und natürlich müssten wir uns ändern, damit das geschehen kann. Wir reden uns ein, dass dies alles ist, was es gibt, also können wir uns genauso gut daran gewöhnen. Wir finden uns ab. Wir richten uns ein. Wir reden uns ein, glücklich zu sein, oder wir kochen vor Wut, dass das, was wir haben, alles ist.

16 Anm. d. Ü.: Diese Messingringe kamen in der Blütezeit der Karussells in den USA (ca. 1880 bis 1921) auf und sollten die Fahrt spannender machen.

Wir glauben, dass wir, wenn wir nur unser Potenzial verwirklicht hätten und erfolgreicher gewesen wären, den Schlüssel gefunden hätten und glücklich gewesen wären. Aber höchstwahrscheinlich wären wir nur in ein neues Haus in einer neuen oder besseren Umgebung und zu einem neuen und besseren Karussell gezogen. Und es wäre der Zeitpunkt gekommen, an dem wir das Gefühl gehabt hätten, „schon dort gewesen zu sein und es getan zu haben". Mein Vater hat meine Schwester und mich mit einem Lied in den Schlaf gesungen, als wir klein waren. Das Lied ging so:

> „Der Bär ging über den Berg. Der Bär ging über den Berg. Der Bär ging über den Berg und was glaubst du, hat er gesehen? Er sah einen anderen Berg. Er sah einen anderen Berg. Er sah einen anderen Berg und was glaubst du, hat er getan? Er stieg über einen anderen Berg. Er stieg über einen anderen Berg. Er stieg über einen anderen Berg und was glaubst du, hat er getan? Er sah einen anderen Berg. Er sah einen anderen Berg. Er sah einen anderen Berg, usw., usw., usw."

Erst wenn wir anfangen, ein anderes Lied zu singen, wissen wir, dass es im Leben um das Aufwachen geht:

> „Rudere, rudere, rudere dein Boot behutsam stromabwärts,
> fröhlich, fröhlich, fröhlich, fröhlich, das Leben ist nur ein Traum
> usw., usw., usw."

Das Leben, so wie wir es kennen, ist ein Traum. Entscheide dich also dafür, dass es ein glücklicher Traum ist. Gib alles und du wirst alles empfangen. Heile dein Unglücklichsein, bis du überaus glücklich bist. PS: Du kannst nicht glücklich sein, wenn du urteilst, weil dein Urteil deine Schuld verbirgt. Um glücklich zu sein, müsstest du deine Anklage und deine Schuld aufgeben. Lerne, deine Unschuld zu erkennen. Gib deine beängstigenden Bilder und deine unwahren Träume auf. Wolle einfach die Wahrheit. Vergib allen, um dich von verborgener und nicht so verborgener Schuld zu befreien. Beobachte und warte ab und lasse deine Urteile los. Der einzige Ausweg liegt in uns. Der Frieden und das Glücklichsein, das du in deinem Inneren findest, werden sich in deinem Leben widerspiegeln. Glücklichsein beschleunigt das Aufwachen. Entscheide dich dafür, aufzuwachen. Entscheide dich immer wieder dafür, bis du es tust.

65

Akzeptieren, wo du stehst – Selbstangriff und Urteil aufgeben

Eine der größten Fallen im Leben besteht darin, nicht zu akzeptieren, wo wir uns befinden. Stattdessen *verurteilen* wir, wo wir uns befinden, und dies hält uns noch mehr dort fest, wo wir festzusitzen scheinen. Wir wollen einen Partner haben oder ein Single sein. Wir wollen reich sein. Wir wollen schlank oder topfit sein. Wir wollen wieder jung sein. Wir wollen im Leben weitergekommen sein, als wir es sind. Ganz gleich, wer wir sind und was wir haben, wir wollen mehr oder etwas anderes haben. Dieses Urteil hält uns ungeachtet dessen, wie viel wir haben, an einem Ort des Mangels fest. Wir sind unzufrieden, und je unzufriedener wir werden, umso mehr bleiben wir stecken. Wir verurteilen uns und unsere Situation. Wir greifen uns selbst und unsere Situation an, damit wir das, was wir haben, nicht wertschätzen und genießen.

Akzeptanz ändert all das. Akzeptanz ist ein Paradox. Wenn wir akzeptieren, wo wir sind, hören wir auf, dort festzuhängen, wo wir uns befinden. Wenn wir uns dem gegenwärtigen Zustand nicht mehr länger widersetzen, bleibt er nicht länger bestehen. Unsere Akzeptanz führt zum Loslassen, und deshalb bewegen wir uns vorwärts. Wenn wir unsere Situation nicht akzeptieren, bleiben wir stecken. Möchtest du dich vorwärtsbewegen oder möchtest du steckenbleiben? Die Alternative zu Akzeptanz ist Urteil, Angriff, Schmerz und Selbstangriff. Es wird zu Selbstqual, wenn wir auch nur kurz feststecken.

Nimm dir heute also etwas Zeit, um die Situationen oder Beziehungen, in denen du festsitzt oder unter denen du leidest, zu untersuchen. Statt sie zu verurteilen und dich darauf zu konzentrieren, was für dich unbefriedigend ist, akzeptierst du die Situation Schritt um Schritt so, wie sie ist. Akzeptiere die Menschen, wie sie sind. Akzeptiere dich selbst, wie du bist. Wenn du die Situation akzeptierst, wie sie ist, kannst du beobachten, wie sie sich entfaltet, statt sie zu verurteilen. Akzeptanz ist ein hervorragendes Heilungsprinzip und kann uns an den Orten befreien, wo wir festsitzen. Zuerst befreit sie uns im Innern und anschließend befreit sie uns im Äußeren. Wenn wir akzeptieren, wo wir sind, kann es sich ändern, und während es sich ändert, werden wir Fortschritte machen.

Sitze still, bis du einen Ort des Friedens erreicht hast. Sieh dir jede einzelne Sache an, die dich belastet. Frage dich: Will ich hier feststecken, oder will ich dies akzeptieren und es sich entfalten lassen? Wenn du dich entscheidest, die Situation zu akzeptieren, wird sie sich Schritt um Schritt auf natürliche Weise entfalten, und so werden sich auch deine Emotionen dazu entfalten.

66

Wenn dein Leben gescheitert ist

Shakespeare sagte: „An sich ist nichts weder gut noch schlimm, das Denken macht es erst dazu." *Ein Kurs in Wundern* erklärt, dass die Dinge nur nach der Einschätzung des Egos schlimm sein können. Zuerst mag es schwierig erscheinen, diese Prinzipien anzunehmen und zu verstehen. Denn typischerweise hast du jede Menge schmerzhafte Erfahrungen in deinem Leben gemacht, die du lieber nicht erlebt hättest. Was wäre jedoch, wenn du dein Urteil bezüglich der Menschen und der Situation loslassen könntest? Und natürlich kannst du das! Dann würdest du die Situation aller Schmerzen entbinden. Die Szene, die dir in den Sinn kommt, wenn du daran denkst, wie dein Leben gescheitert ist, war lange Zeit ein Ort des Grolls, einer eiternden Wunde und des Festsitzens. All dies würde anfangen, sich zu entfalten. Lange erfahrene Schmerzen und Emotionen würden beginnen, sich aufzulösen.

Du musst die Situation nicht mögen, um sie zu akzeptieren. Der Schmerz, die Traurigkeit und die Schuld waren einfach nur ein Trick des Egos, um festzuhalten und stecken zu bleiben. Du könntest anstelle von dem, was dort ist, Frieden haben. Du könntest die Situation ohne Urteil betrachten und dem Himmel die Arbeit des Entfaltens und Auflösens überlassen. Du könntest frei sein.

Dein Urteil hält die Gnade und die Wunder des Himmels auf, so dass sie die betroffenen Menschen und Situationen nicht erreichen können, um sie zu verwandeln. Du kann deine Urteile eines nach dem anderen loslassen, und deine hartnäckigsten Traumata würden anfangen zu verschwinden. Möchtest du nicht lieber dieses liebliche Auflösen als alle die Probleme haben, die daraus entstehen, was du für schlecht oder falsch gehalten hast? Anzunehmen und Urteile loszulassen bedeutet, Schmerz und verborgene Selbstverdammnis aufzugeben. Du kannst endlich in deinem Leben vorrücken. Ist es nicht das, was du wirklich willst?

67

Aufopferung, Versagen und Aufgaben

Wir haben jede schmerzhafte Situation aus unserer Kindheit als eine Gelegenheit zur Trennung benutzt. Wir haben die Ungerechtigkeit dieser Situationen gespürt, doch zeigt uns das Unterbewusstsein, dass es eine Ungerechtigkeit war, die wir als Ausrede benutzt haben, uns zu verstecken, Rache zu nehmen, uns zu trennen und unabhängig zu sein, um nur einige unserer typischen unterbewussten Motive zu nennen. Wer war also derjenige, der wirklich das Unrecht begangen hat? Unser Ego beruht auf Schmerz, Ungerechtigkeit und Trennung, aber wir haben es aufgebaut. Dennoch liefen auf anderen Ebenen weitere Dynamiken ab. Die Aggression aus unserem Urteil und unserem verborgenen Angriff – andere dafür zu benutzen, den Bösewicht zu spielen, während wir unsere Opferrolle gespielt haben, um uns selbst anzugreifen – hat auch zu Schuld und zu der Rolle der Aufopferung geführt. Während die Schuld anwuchs, geschah das Gleiche mit den Gefühlen, versagt zu haben, und da diese immer mit Rache verbunden sind, entstand ein Teufelskreis, der uns in eine Abwärtsspirale gebracht hat.

Diese Arten schmerzhafter Situationen haben Opfer-, Unabhängigkeits- und Aufopferungsverschwörungen eingerichtet, die das Ego als Festung benutzt hat, um sich selbst zu verteidigen. Der Fehler, den wir in der ursprünglichen Szene gemacht haben, besteht darin, dass wir die Person, die sich schlecht verhalten oder gefühlt hat, verurteilt und als unsere Ausrede zur Trennung benutzt haben, statt der Person zu helfen. Deshalb sitzen wir in einem dunklen Muster fest. Wir haben Gnade und Fluss abgeschnitten, fühlten uns zum Opfer gemacht und gleichzeitig überlegen und unterlegen. Auf diese Weise haben wir die Konkurrenz anstelle der Verbundenheit verstärkt. Dann haben wir, um den ganzen Schmerz, die Angst, die Schuld und das Problem auszugleichen, uns selbst geopfert oder zum Märtyrer gemacht, was in dieser Hinsicht ein kontraproduktives Muster geschaffen hat. Wir haben unsere Schuld und unser Versagen durch unsere Aufopferung und das Übernehmen von Aufgaben kompensiert, für die wir nicht zuständig sind. Das war unser Versuch, uns besser zu fühlen und die Situation zu verbessern. Aber Aufopferung macht nichts besser, und diese Aufgaben belasten uns und lenken uns von unserer wahren Lebensaufgabe ab. Wir haben so viele Aufgaben übernommen, die uns nichts angehen! Wir haben das Vertrauen in den Himmel verloren und versucht, alles selbst zu erledigen. Wir haben unser Vertrauen verloren und versucht, Gottes Aufgaben zu übernehmen. Aber weil das nicht funktionieren konnte, hat es nur unsere Schuld, Belastung und Fusion vergrößert, während wir durchs Leben gegangen sind.

Jetzt können wir die Aufgaben, die wir in unserer Familie und in unseren Beziehungen angenommen haben, untersuchen und sie loslassen. Wir brauchen in diesen schmerzhaften Situationen nichts zu tun, sondern einfach nur zu beobachten, wie sie sich entfalten. Wir müssen nicht einschreiten und versuchen, etwas zu *tun*. Wenn wir nicht dazu angeleitet werden, etwas zu tun, stehen wir nur der Gnade des Himmels im Weg, welche die Situation geheilt hätte. Während wir jetzt diese schmerzhaften Szenen wieder betrachten, können wir jedes Urteil loslassen, das wir über die Menschen in der Situation, uns selbst oder die Situation gefällt haben. Während die Urteile entlassen werden, fließt mehr Gnade ein, welche die Situation entfaltet und auflöst und die verborgene Entscheidung sowie unsere Projektion, die dazu geführt hat, entfaltet. Deshalb lösen sich unsere Schuldgefühle und unsere Aufopferung auf. Dies schenkt allen Unschuld und heilt die Situation, entfernt die dunklen Lektionen und die kontraproduktiven Überzeugungen, die damals begonnen haben. Wenn diese Aufgaben aufgelöst worden sind, gibt es viel mehr Raum für Genießen, Verbundenheit, Frieden, Führung und Gnade. Wir erleben mehr Fluss und sparen mehr Zeit. Unsere Vision wächst und wir werden zentrierter. Wir entwickeln uns im Spiel des Lebens schneller, während wir aufhören, uns und andere anzugreifen.

68

Gott spielen

Du urteilst zu deinem eigenen Nachteil. Dein Urteil überschattet die Dinge im Bild der Dunkelheit deines Bewusstseins. Aber es gibt noch andere Konsequenzen. Ein derartiges Urteil soll uns einen Aufschub und eine Erleichterung von unserer eigenen Schuld bieten, verbirgt sie jedoch nur. Unser Urteil wirft dich in Aufopferung, denn eine Person oder eine Sache werden so, wie du sie verurteilt hast. In deinem Urteil erhältst du Recht darüber, wie du geurteilt hast, und missachtest dabei, dass es einen anderen Weg gibt, dies wahrzunehmen, was natürlich die Ansicht des Himmels ist. Dein Urteil ist daher eine Form der Arroganz, unter der du deshalb leidest, weil dein Urteil zu sich selbst erfüllenden Prophezeiungen führt.

Jedes Mal, wenn du urteilst, übernimmst du eine Aufgabe, die nicht die deine ist. Du benutzt das, um dich selbst vor Erfolg und Intimität zu schützen. Du benutzt es, damit du keine Zeit oder keine Energie für deine Lebensaufgabe hast oder für die Dinge, zu denen du wirklich berufen bist. Dein Leben wird schwer und dunkel, denn Aufopferung bringt Fusion anstelle von wahrer Verbundenheit und in Fusion trägst du Menschen und Situationen auf deinen Schultern und wirst dadurch belastet. Ohne Selbstwerdung gibt es keine Verbundenheit, und ohne Verbundenheit kannst du nicht empfangen und bist zu einem Leben der Aufopferung verdammt. Fusion lässt die Grenzen verschwimmen, und du empfindest den Schmerz anderer nicht in Mitgefühl, sondern in einer Hilflosigkeit des Leidens. Das Einzige, was dir in dieser Situation in den Sinn kommt, ist Aufopferung. Das führt zu einem Teufelskreis aus Aufopferung, Fusion und Leblosigkeit. Statt ein Ereignis zu beobachten und es mit Gnade entfalten zu lassen, verurteilst du es, trennst dich davon, opferst dich auf und verschmilzt damit und hältst dich dabei für überlegen. In der Tat hast du gerade Gottes Aufgabe an dich gerissen, Gott zu sein und die Dinge zu verbessern. Das Beste, was du tun kannst, ist, das Ereignis, die Person und Gott zu verurteilen. Du wirst durch dein Urteil in Aufopferung geworfen und erhältst eine Aufgabe, die du nicht erfüllen kannst, weil es kein Empfangen *gibt*. Du verurteilst Gott dafür, dass er nicht eingeschritten ist und die Dinge in Ordnung gebracht hat, oder dafür, dass er es nicht schnell genug getan hat. Du hast das Gefühl, dass du einschreiten und die Lage retten musst. Das geschieht, nachdem du die Situation verurteilt und den Fluss aufgehalten und so die Führung und die Gnade blockiert hast.

Du könntest beobachtet statt verurteilt haben und so dem Himmel erlaubt haben, der Himmel zu sein und eine Situation mit seiner Gnade und seinen Wundern zu entfalten. Dieses Auflösen durch den Himmel kann nur geschehen, wenn du dein Urteil loslässt und die Verantwortung für deine Wahrnehmung und deine Erfahrung übernimmst. Überlasse dem Himmel die Auflösung – lasse den Himmel alle Schmerzen, alles Versagen und alle Schuld der Beteiligten auflösen. Das entfernt die Illusionen von der Welt und lässt mehr Verständnis und Licht herein.

69

Enttäuschungen, Ernüchterungen und Verluste

Im Spiel des Lebens erleben wir Enttäuschung, Desillusionierung und Verlust. Dies scheint ein natürlicher Teil dessen zu sein, worum es im Leben geht. Der Schmerz davon kann uns aufreiben oder sogar um Jahre zurückwerfen. Dennoch gibt es einen natürlichen Weg, um diese Dinge zu heilen. Unser Schmerz und unsere Enttäuschungen entstehen durch unsere Bedürfnisse, Forderungen und Erwartungen. Unsere Bedürfnisse repräsentieren sowohl etwas, was wir bekommen wollen, als auch etwas, was wir *nicht* bekommen wollen, weil uns Unabhängigkeit wichtiger ist. Sowohl das Bedürfnis als auch die Unabhängigkeit haben in einem Teufelskreis begonnen, als wir uns getrennt haben, und beide halten uns zurück. Unsere Enttäuschung spiegelt, dass das Leben oder ein Mensch sich nicht an *unser* bewusstes Skript gehalten haben, das wir ihnen gegeben haben, um uns glücklich zu machen. Sie sind in der Tat unserem versteckten, unterbewussten Skript gefolgt, als sie scheinbar nicht getan haben, was wir wollten. Unser gespaltenes Bewusstsein sorgt dafür, dass wir das vor uns selbst verstecken. Wir möchten nur dafür bekannt sein, was sich in unserem bewussten Verstand befindet, nicht für das, was wir vor uns selbst verstecken, um unabhängig zu sein.

Wenn wir unsere Enttäuschungen, Desillusionierungen und unseren Verlust loslassen würden, gäbe es eine Wiedergeburt und bei dieser Geburt würde etwas Besseres kommen, um den Platz dessen einzunehmen, was enttäuschend war oder verloren wurde. Das Loslassen würde den verborgenen Wunsch zur Trennung integrieren. Das Leben würde sich regenerieren. Wenn wir bei großen Verlusten wie durch Beziehungen oder Tod nicht loslassen und den Neuanfang erleben und die uns angebotene Renaissance annehmen, fangen wir an, in Richtung Tod zu marschieren.

Akzeptanz ist ein weiteres Heilungsprinzip, das uns durch alle unsere Verluste schreiten lassen kann. In dem Ausmaß, in dem wir nicht akzeptieren, widersetzen wir uns und leiden dementsprechend. Das scheinbare Paradox besteht darin, dass zu akzeptieren, was wir als negativ betrachten, *nicht* bedeutet, darin stecken zu bleiben, sondern darüber hinauszugehen. Es mag uns nicht *gefallen*, was wir zu akzeptieren aufgerufen sind, aber wenn wir es nicht akzeptieren, findet kein Entfalten zu einem besseren Weg statt. Es ist nur unser Widerstand, der dafür sorgt, dass wir feststecken und Schmerz empfinden. Eine Sache, die Enttäuschungen, Desillusionierung und Verluste gemeinsam haben, ist, dass sie zeigen, dass wir von dem, an dem wir verhaftet waren, nicht mehr länger erhalten werden konnten. Es ist sehr hilfreich, das zu wissen! Wir sind aufgerufen, auf einem besseren Weg mit weniger Anhaftung vorwärtszugehen und daher weniger Belastung, weniger Gelegenheit zu Schmerzen und mehr Gelegenheit zu Verbundenheit zu erfahren.

Desillusionierung bedeutet, dass wir eine Illusion verlieren. Auf der einen Seite kann Desillusionierung uns erschöpft, zynisch oder bitter machen. Auf der anderen Seite können wir die Illusionen und die darin enthaltene Anhaftung bereitwillig *loslassen* und schlauer, weiser und vollständiger werden. Dies ist eine entscheidende Lektion im Spiel des Lebens, wenn wir Depression und Traurigkeit vermeiden und verhindern wollen, dass wir uns im Leben zurückziehen.

Ein weiterer Weg, um Enttäuschungen, Desillusionierung und Verlust zu heilen, besteht darin, *alle* Urteile in einer Situation aufzugeben. Wenn du einfach deine Urteile aufgibst, was die Menschen und die Situationen einschließt, ermöglicht das dem Himmel, Gnade in eine Situation zu bringen. Wenn du bewusst und bereitwillig bist, wirst du feststellen, dass alle Urteile über andere Menschen Urteile über dich selbst verbergen. Während du Urteile loslässt und dich so dafür entscheidest, dich nicht für das zu verdammen, wofür du jemand anderen verurteilt hast, lässt du außerdem Aufopferung, Habgier, Fusion und Aufgaben los, die nicht für dich bestimmt sind. Dies erlaubt dir und deinem Leben, sich auf viel einfachere Weise im Spiel des Lebens zu entfalten.

70

Aus der Bahn geraten

Stell dir vor, wenn du es möchtest, dass dein Leben wie eine Eisenbahnschiene ist. Stell dir vor, du könntest sie von hoch oben betrachten. Sie sollte in einer bestimmten einfachen Linie verlaufen, aber jetzt bemerkst du, dass es Zeiten gab, als du die Hauptspur verlassen hast und auf Nebenspuren gegangen bist. Bist du schließlich wieder auf die Hauptstrecke zurückgekommen, wie du solltest? Es wird dir sicherlich helfen, wieder auf die richtige Spur zu kommen, aber du musst immer noch mit deiner Geschichte und deinen Mustern kämpfen. Es gab auch Zeiten, in denen du entgleist bist. Du hattest einen Zusammenstoß oder bist durch Wälder oder raues Gelände gereist, bis du auf eine Landzunge und an einen Punkt gekommen bist, von dem aus du auf eine Schlucht oder einen Fluss tief unten schauen kannst. Du solltest auf der Brücke, auf diesen Schienen sein und nicht der allgemeinen Richtung der Schienen über offenes Land folgen.

Es hat natürlich in Katastrophen geendet, die Schienen zu verlassen und über unvorhersehbares, raues Gelände zu reisen. Es kann andere Zeiten gegeben haben, als du von den Schienen abgekommen warst, während du dich einem Tunnel durch den Berg genähert hast. Dies hätte entweder dazu geführt, dass du mit dem Berg zusammengestoßen oder mühevoll über den Berg gereist wärst. Jedes Mal, wenn du aus der Bahn gerätst, fängst du an, im Leben zu kämpfen, statt dein natürliches Geschenk von Leichtigkeit, Glück und Fluss einzusetzen. Was hast du zu beweisen versucht, indem du gekämpft und dich abgemüht hast? Sogar wenn das, was du beweisen wolltest, etwas Positives war, bedeutet es, dass du nicht wirklich daran glaubst, sonst würdest du nicht kompensieren, um es zu beweisen. Kompensation bedeutet, dass ein großer Teil des Vergnügens und der Belohnung eines Erlebnisses verloren gehen. Etwas geht in der Abwehr der Kompensation immer verloren.

Schau jetzt also von oben auf die Schienen deines Lebens. Studiere sie genau. Sieh dir die Zeiten an, zu denen du aus der Bahn geraten bist. Wie weit bist du immer noch von deiner ursprünglichen Lebensaufgabe und deiner Bestimmung entfernt? Gab es Zeiten, in denen du es geschafft hast, wieder zurück in deine Spur zu kommen? Es ist wichtig zu wissen, dass der Himmel überall dort, wo du aus der Bahn gerätst, diesen Teil der Schienen in deinem Leben wieder begradigen kann. Wenn du es schaffst, deine Spur zu korrigieren, wirst du zu jemandem, der andere, die aus der Bahn geraten sind, auf die gleiche Weise führen kann.

Jetzt ist der Zeitpunkt gekommen, um den Schmerz und die Schwierigkeiten zu korrigieren, die du erlitten hast. Zeichne die gerade Spur deines Lebens auf einem Blatt Papier. Fange jetzt an, die Spur deines Lebens einzuzeichnen – wie du gerade angefangen hast und anschließend aus der Bahn geraten bist. Anschließend zeichnest du darüber ein, wie und wann du aus der Bahn geraten und vom ursprünglichen Schienenverlauf abgewichen bist. Es ist am besten, dabei deine Intuition einzusetzen, statt zu versuchen, dich zu erinnern und es alles genau zu verstehen. Wenn du dich auf deinen Intellekt verlässt, hat dein Ego Einfluss auf deine Heilung, und das ist das Letzte, was du willst, wenn du erfolgreich sein möchtest.

Wo befindest du dich jetzt hinsichtlich der Spur deines Lebens? Wie weit von den Schienen bist du entfernt, und in welchen Bereichen hat dich das beeinflusst?

Bitte die Engel um Hilfe. Gehe zum letzten Mal zurück, wo du entgleist bist. Möchtest du diesen Angriff und Selbstangriff an deine Freunde, deinen Partner oder deine Kinder weitergeben? Gib alle Anklage und Schuld bei diesem Ereignis auf. Anklage und Schuld sind trickreiche Methoden, die das Ego einsetzt, damit die Dinge so bleiben, wie sie sind. Wenn du also nicht planst, entgleist zu bleiben, erklärst du sie für nicht akzeptabel und lässt sie los. Sobald du die Anklage und die Schuld losgelassen hast, kannst du die Engel bitten, dich und deine Schiene durch die Luft zurück wieder dorthin zu heben, wo du und sie hingehören. Sobald das geschehen ist, achte darauf, wie du dich fühlst und wie sich die Dinge in deinem Leben anfühlen. Wenn dies abgeschlossen ist, gehst du zu dem Ort davor zurück, an dem du aus der Bahn geraten bist.

Was ist dort geschehen und mit wem? Lasse die Urteile und die Schuld los. Lasse die Angst davor los, dass dein Leben so einfach sein könnte, so sehr im

Fluss und lasse dich selbst und deine Spur wieder in die Ausrichtung tragen. Die Engel haben nur darauf gewartet, dass du sie um Hilfe bittest. Gehe dann zurück zur nächsten Entgleisung, zum nächsten Zusammenstoß oder zur nächsten Weiche zu einer Nebenspur. Jedes Mal, wenn du wieder zurück auf die Spur deines Lebens getragen wirst, wie es vorgesehen war, wird das Leben so viel leichter. Dein Licht strahlt heller, wenn du tust, wozu du gekommen bist, und derjenige bist, der du sein wolltest.

71

Urteilen

Ein Kurs in Wundern erklärt, dass alles Leiden in der Welt durch Urteilen entsteht. Auch wenn wir allgemein anerkennen, dass dies wahr ist, wenden wir es nicht notwendigerweise auf uns selbst an. Alles Leiden in *unserem Leben* ist durch *unser Urteilen* entstanden. Urteilen hält den Fluss an und sorgt für falsche Wahrnehmung, Missverständnis und verlorene Verbundenheit. Heilung entfernt das Urteil, das die Trennung und damit die Schmerzen, die Angst und die Schuld erzeugt hat.

Wir werden bezüglich unserer Urteile und dessen, was wir verurteilt haben, selbstgerecht. Diese Selbstgerechtigkeit führt dazu, dass wir in unserem Wunsch, die Situation zu verstehen oder zu verbessern, nicht weitergehen. Wir werden zu einem Teil des Problems statt zu einem Teil der Lösung. Selbstgerechtigkeit versteckt unsere Schuld, wirft uns jedoch auch in Aufopferung und Fusion, Dissoziation und Unabhängigkeit sowie Opfersein und Bedürftigkeit. Bis wir vergeben und uns wieder verbinden, bleiben diese Rollen und Probleme in unserem Leben eine Straßensperre.

Urteilen ist ein Versuch, zu gewinnen und überlegen zu sein. Es wirft uns jedoch in Wirklichkeit in einen Teufelskreis von Überlegenheit-Unterlegenheit, Aufopferung und Ausschweifung sowie Gewinnen-Verlieren. Unser Urteil baut unser Ego auf und schafft dunkle Lektionen und kontraproduktive Muster in unserem Leben.

Um uns selbst zu heilen und die Schattenfiguren zu entlassen, die wir aus uns selbst und unserem Leben gemacht haben, sind wir aufgerufen, zu vergeben und unsere Urteile loszulassen. Urteilen erzeugt Einsamkeit, und das Ego schlägt in seiner niemals hilfreichen Weise vor, dass wir mit einem anderen Menschen in Fusion gehen, um die Einsamkeit zu füllen. Dies führt zu einer falschen, belastenden und aufopfernden Beziehung, die unterhalb der Ebene unseres bewussten Urteils abläuft. Diese Fusion macht unser Leben schwer, weil wir falsche Aufgaben auf unsere Schultern nehmen, um uns von Erfolg, von Intimität und unserer Lebensaufgabe abzuhalten.

Jeder Herzensbruch, jeder Verlust oder jede andere Negativität oder Emotion sind durch Urteilen entstanden – aber all dies könnte rückgängig gemacht werden.

Wir wollen mit einer Person anfangen. Wir hegen sogar Urteile über die Menschen, die wir am meisten lieben. Je mehr wir die Urteile fallenlassen, die wir im Innern mit uns tragen, umso mehr Hindernisse im Äußeren werden aus unserem Leben entfernt. Wähle eine Person. Es kann sich um den Menschen handeln, der dir am nächsten steht, oder denjenigen, gegen den du den größten Groll hegst. Stell dir den Menschen vor, und frage dich, wie viele Schritte dein Urteil dich von diesem Menschen entfernt hält. Bei dieser Übung beobachtest du einfach nur, was sich entfaltet. Durch das Urteilen hast du eine Aufgabe angenommen, für die du nicht zuständig bist, die dich erschöpft und die dafür sorgt, dass du nicht empfangen kannst. Beobachte jetzt einfach nur. Dies ermöglicht dem Himmel, seine Arbeit zu tun, indem er Gnade und Wunder bringt. Während du zuschaust, lässt du deine Urteile eines nach dem anderen los. Beobachte, wie sich die Situation entfaltet, besser wird und sich erhellt, während du das tust. Dies wird dich dem anderen Menschen auf natürliche Weise näher bringen und sogar dabei helfen, einige seiner chronischen Probleme aufzulösen, ganz zu schweigen davon, dass es dich ganz leicht von falschen Aufgaben und Problemen in deinem eigenen Leben enthebt. Lasse einfach deine Urteile in dem Wissen los, dass sie Fehler und eine Projektion deiner eigenen Schuld sind. Jedes Urteil, das du loslässt, bedeutet, dass du aufhörst, dich selbst für dunkle, verborgene Überzeugungen über dich selbst zu verdammen und zu foltern. Mach diese Übung, bis du eins mit dieser Person bist. Du kannst diese Übungen in einigen Tagen oder in einer Woche wiederholen und weitere Urteile über diese Person finden. Jedes Mal, wenn du diese Angriffe loslässt, wächst deine Verbundenheit, und dein Leben erweitert sich. Sei nicht bestürzt, wenn du feststellst, dass du die gleichen oder ähnliche Urteile hegst. Du hast vermutlich eine Schicht nach der anderen zwischen dir und dieser Person und auf deinem Leben und deinem Bewusstsein aufgetürmt.

Mach jetzt die gleiche Übung mit einem der schlimmsten Ereignisse in deinem Leben. Beobachte. Lasse den Himmel Seine Arbeit machen, statt Aufgaben anzunehmen, für die du nicht zuständig bist. Gib deine Urteile über die Menschen und die Situation (und dich selbst) auf. Dies wird diese schlimmsten Situationen erneuern und heilen, sodass dort, wo es Angst, Schuld und Anklage gab, jetzt Zuversicht, Vollständigkeit und Erfolg herrschen. Dies kann dir dein Leben auf einer ganz neuen Ebene des Spiels des Lebens wiedergeben. Der einzige Ausweg aus dem Spiel besteht darin, deine Urteile loszuwerden, die die Menschen und die Welt zu dem machen, was sie sind.

72

Die Großen Kriege

Die großen Kriege sind ein Bereich des Unbewussten in der Visionsphase. Dieser Bereich tauchte während der 1990er Jahre bei meiner Arbeit mit Klienten auf. Es ist eine Schicht des Bewusstseins, die große Konflikte erlebt und deren ganzer Zweck wie aller Konflikt, den das Ego benutzt, dazu dient, uns vom nächsten Schritt abzuhalten. Der nächste Schritt ist in diesem Fall die Meisterschaftsphase, in der das Bewusstsein viel ruhiger wird und viel offener für Gnade und Führung ist. Diese Großen Kriege entstehen aus Gegenteilen wie Liebe und Angst, Gott und Ego, Leben und Tod, gut und böse, positiv und negativ. Die Großen Kriege sind Gegensätze, von denen nur einer wahr ist, z.B. Glücklichsein oder Elend. Die einzige Ausnahme scheinen die Teufelskreise zu sein, die sich ebenfalls in diesem Bereich ansiedeln. Diese können sich im Konflikt spiralförmig nach unten bewegen oder in einer Spirale nach oben gehen, wenn der Krieg überwunden wird. Männer und Frauen, Yin und Yang, männlich und weiblich, Mama und Papa, Beherrschung-Unterwerfung und Opfer-Täter sind nur einige Beispiele für diese Teufelskreise.

Das Ego setzt die Großen Kriege ein, um sich in der Dualität und Polarität zu verankern und damit die Erfahrung und die Illusion der Trennung aufrechtzuerhalten. In der Meisterschaft beginnen wir, uns in der Welt zu engagieren, indem wir als „wir“ statt nur als ich denken, und in der Meisterschaft tun wir dies auf einer kontinuierlicheren Basis. Wie die meisten Abwehrmechanismen im Unbewussten drückt sich der Konflikt der Großen Kriege in Metaphern aus und kann leicht mithilfe einer Metapher transformiert werden. Das Ego hängt davon ab, diese Probleme wie die Großen Kriege verborgen zu halten, statt sie zu transformieren. Sobald wir diese großen Spaltungen entdeckt haben, ist es recht einfach, sie zu heilen.

Jeder hat diese Schicht in seinem Bewusstsein, und deshalb verbreitet jeder die Wahrnehmung der Trennung. Wir wollen, dass die Dinge besser werden, haben jedoch Angst vor Veränderung. Wir wollen alle unsere positiven Ziele, wollen sie jedoch unter unseren Bedingungen und auf unsere Weise. Das ist aber natürlich nicht so, wie die Dinge funktionieren. Wenn wir den Weg des Himmels wollten, würden wir alles haben und es außerdem noch leicht haben. Es sind unser gespaltenes Bewusstsein, unsere vielen Selbstkonzepte und ihre vielen Ziele und unsere großen Kriege, die uns im Konflikt lähmen. Wir haben große Kriege von Fülle und Mangel, Gesundheit und Krankheit, Sicherheit und Unfällen, Krieg und Frieden, Liebe und Angst, Liebe und Hass.

Eine Methode, um einen Großen Krieg zu heilen, besteht darin, dass du dir vorstellst, gemeinsam mit Jesus, Buddha oder Quan Yin auf einer Landzunge zu stehen. Wähle einen Bereich deiner Großen Kriege wie Gewinnen und Verlieren, Frieden und Krieg oder Gegenseitigkeit und Konkurrenz. Frage dich, wie viele dieser Großen Kriege du für die gewählte Kategorie hast. Schau, welche Zahl dir in den Sinn kommt, und stell dir vor, wie diese Kriege auf der Ebene unter dir wie Pfannkuchen aufeinander gestapelt sind. Diese Großen Kriege sollen dich davon abhalten, dein Meisterschaftsbewusstsein zu erreichen, in dem diese Kriege beendet werden, indem sie eins werden. Bitte eine Engelschaft um Hilfe, und lasse dich von ihr zusammen mit einem deiner Freunde an höherer Stelle erheben und über die Großen Kriege hinwegtragen. Wenn du zur anderen Seite kommst, entspanne dich in der Vollständigkeit, der Zuversicht und der Ruhe, die Teil der Meisterschaftsphase ist. Wenn du deinen Großen Krieg in einem bestimmten Bereich wie Liebe und Hass überwindest, verblasst er und du bleibst mit einer ganz neuen Ebene des Friedens, der Gnade und der Führung zurück. Es gibt so viel mehr Effektivität und mühelose Bemühungen in der Meisterschaft, weil du nichts tust, bis du dazu inspiriert wirst und es die Gnade dann durch dich tun lässt.

73

Das Goldene Leben und das Astrale

Es gibt Wurzeln, die in die tiefsten Teile unseres Bewusstseins zurückreichen. Es gibt Muster, die aus der Tiefe stammen, noch bevor wir in unserer Trennung und dem Absturz aus dem Einssein Körper angenommen haben. Auf unserem Weg zurück können wir Dämonen, bösartigen Außerirdischen, Teufeln, dunklen Göttern und anderen Bewohnern der Dunkelheit unseres Bewusstseins begegnen. Ein modernerer Ausdruck für diese astrale Ebene des Bewusstseins wäre das uralte Ego. Im Unbewussten ist alles ein Mythos, eine Metapher oder ein Symbol für das, was dort vorhanden ist. Und genau wie bei der Hypnose veränderst du das Problem, indem du das Symbol änderst. Das Astrale ist dort, wo wir uns vom Licht abgewendet und das Einssein immer weiter hinter uns gelassen haben, während wir willkürlich dem Ego gefolgt sind und unsere eigene Welt gesucht haben, in die Gott nicht kommen konnte und in der wir selbst „Gott" sein konnten. Wir haben uns so sehr verirrt, dass wir ohne Gottes Hilfe niemals den Weg zurück finden würden.

Von Zeit zu Zeit stehen wir deshalb bei unserer Heilung Verträgen mit unserem Ego und Verträgen mit unserem uralten Ego (Pakten mit dem Teufel) gegenüber. Wir haben sie für Sicherheit, Macht oder Gesellschaft in dem Versuch abgeschlossen, die elende Einsamkeit und Schwäche zu heilen, die durch die Trennung entstehen. Diese Verträge werden niemals erfüllt, da das Ego der Vater der Lügen ist. Das Ego hat keine wirkliche Loyalität. Es arbeitet nur für sich selbst und ist an sich eine Fantasie. Wenn wir uns aus Gefühlen der Schwäche heraus dem uralten Ego (den Teufeln) um Macht zuwenden, kommt dies zu uns nicht als Macht, die ermächtigt, sondern als Beherrschung zurück. Dies sorgt dafür, dass wir Angst, Schwäche und den Wunsch verspüren, andere zu unterwerfen, als wenn uns das weniger Angst machen würde. In unserer Schwäche wenden wir uns größerer Schwäche zu. Alles, was nicht von Gott erschaffen worden ist, ist eine Illusion. Und Gott, der Liebe und Einssein ist, hat die Trennung nicht geschaffen. Während wir uns immer wieder heilen, wachsen wir in Fülle, Unschuld, Frieden und Vollständigkeit. Wir werden mit allem, das ist, immer mehr verbunden. Dies führt zur Ernte in unserem Leben. Unser Engagement für Heilung führt zu einem Goldenen Leben mit großem Vergnügen. Frieden, Gnade und das Goldene Leben schaffen eine Aufwärtsspirale, einen evolutionären Sog nach oben, der eine Beschleunigung des Bewusstseins in Richtung Gott und Einssein ermöglicht.

Hüte dich also vor toxischen Angriffen aus dem Astralen, die dich stoppen oder zum Stillstand bringen wollen. Es ist in Wirklichkeit dein uraltes Selbst, das dich angreift. Unsere Egoverträge und unsere Pakte mit dem Teufel halten uns in Sturheit, Negativität und Widerspenstigkeit gefangen. Dies alles ist typischerweise stark verdrängt und liegt unter Schichten der Verleugnung begraben. Während wir eine scheinbar positive Einstellung haben, gibt es eine andere Strömung, die dunkel und tief unter der Oberfläche fließt. Das Goldene Leben dagegen ist voller Gnade. Und wenn wir weiter dem evolutionären Pfad verpflichtet bleiben, wenn die Dunkelheit auf dem Weg zurück ins Licht auftaucht, rufen wir einfach unsere Freunde an Höherer Stelle an, da diese Himmlische Hilfe mit dunklen Illusionen kurzen Prozess macht, wenn wir sie anrufen. Wenn wir uns erlauben, uns an die Gegenwart Gottes zu erinnern, werden Angst und Angriff hinwegschmelzen.

74

Als der Verstand so beschäftigt wurde

Es gibt biologische Forschungsarbeiten, die nachweisen, dass sich die Energie in unseren Vorderlappen im Alter von achtzehn Monaten zurück in die Scheitellappen im Mittelhirn verlagert. Die Energie wird dann nicht mehr länger für unser Gefühl des Wohlbefindens aufgewendet. Sie wird für den geschäftigen Verstand im Mittelhirn eingesetzt. Die gleichen Studien zeigen, dass sich diese Energie im Alter von achtzehn oder neunzehn Jahren wieder zurück in unsere Vorderlappen verlagern und uns dieses Gefühl des Wohlbefindens wiedergeben sollte. Ich kenne niemanden, bei dem sich die Energie an diesem Punkt dorthin zurückverlagert hat. In der Tat muss ich immer noch einen Menschen finden, der einen solchen ruhigen Verstand und ein solches Gefühl des Wohlbefindens hat.

Wenn ich mit Klienten daran arbeite, ihren Verstand zu beruhigen, komme ich kaum zum Alter von achtzehn Monaten zurück, weil es so viele andere Altersstufen gibt, in denen ihr Verstand sehr beschäftigt wurde.

Der Verstand ist so beschäftigt, weil wir so vielen sinnlosen kleinen Zielen nachjagen. Wir streben nach den billigen Schmuckstücken und den Spielzeugen der Welt. Wir verschwenden unsere Zeit und die Zeit verschwendet uns. Wir bemühen uns nicht, über das Spiel des Lebens hinauszugehen, sondern schwelgen stattdessen darin. Dies fügt mehr Zeit zu unserem Aufenthalt im Spiel hinzu, weil wir weder einen Fokus haben, noch ein wirklich sinnvolles Ziel anstreben. „Ich will mich daran erinnern, dass Gott mein Ziel ist", ist Lektion 258 in *Ein Kurs in Wundern*. Dies hilft uns, über den Glitter der Welt hinwegzusehen und das zu erblicken, was wahre Bedeutung hat, weil der Stoff unserer kleinen Welt manchmal hinweggerissen wird, und unser Wert und unser Sinn mit hinweggerissen zu werden scheinen. Dies geschieht üblicherweise dann, wenn eines unserer Idole wegfällt und unsere Träume zerschlagen werden. In der Wertlosigkeit und Sinnlosigkeit liegt das Gefühl, sterben zu wollen, aber an genau diesen Punkten stehen wir kurz davor, einen einfachen und frühzeitigen Ausstieg aus dem Spiel des Lebens zu schaffen. Dies geschieht nicht durch den Tod, sondern durch Erwachen. Es erlaubt dir, einen Fuß im Himmel und einen Fuß auf dieser Erde zu haben, und dadurch wirst du zu einem der Retter der Welt und lässt einen Pfad zurück, auf dem andere aus der Illusion der Welt ausbrechen können. Wir machen den Abschluss von Verstand zu Geist. Wir machen den Abschluss von selbst zu Selbst. Es ist ein Riesenschritt, der die Welt erhebt.

Wir wollen uns daran erinnern, dass es darum geht, das Spiel zu überwinden. Im Buddhismus ist es wohl bekannt, dass das Bewusstsein alles erschafft. Jetzt ist der Zeitpunkt gekommen, über dieses Schaffen hinaus einen Weg in die Ewigkeit zu finden, wo wir schöpfen und erkennen, dass wir Teil von Gottes Bewusstsein sind.

Beschäftigtsein zeigt, wie sehr wir in der Welt gefangen sind, und es ist das Beschäftigtsein unseres Verstands, der nach etwas sucht, um unterhalten zu werden und sich zu zerstreuen. Wir wollen uns eine Woche Zeit für Heilung und Frieden nehmen. Wir können uns jeden Tag fragen, wann unser Verstand so beschäftigt worden ist. Wer war dabei? Was ist geschehen, dass wir uns entschlossen haben, so beschäftigt zu werden?

Jetzt denke darüber nach, welche Wirkung dieses Beschäftigtsein auf dich gehabt hat. Frage dich, wozu du dieses Beschäftigtsein benutzt hast? Wovor hattest du Angst, dass du dein Leben unter Beschäftigtsein verborgen hast? Bitte einen deiner Freunde an Höherer Stelle, den Prozentsatz von dir selbst, den du weggeworfen hast, wieder willkommen zu heißen und außerdem alle Energie, die du in die Scheitellappen verlagert hast, wieder in die Vorderlappen des Friedens und des Wohlbefindens zurückzubringen. Während dein Bewusstsein still wird, verlierst du deinen Verstand und kommst zu deinen Sinnen, wie Fritz Pearls und die Gestaltpsychologie es raten.

Dies ermöglicht dir, dich für das Staunen zu öffnen. Du kannst jetzt deine Bestimmung und deine Meisterschaft annehmen. Aus Frieden entstehen Liebe, Gesundheit, Fülle und Kreativität. Er ist der Vorbote der Freude. Du bist für die Stimme des Himmels offen, die alle deine Antworten nach Bedarf bereitstellt und die all die Göttliche Liebe und die Geschenke anbietet, die dir zustehen. Lasse Frieden und Göttliche Liebe durch dich und alle Beteiligten in dieser Situation fließen und bitte darum, dass die Energie, die jetzt verfügbar ist, in deine und ihre Vorderlappen strömt. Lasse dies den Frieden bringen, den du verdienst und der dir durch Gnade erneut geschenkt wird. Tue dies einmal am Tag, um deine Evolution zu beschleunigen, indem du deinen Verstand verlangsamst. Sobald dein Verstand in das Hier und Jetzt gelangt, kann die Tür, die über das Spiel hinausführt, geöffnet werden und du bist nicht länger in belanglosem Streben verfangen.

75

Der Himmel ist meine Heimat

Die Welt ist unser Spiegel, sie ist die Projektion dessen, was wir verurteilt, abgespalten und verdrängt haben. Wir glauben, dass das, was wir brauchen, außerhalb von uns ist. Wir versuchen, das, was in unserem Inneren ist, von außerhalb zu bekommen. Unsere Bedürfnisse werden vorübergehend in der Welt erfüllt, und so beginnen wir Anhaftungen, ob wir nun bekommen, was wir uns wünschen oder nicht. Unsere projizierten Wünsche sind Illusionen und wir leben in dieser Traumwelt unserer Urteile und Begierden. Manchmal machen wir durch einen zerschlagenen Traum oder eine Desillusionierung eine sehr schlimme Erfahrung. Wenn wir uns jedoch für Heilung entscheiden, dann hilft uns die Heilung des zerschlagenen Traums oder der Desillusionierung durch eine Illusion hindurch. Wenn wir das nicht überwinden, machen wir uns einfach auf, um nach einer neuen Illusion zu streben, die uns befriedigen soll. Diese Träume sind jedoch Hirngespinste und nicht unsere Quelle. Sie sind die Idole, die wir unterwegs erschaffen. Bevor wir aus dem Spiel ausbrechen, scheint alles so wichtig zu sein, aber wenn wir den Scheitelpunkt der Transzendenz erreichen, erkennen wir, wie viele alberne Ziele und nutzlose Spiele wir gehabt haben. Wir schätzen das Wertlose nicht länger. Ich habe dafür keine bessere Erklärung als in *Ein Kurs in Wundern* gefunden, der beschreibt, wie wir unsere Heimat jenseits des Spiels finden können:

> Mein Zuhause erwartet mich. Ich will hineilen. Wenn ich es so beschließe, kann ich von dieser Welt ganz scheiden. Es ist nicht der Tod, der dies ermöglicht, sondern eine Geistesänderung über Sinn und Zweck der Welt. Wenn ich glaube, dass sie, wie ich sie jetzt erblicke, einen

Wert hat, dann wird sie weiterhin für mich bestehen bleiben. Doch wenn ich keinen Wert in der Welt erblicke, wie ich sie sehe, nichts, was ich für mich behalten oder suchen möchte als ein Ziel, dann wird sie von mir scheiden. Denn ich habe nicht nach Illusionen gesucht, um die Wahrheit zu ersetzen.

Vater, mein Zuhause erwartet meine frohe Rückkehr. Deine Arme sind offen und ich höre Deine Stimme. Was brauche ich an einem Ort eitler Verlangen und zerschlagener Träume zu verweilen, wenn der Himmel so leicht mein sein kann?

Ein Kurs in Wundern, Übungsbuch, Teil II, Lektion 226

Heilung hilft uns, das Leiden loszulassen, das uns an die Erde bindet. Während wir unsere Anhaftungen loslassen, laden wir Liebe, Gesundheit und Fülle ein. Alle unsere Probleme spiegeln unsere Enttäuschungen und unseren Groll gegenüber denjenigen, die scheinbar vereitelt haben, dass unsere Bedürfnisse erfüllt werden. Was uns jetzt davon abhält, leicht Erfolg zu haben, sind unsere Ambivalenz, unser Widerstand und unser Wunsch nach Unabhängigkeit – alles Dinge, die wir mehr wollten als unser Ziel.

Akzeptiere, wo du dich befindest und welche Ziele du in der Welt hast. Wenn du dich verurteilst, wirst du steckenbleiben. Wenn du *annimmst*, wo du bist, wirst du dich schnell durch die Ziele der Welt bewegen und deinen Weg nach Hause finden. Du wirst feststellen, dass die Ziele der Welt dir nicht genügen und mehr wollen. Der Himmel ist nahe. Der Tod wird uns nicht dorthin bringen, aber es wird dich dorthin bringen, den Himmel und das Aufwachen aus deinem ganzen Herzen zu wollen.

Zusammenfassung: Der unmögliche Traum

Den Himmel auf Erden zu erreichen, den höchsten Punkt im Spiel des Lebens, bedeutet, wegen des offenen Tors dazwischen den Himmel selbst zu erreichen. Das Ausmaß an Heilung, das dies für das gesamte Kollektiv erzielen würde, ist mehr als erstaunlich. Um es zu vollbringen, müsste die Widmung an die eigene Funktion, die Vergebung und die Bestimmung absolut sein. Wir würden uns nur eines wünschen: den Frieden Gottes zu wollen und vollständig zu sein, damit alle Illusionen abfallen.

Es mag unmöglich erscheinen, dies in einem Leben zu erreichen. Normalerweise erhöhen wir unser Bewusstsein Leben um Leben und steigen von dort auf, während wir die Lektionen lernen, die Gott uns lehren möchte, die uns Ganzheit bringen. Die Lektionen, die Gott uns lehren möchte, sind Wunder. In jeder negativen Situation geben wir uns einfach vollständig hin, um zu lernen. Wir flehen Gott um die Wunder an, die Er uns bereits gegeben hat, als das Problem entstand. Er kennt unsere Probleme und gibt Seine Antworten unmittelbar. Er kennt unsere Bedürfnisse, noch bevor sie uns bewusst werden.

Wir haben ein Anrecht auf Wunder. Wir sind Gottes Heiliges Kind, das vergessen hat, wer er und sie ist. Wir leben, als wenn wir Sklaven wären, während wir in Wirklichkeit spirituelle Prinzen und Prinzessinnen sind. Wir sind reiner Geist, voller Herrlichkeit, genau so, wie wir erschaffen wurden. Wir wurden in Liebe, Freude und Unschuld erschaffen, und so werden wir auf ewig bleiben. Und doch haben wir all dies vergessen, als wir uns getrennt haben. Stattdessen spielen wir ein ungeheures Videospiel. Das Spiel des Lebens ist vollständig konsumierend – es ist ein Spiel des Konsums. Wir spielen, um unsere Bedürfnisse zu nähren, und streben danach, dass unsere Bedürfnisse erfüllt werden.

Du wirst viele Enttäuschungen, Herzensbrüche und zerschlagene Träume erleben. Du wirst deine Macht und deine Verantwortlichkeit vor dir selbst verstecken, bis du wichtige Lektionen im Spiel des Lebens lernst und wie du Fortschritte machst. Ohne Vergebung wirst du in einer Welt feststecken, die du selbst erschaffen hast, voller Wunden, Rache und Selbstgerechtigkeit. Du wirst imaginären Zielen nachlaufen und dadurch enttäuscht werden, dass das, was in der Welt ist, dich nicht erhalten kann. Du wirst so lange auf der materiellen Welt und deiner Sterblichkeit bestehen, bis sie dich umbringt.

Wenn du vorwärts springen und alle Spaltungen in deinem Geist heilen möchtest, musst du alle Wunder willkommen heißen, die dir angeboten werden. Gnade ist Gottes Liebe für dich. Gnade ist, was du brauchst, um dich leicht und zügig zu bewegen. Du musst dich mit allen in Partnerschaft begeben, denn was deine Partnerschaft mit jedem zeigt, ist deine Partnerschaft mit Gott. Je mehr du dich in Partnerschaft begibst, umso mehr bist du offen, um zu empfangen. Während du die Partnerschaft mit Gott eingehst, öffnest du dich für die Liebe. Du erinnerst dich an diese Liebe, während du anderen vergibst. Diese Vergebung stellt deine Verbundenheit wieder her. Diese Vergebung schenkt dir das Bewusstsein deiner Unschuld, und du näherst dich jedes Mal der Erinnerung daran, dass du grenzenloser Geist bist.

Ich wünsche dir im Spiel des Lebens wundervolle Abenteuer! Ich wünsche dir, dass du dich für das Empfangen aller Gnade und Wunder öffnest, die du brauchst, um darüber hinauszugehen, um den Himmel auf Erden und dann das Zuhause zu erreichen, das im Himmel auf dich wartet.

Danksagung

Die Verwirklichung jedes Buchs erfordert Zeit und Teamarbeit, und ich möchte hier meine Wertschätzung und meine Dankbarkeit ausdrücken.

Ich danke Cilla Ordenstein, die sich geschickt um die geschäftliche Seite meines Lebens kümmert.

Ich danke Sunny Kukahiko, die jede Frist mit Souveränität eingehalten hat und die Ordnung der Manuskripte im Chaos meiner Kreativität bewahrt.

Der Himmel hat mir Dr. Paul Mark Wadleigh, meinen neuen Lektor, geschickt, als meine lieben Freunde und Lektoren Eric und Celia Taylor eine Auszeit nehmen und sich um ihre Gesundheit kümmern mussten.

Ich danke meiner deutschen Übersetzerin Dr. Nirvana Verena Moser, die diese Worte gekonnt ins Deutsche überträgt.

Mein deutscher Verleger und wunderbarer Freund Werner Vogel hat so treu hinter mir gestanden und einen so großen Teil meiner Arbeit veröffentlicht.

Ich möchte die zentrale Rolle anerkennen, die *Ein Kurs in Wundern* durch seine Lehre, Heilung und Inspiration für mich gespielt hat, und mich dafür bedanken.

Und schließlich danke ich meiner Frau Lency und meinen Kindern Christopher und J'aime, die mir einfach durch ihr Sein so viel Liebe und Inspiration geben.

Weitere Bücher aus dem Verlag Via Nova:

Worte der Kraft

aus „Ein Kurs in Wundern"
mit Interpretationen von Chuck Spezzano

Hardcover, 400 Seiten, ISBN 978-3-86616-358-4

Nicht viele Bücher der Menschheitsgeschichte haben eine solch große transformatorische Kraft und Dimension wie das Buch „Ein Kurs in Wundern". Auch der weltberühmte Weisheitslehrer Chuck Spezzano schöpft seit Jahrzehnten aus der göttlichen Inspiration dieses Meisterwerks. Er hat daraus für 365 Tage jeweils eine Botschaft in einem Satz ausgewählt und sie in einem kurzen Ausschnitt als Zitat in den Zusammenhang des Buchtextes gestellt. Er gibt dann seinen eigenen Kommentar zu den ausgewählten „Worten der Kraft",tief berührende Erläuterungen, Anregungen, Anstöße und Interpretationen. Dieses Buch ist ein wahrhaftiger „Seelen-Begleiter" im Alltag, durchdrungen von göttlicher Weisheit und Liebe. Es enthält Worte, die unser tiefstes inneres Sein nähren und erhellen können, und ist bestens geeignet für alle, die „Ein Kurs in Wundern" erst noch kennenlernen möchten.

Worte der Kraft

Karten-Set
Chuck Spezzano

366 Karten mit Anleitung, ISBN 978-3-86616-374-4

Wer sie im Leben und im Alltag benutzt, wer sich ernsthaft auf dieses einmalige Karten Set der Heilung einlässt, der darf kleine und große Wunder für sein Leben und sein inneres Wachstum erwarten. Denn dafür sind sie gemacht! Auf jeder Karte steht ein kraftvoller Satz aus dem Weisheitsbuch „Ein Kurs in Wundern" ausgewählt von Chuck Spezzano. Sie geben überraschende und hilfreiche Antworten auf unsere Lebensfragen und zeigen in jeder Situation und zu jeder Zeit den nächsten Schritt auf der Reise zu uns selbst! Sie ermutigen, belehren, erinnern uns, verbinden uns mit den unveränderlichen zeitlosen Wahrheiten und schenken jeden Tag Kraft, Zuversicht und neue Einsichten. Das handliche Format der Karten macht sie zum idealen Alltagsbegleiter, problemlos kann man sie überall bei sich tragen und bei Bedarf intuitiv ziehen.

Glückliche Partnerschaft

Beziehungen in einer neuen Dimension
Chuck Spezzano

Hardcover, 272 Seiten, ISBN 978-3-86616-357-7

Es ist und bleibt Chuck Spezzanos große spirituelle Mission, uns immer wieder neu und immer wieder überraschend an das Essentielle zu erinnern, zugleich unsere Augen und Herzen zu öffnen, für das Göttliche in uns selbst und unseren Beziehungen. Ja, unser Traum von einer wirklich glücklichen, erfüllenden Partnerschaft kann wahr werden, so der weltberühmte Weisheitslehrer in seinem neuen Buch. Möglich, dass wir uns von blendenden Illusionen verabschieden müssen, dafür aber schaffen wir neuen Raum, um das Göttliche in unserem Leben und in unserer Partnerschaft zu begrüßen. Wie wir das Heilige und Heilende in unseren alltäglichen Beziehungen jeden Tag neu entdecken und leben können, zeigt uns Spezzanos neues Meisterwerk der Liebe. Ein beglückender Wegweiser für goldene Zeiten im Miteinander!

Karten der Partnerschaft

Liebe in Partnerschaft und Beziehungen

Chuck Spezzano

2. Auflage

90 künstlerisch gestaltete, farbige Karten mit Begleitbuch,
ISBN 978-3-86616-090-3

Die Karten der Partnerschaft wollen dazu beitragen, eine Beziehung auch dann lebendig zu erhalten, wenn die Phase der ersten Verliebtheit vorbei ist, und sie wollen dem Paar, das sie befragt, dabei helfen, erfolgreich alle Hindernisse und Klippen zu umschiffen, die jede Beziehung überwinden muss, um auf lange Sicht glücklich und erfolgreich sein zu können. Wie schon bei den Karten des Lebens hat die Künstlerin Petra Kühne auch hier wieder zu jedem Thema der insgesamt 90 Karten ein vollendetes kleines Kunstwerk geschaffen. Ein Begleitbuch erläutert die Bedeutung jeder Karte, zeigt Prinzipien auf, die verstehen helfen, was eine Beziehung voranbringt und was sie zurückhält, und macht Vorschläge für mögliche Befragungen. Die Karten der Partnerschaft sind eine wirklich gelungene Fortsetzung der bereits vor einigen Jahren bei Via Nova erschienenen Karten der Liebe und knüpfen nahtlos an deren großen Erfolg an.

Die Heilkraft der Seele

Heilung auf allen Ebenen des Lebens

Chuck Spezzano

Hardcover, 248 Seiten, ISBN 978-3-86616-330-0

Ist es nicht Zeit für eine allumfassende Heilung, Heilung für Seele, Geist und Herz, Heilung der Wunden und Traumata unserer Vergangenheit, die uns den Blick verstellen für das klare Licht der Bewusstheit und Präsenz? Ist nicht jetzt die Zeit, uns zurückzuverbinden mit unserer wahren Natur, dem All-Einssein und der stets vorhandenen allumfassenden Liebe? Mit unerschöpflicher Herzensweisheit, wie sie nur wenigen Menschheitslehrern der Gegenwart eigen ist, lässt uns der unermüdlich wirkende Chuck Spezzano an dem nicht endenden Fluss seiner berührenden und klaren Erkenntnisse und Einsichten teilhaben. Botschaften, die wie destillierte Heilessenzen wirken, geschöpft aus der universellen Quelle des Seins, können auf dem Pfad zu unserem wahren göttlichen Selbst zu wertvollen Wegweisern der Heilung werden.

Die Sprache des Herzens

Durch Heilung der Emotionen ein Leben in Liebe führen

Chuck Spezzano

2. Teil der Fortsetzung des Bestsellers „Wenn es verletzt, ist es keine Liebe"

Hardcover, 224 Seiten, ISBN 978-3-86616-294-5

Mit seinem neuen Meisterwerk „Die Sprache des Herzens" präsentiert Chuck Spezzano den zweiten Teil der Fortsetzung seines Weltbestsellers „Wenn es verletzt, ist es keine Liebe". Schonungslos ehrlich beschreibt er die Welt der Emotionen und zeigt uns Wege der Heilung, die zu einem befreiten Leben voller Liebe führen können. In den 100 Lektionen setzt er auf seine unnachahmliche Art fort, was er schon in dem ersten Band „Emotionale Reife" begonnen hat: uns unnachgiebig, voller Empathie und Weisheit zu ermutigen und zu inspirieren, den Alltagssituationen mit größtmöglicher Wachheit und Wahrhaftigkeit zu begegnen. Wieder ein wunderbarer Wegweiser des Herzens, der uns zeigt, wie wir den Pfad der emotionalen Reife zu Ende gehen können. Denn die Sprache des Herzens bedarf keiner Worte mehr.